# 신주사기 3

## 은본기
## 주본기

이 책은 롯데장학재단의 지원을 받아 번역, 출간되었습니다.

# 신주사기 3/ 은본기·주본기

**초판 1쇄 인쇄** 2020년 3월 1일
**초판 1쇄 발행** 2020년 3월 16일

**지은이** (본문) 사마천
      (삼가주석) 배인·사마정·장수절
**번역 및 신주** 한가람역사문화연구소 사기연구실

**펴낸이** 이덕일
**펴낸곳** 한가람역사문화연구소

**등록번호** 제2019-000147호
**주소** 서울특별시 마포구 마포대로라길 8 2층
**전화** 02) 711-1379
**팩스** 02) 704-1390
**이메일** hgr4012@naver.com

ISBN 979-11-969482-3-8 93910

이 도서의 국립중앙도서관 출판시도서목록(CIP)은
서지정보유통지원시스템 홈페이지(http://seoji.nl.go.kr)와
국가자료공동목록시스템(http://www.nl.go.kr/kolisnet)에서 이용하실 수 있습니다.
(CIP제어번호: CIP2020005126)

세계 최초
**삼가주석
완역!**

# 신주
# 사기

③

은본기
주본기

**지은이**
본문_ 사마천
삼가주석_ 배인·사마정·장수절
**번역 및 신주**
한가람역사문화연구소 사기연구실

한가람역사문화연구소

차례

은본기 殷本紀

사기 제3권 史記卷三

# 新註史記

주본기 周本紀

사기 제4권 史記卷四

사 기 제 3 권　史記卷三

은본기　殷本紀

제1장

# 은나라는 동이족 국가이다

# 은나라는 난생사화의 나라

은殷나라 시조 설契의① 어머니는 간적簡狄이다.② 간적은 유용
씨有娀氏의 딸로③ 제곡帝嚳의 두 번째 비妃가 되었다. 세 사람이
목욕하러 갔을 때 현조玄鳥가 그 알을 떨어뜨린 것을 보고 간적
이 이를 삼키고 임신해 설契을 낳았다.④ 설이 장성해 우禹의 치
수治水사업을 보좌하는 공이 있었다.

殷契① 母曰簡狄② 有娀氏之女③ 爲帝嚳次妃 三人行浴 見玄鳥墮其
卵 簡狄取吞之 因孕生契④ 契長而佐禹治水有功

① 殷契은설

[색은] 설契이 처음에는 상商나라에 봉해졌는데 그의 후손인 반경盤
庚이 은殷으로 옮겼다. 은나라는 업鄴 땅의 남쪽에 있었는데, 드디어 세
상에서 (은으로) 부르게 되었다. 설은 은 집안의 시조이다. 그래서 은설殷

契이라고 말한 것이다.

【索隱】 契始封商 其後裔盤庚遷殷 殷在鄴南 遂爲天下號 契是殷家始祖 故言殷契

정의 《괄지지》에는 "상주相州의 안양安陽은 본래 반경盤庚이 도읍한 곳인데, 곧 북몽北蒙이다. 은허殷墟(은나라 수도 자리)는 남쪽 조가성朝歌城까지 146리 떨어져 있다."라고 했다. 《죽서기년竹書紀年》에는 "반경은 엄奄에서 북몽北蒙으로 옮겨서 은허殷墟라고 했다. 업鄴에서 40리 거리 남쪽이다."라고 했다. 이는 옛 업성鄴城 서남쪽 30리에 원수洹水가 있고 남쪽 언덕 3리에는 안양성安陽城이 있고 서쪽에는 은허殷墟라는 이름의 성이 있는데, 북몽北蒙을 이르는 것이다. 지금 상고해보니 원수洹水는 상주相州 북쪽 4리에 있는데 안양성이 곧 상주相州 외성外城이다.

【正義】 括地志云 相州安陽本盤庚所都 卽北蒙 殷墟南去朝歌城百四十六里 竹書紀年云 盤庚自奄遷于北蒙 曰殷墟 南去鄴四十里 是舊鄴城西南三十里有洹水 南岸三里有安陽城 西有城名殷墟 所謂北蒙者也 今按 洹水在相州北四里 安陽城卽相州外城也

신주 사마천은 은殷(상商)나라 시조를 설契이라고 설정했다. 설契은 자성子姓인데 제곡帝嚳과 간적簡狄 사이에서 낳은 아들로 또 다른 이름은 설卨이다. 그러나 《죽서기년竹書紀年》은 "제순帝舜이 29년에 임금이 명을 내려 아들 의균義均을 상商에 봉했는데, 이 이가 상균商均이다."라고 달리 말하고 있다. 은나라 시조 상균은 순 임금의 아들이라는 것이다. 《죽서기년》은 춘추 시대 진晉나라 사관 및 전국시대 위魏나라 사관

이 편찬한 역사서로 서진西晉 함녕咸寧 5년(279)에 급군汲郡(지금의 하남
성 급)의 위나라 양왕襄王(안리왕安釐王)의 묘에서 발견되어 《급총기년汲冢
紀年》, 《고문기년古文紀年》으로도 불린다.

남송의 나필羅泌(1131~1189)이 편찬한 《노사路史》는 "제순의 비 여앵女
罃이 의균과 계리季釐를 낳아서 의균을 상商에 봉했으니 이이가 상인데,
그는 노래하고 춤추는 것을 좋아했다."라고 말하고 있다.

제곡의 아들인 설이 상나라를 건국했다는 기록과 순의 아들 의균이 상
나라를 건국했다는 기록이 병존하고 있는 것이다. 제곡은 동이족이 명
백한 소호의 손자이고, 순 또한 맹자가 동이족이라고 분명히 했으니 어
느 경우에도 은나라는 동이족이 세운 국가가 된다. 《금문신고》는 또한
설의 아버지는 곤鯀이고 할아버지가 전욱顓頊이라고 달리 기록하고 있
다. 은나라의 실제 시조가 누구인가는 더 깊이 연구해야 할 과제지만
동이족이라는 사실은 분명하다. 간적이 현조가 떨어뜨린 알을 먹고 설
을 낳았다는 사화는 고구려 시조 주몽이나 신라 시조 혁거세처럼 동이
족 난생卵生사화라는 점도 이를 말해준다.

## 사마천이 설정한 오제 및 하은주 시조 계보도

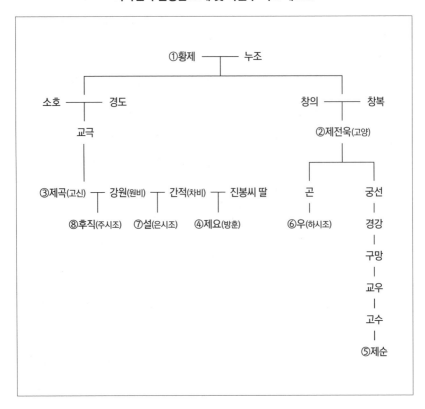

② 簡狄간적

색은  구본舊本에는 적狄이 '역易'으로 되어 있다. 역易과 적狄은 발음
이 동일하다. 또 적逷으로도 되어 있다. 狄은 '텩[吐歷反]'으로 발음한다.
【索隱】 舊本作易 易狄音同 又作逷 吐歷反

신주 적邊은 逖과 같은 글자인데 지금은 逖으로 사용한다.

③ 有娀氏之女유융씨지녀

집해 《회남자》에 '유융有娀은 부주산不周山 북쪽에 있다.'라고 했다.
【集解】 淮南子曰 有娀在不周之北

정의 상고해보니 기록에는 '걸桀이 유융의 옛터에서 무너졌다.'라고
했다. 유융국은 지금 포주蒲州에 있다.
【正義】 按 記云 桀敗於有娀之墟 有娀當在蒲州也

신주 유융有娀은 나라이름이다. 지금 중국에서는 산서성山西省 운성
運城시 서쪽의 영제永濟시 포주진蒲州鎭 일대로 비정하고 있다.

④ 生契생설

색은 초주譙周는 "설契은 요임금 시대에 태어나 순임금이 처음으로
등용하였으니 반드시 제곡의 아들이 아니다. 그의 아버지가 한미했으
므로 이름이 드러나지 않았다. 그 어머니는 융씨娀氏의 딸인데 종부宗婦
세 명과 개울에서 목욕하는데 제비가 낳은 알을 간적이 삼켰다면 간적
은 제곡의 차비次妃가 아닌 것이 명백하다."고 했다.
【索隱】 譙周云 契生堯代 舜始舉之 必非嚳子 以其父微 故不著名 其母娀
氏女 與宗婦三人浴于川 玄鳥遺卵 簡狄吞之 則簡狄非帝嚳次妃明也

순舜임금이 설에게 명했다. "백성이 화친하지 못하는 것은 오품
五品이 제대로 가르쳐주지 않아서 이니 그대는 사도司徒가 되어
공경하고 오교五教를 베풀라. 오교를 베풀 때는 너그럽게 하라."
이에 상商 땅에 봉하고[1] 자씨子氏 성姓을 하사했다.[2] 설은 당唐,
우虞, 대우大禹의 시대에 일어나 그 공업功業이 백성에게 드러나
니 백성이 평안했다.

帝舜乃命契曰 百姓不親 五品不訓 汝爲司徒而敬敷五教 五教在寬
封于商[1] 賜姓子氏[2] 契興於唐 虞 大禹之際 功業著於百姓 百姓以平

① 封于商봉우상

집해    정현은 "상국商國은 태화太華 남쪽에 있다."라고 했다. 황보밀
은 "지금 상락上洛이 상商이다."라고 했다.
【集解】 鄭玄曰 商國在太華之陽 皇甫謐曰 今上洛商是也

색은    요임금이 설契을 상商에 봉했는데 곧 《시경》〈상송商頌〉에 "유
융씨의 나라가 마침내 커지니 상제께서 그 아들을 세워 상나라를 일으
키셨네."라고 한 것이 그것이다.
【索隱】 堯封契於商 卽詩商頌云 有娀方將 帝立子生商 是也

정의    《괄지지》에는 "상주商州 동쪽 80리가 상락현商洛縣인데 본래

상읍商邑으로서 옛날의 상국商國이었고 제곡帝嚳의 아들 설禼을 봉한 곳이다.'라고 했다.

【正義】 括地志云 商州東八十里商洛縣 本商邑 古之商國 帝嚳之子禼所封也


② 賜姓子氏 사성자씨


집해 《예위禮緯》에는 "조상이 현조玄鳥로써 아들을 낳았다."라고 했다.

【集解】 禮緯曰 祖以玄鳥生子也


정의 《괄지지》에는 "옛 자성子城은 위주渭州 화성현華城縣 동북쪽 80리에 있는데, 대개 자성子姓의 별읍別邑으로 본다.'라고 했다.

【正義】 括地志云 故子城在渭州華城縣東北八十里 蓋子姓之別邑


신주 자성子姓은 설을 시조로 삼는데, 자성 중에는 동이족 고죽국孤竹國의 왕족도 있다. 고죽국은 상나라 초기에 지금의 하북성 당산唐山시 부근에 제후로 봉해졌다고 하는데, 은허殷墟에서 출토된 갑골문에는 '죽후竹侯'로 기록되어 있다. 고죽국 출신 중에 백이伯夷, 숙제叔齊가 유명한데, 백이는 고죽국 8대 임금 아징亞徵의 장자고, 숙제는 아징의 셋째 아들로서 묵태墨胎씨다. 또한 상나라 왕족이었던 기자箕子도 자성子姓이다. 모두 동이족이다.

설契이 죽자 아들 소명昭明이 즉위했고, 소명이 죽자 아들 상토相土가 그 뒤를 이어 즉위했다.[①] 상토가 죽자 아들 창약昌若이 그의 뒤를 이었으며, 창약이 죽자 아들 조어曹圉가 즉위했다.[②] 조어가 죽자[③] 아들 명冥이 즉위했다.[④] 명이 죽자 아들 진振이 즉위했다.[⑤] 진이 죽자 아들 미微가 즉위했다.[⑥] 미가 죽자 아들 보정報丁이 즉위했다. 보정이 죽자 아들 보을報乙이 즉위했다. 보을이 죽자 아들 보병報丙이 즉위했다. 보병이 죽자 아들 주임主壬이 즉위했다. 주임이 죽자 아들 주계主癸가 즉위했다. 주계가 죽자 아들 천을天乙이 즉위했는데 이 이가 성탕成湯이다.[⑦]

契卒 子昭明立 昭明卒 子相土立[①] 相土卒 子昌若立 昌若卒 子曹圉立[②] 曹圉卒[③] 子冥立[④] 冥卒 子振立[⑤] 振卒 子微立[⑥] 微卒 子報丁立 報丁卒 子報乙立 報乙卒 子報丙立 報丙卒 子主壬立 主壬卒 子主癸立 主癸卒 子天乙立 是爲成湯[⑦]

① 相土立상토립

집해 송충은 "상토相土는 설契에게 봉했던 상구로 나아갔다. 《춘추좌씨전春秋左氏傳》에는 '알백閼伯이 상구商丘에 살았는데 상토相土라고 한 것은 이로 인한 것이다.'라고 했다.

【集解】 宋衷曰 相土就契封於商 春秋左氏傳曰 閼伯居商丘 相土因之

**색은** 상토相土는 하夏나라를 도왔으나 그 공로가 상商나라 때 나타나니 《시경》〈상송商頌〉에 "손자 상토의 빛나는 업적 나라 밖까지 다스림이 있었네."고 한 것이 이것이다. 《춘추좌씨전》에 "옛날 도당씨陶唐氏의 화정火正인 '알백閼伯이 상구에 살았는데 상토相土라고 한 것은 이로 인한 것이다'고 했으니, 이것이 상商을 봉한 시초이다."라고 했다.

**【索隱】** 相土佐夏 功著於商 詩頌曰 相土烈烈 海外有截 是也 左傳曰 昔陶唐氏火正閼伯居商丘 相土因之 是始封商也

**정의** 《괄지지》에는 "송주의 송성현이 옛날 알백閼伯의 터인데, 곧 상구商丘이다. 또 예羿가 봉함을 받은 땅이라고 이른다."고 했다.

**【正義】** 括地志云 宋州宋城縣古閼伯之墟 卽商丘也 又云羿所封之地

② 曹圉立조어립

**색은** 《계본》에는 양어糧圉로 되어 있다.

**【索隱】** 系本作糧圉也

③ 曹圉卒조어졸

**정의** 圉는 '어語'로 발음하는데 《계본》에서 나왔다.

**【正義】** 圉音語 出系本

④ 冥立명립

[집해] 송충宋衷은 "명冥은 사공司空이 되어 그의 관직을 부지런히 수행하다가 물에 빠져 죽어서 은殷나라 사람들은 교제郊祭를 지낸다."라고 했다.

【集解】 宋衷曰 冥爲司空 勤其官事 死於水中 殷人郊之

[색은] 《예기》에서 "명이 그 관직에 부지런하다가 물에 빠져 죽어서 은나라 사람들은 설契을 시조로 삼고 명冥에게 교제를 지낸다."라고 했다.

【索隱】 禮記曰 冥勤其官而水死 殷人祖契而郊冥也

⑤ 振立진립

[색은] 《계본》에는 진振이 '핵核'으로 되어 있다.

【索隱】 系本作核

⑥ 微立미립

[색은] 황보밀은 "미微자는 상갑上甲(첫 번째 갑자일)인데 그의 어머니가 갑일甲日에 낳았기 때문이다."라고 했다. 상나라 집안에서는 자식을 낳으면 일진日辰으로 이름을 삼는데, 대개 미微로부터 비롯되었다. 초주는 "죽어서 묘주廟主가 되는 것을 일컬어 '갑甲'이다."라고 했다.

【索隱】 皇甫謐云 微字上甲 其母以甲日生故也 商家生子 以日爲名 蓋自微始 譙周以爲死稱廟主曰 甲也

⑦ 成湯 성탕

집해 장안은 "우禹와 탕湯은 모두 자字이다. 우왕이나 탕임금이 당우唐虞의 문화文華를 버리고 고양高陽의 질박한 것을 따랐다. 그래서 하夏와 은殷나라의 임금은 모두 이름을 시호諡號를 삼았다."라고 했다. 《시법諡法》에는 "제학거잔除虐去殘(포악한 것을 제거하고 잔인한 것을 없앤 것)이 탕湯이다."라고 했다.

【集解】 張晏曰 禹 湯 皆字也 二王去唐 虞之文 從高陽之質 故夏 殷之王皆以名爲號 諡法曰 除虐去殘曰湯

색은 탕湯의 이름은 '리履'다. 《서경》에 '여소자리予小子履(나는 소자 리다)'라고 한 것이 이것이다. 또 천을天乙이라고 일컫는 것에 대해 초주가 이르기를 "하夏와 은殷의 예에는 살아 있을 때는 왕이라고 칭하고 죽으면 묘주廟主라고 칭하는데 모두 제명帝名으로 짝을 삼는다. 천天도 또한 제帝이다. 은나라 사람들이 탕湯을 높였다. 그래서 천을이라고 했다."라고 했다. 설부터 탕까지 무릇 14대이다. 그래서 《국어》에 '현왕玄王이 상나라에서 부지런히 일해서 14대에 걸쳐 흥성했다.'라고 했다. 현왕玄王은 설契이다.

【索隱】 湯名履 書曰 予小子履 是也 又稱天乙者 譙周云 夏 殷之禮 生稱王 死稱廟主 皆以帝名配之 天亦帝也 殷人尊湯 故曰天乙 從契至湯凡十四代 故國語曰 玄王勤商 十四代興 玄王 契也

## 은나라 왕계 선상先商시기

설契 → 소명昭明 → 상토相土 → 창약昌若 → 조어曹圉 → 명명冥 → 진振 → 미微 →

보정報丁 → 보을報乙 → 보병報丙 → 주임主壬 → 주계主癸 → 천을天乙(성탕成湯)

## 은나라 왕계 조상早商시기

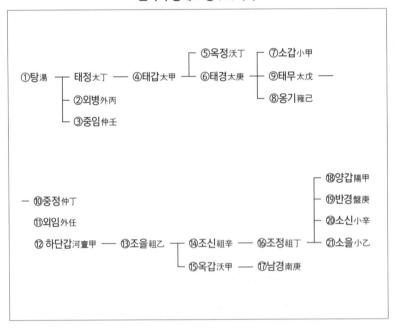

## 은나라 왕계 만상晩商시기

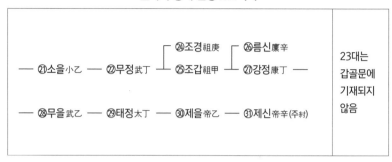

탕은 하나라를 무너뜨리고 상나라를 일으킨 중흥군주이다. 자성子姓
이고 이름은 이履다. 상탕商湯, 무탕武湯, 천을天乙, 성탕成湯이라고 부
르는데, 상나라 때 만든 금문金文과 갑골문甲骨文에는 당唐, 성成, 대을
大乙(太乙) 등으로 기록되어 있다. 곽말약郭沫若 주편主編의《갑골문합
집甲骨文合集》등에 따르면 그의 부인 비병妣丙은 갑골문에 "대을의 배
필은 비병이다[大乙配妣丙]"라고 기록되어 있는데, 유신씨有莘氏의 딸이
며 태정太丁의 어머니다. 또한 비갑妣甲은 갑골문에 "복병의 아머니는
비갑이다[卜丙母妣甲]"라고 기록되어 있는 것처럼 외병外丙의 어머니다.
탕왕은 사姒성의 이윤伊尹과 중훼仲虺의 보좌를 받아 나라 중흥에 나
섰다. 크고 작은 열한 차례의 전쟁으로 지금의 하남성 영릉寧陵 북쪽에
있던 갈葛, 하남성 활현滑縣 동남쪽에 있던 위韋, 하남성 범현范縣 동남
쪽에 있던 고顧, 하남성 허창許昌 동쪽의 곤오昆吾 등의 소국을 멸망시
켜 하나라 걸桀왕을 고립시킨 후 서기전 1600년에 명조지전鳴條之戰으
로 걸왕을 무너뜨리고 상나라 천하를 만들었는데, 이를 '탕무혁명湯武
革命'이라고 부른다.

성탕은 설로부터 탕湯에 이르기까시 여덟 번 천도했나.[1] 탕이 비로소 박亳 땅에 자리 잡았는데,[2] 선왕이 거처했던 곳을 따랐기에[3] 〈제고帝誥〉를 지었다.[4]

成湯 自契至湯八遷[1] 湯始居亳[2] 從先王居[3] 作帝誥[4]

① 自契至湯八遷자설지탕팔천

집해 공안국은 "14대 동안 모두 여덟 번 국도를 옮겼다."라고 했다.

【集解】 孔安國曰 十四世凡八徙國都

신주 시조 설契부터 탕湯임금에 이르기까지 국도國都를 여덟 번 옮겼다는 뜻이다. 은나라는 "선팔후오先八後五"라고 해서 탕에 이르기까지 여덟 번, 그 후에 다섯 번을 천도했다고 전하고 있다. 그중 유명한 것이 반경천은盤庚遷殷이라고 불리는 천도이다. 은나라 19대 군주인 반경이 황하 북부의 엄奄(현 산동성 곡부曲阜)에서 황하 남쪽 탕왕의 도읍이었던 박亳(현 하남성 상구商丘로 추정)으로 천도했다. 이후 반경은 다시 은殷(하남성 안양安陽시 은허殷墟)로 천도하는데, 이를 '반경천은'이라고 한다. 후세에 상나라를 '은상殷商'이라고 부른 유래가 되었다.

② 居亳거박

집해 황보밀은 "양국梁國의 곡숙穀熟이 남박南亳인데 곧 탕도湯都이다."라고 했다.

【集解】 皇甫謐曰 梁國穀熟爲南亳 卽湯都也


정의 《괄지지》에는 "송주宋州 곡숙현穀熟縣 서남쪽 35리에 남박南亳의 고성이 있는데 곧 남박南亳이고, 탕의 도읍지湯都이다. 송주 북쪽 50리 대몽성大蒙城이 경박景亳인데 탕이 맹세한 곳이므로 경산景山이라고 이름 지었다. 하남河南 언사偃師가 서박西亳인데 제곡과 탕이 도읍한 곳이며, 반경盤庚이 또한 도읍을 옮긴 곳이다."라고 했다.

【正義】 括地志云 宋州穀熟縣西南三十五里南亳故城 卽南亳 湯都也 宋州北五十里大蒙城爲景亳 湯所盟地 因景山爲名 河南偃師爲西亳 帝嚳及湯所都 盤庚亦徙都之


③ 從先王居종선왕거


집해 공안국은 "설의 아버지 제곡이 도읍한 곳이 박亳 땅인데 탕이 상구商丘에서 옮겨왔다. 그래서 '종선왕거從先王居'라고 한 것이다."라고 했다.

【集解】 孔安國曰 契父帝嚳都亳 湯自商丘遷焉 故曰 從先王居


정의 상고해보니 박亳은 언사성偃師城이다. 상구는 송주이다. 탕이 즉위해서 남박에 도읍했다가 뒤에 서박으로 이사했다. 《괄지지》에는 "박읍亳邑 고성이 낙주洛州 언사현 서쪽 14리에 있는데 본래 제곡의 터였으며 상나라 탕왕의 도읍이다."라고 했다.

【正義】 按 亳 偃師城也 商丘 宋州也 湯卽位 都南亳 後徙西亳也 括地志云
亳邑故城在洛州偃師縣西十四里 本帝嚳之墟 商湯之都也

**신주** 박亳은 제곡과 상탕의 도읍지다. 탕왕부터 10대 중정仲丁까지 상나라 6대 11왕이 150년 동안 박을 도읍으로 삼았다. 중정이 박에서 효囂땅으로 천도했는데, 효는 오隞라고도 기록되어 있다. 이것이 상나라의 1차 천도다. 박의 위치에 대해서는 여섯 종류의 주장이 있는데, 서박西亳설, 남박南亳설, 북박北亳설, 두박杜亳설, 원박垣亳설, 정박鄭亳설이 그것이다. 그중 서박설과 정박설이 유력한데, 서박설은 지금의 하남성 낙양시 언사偃師가 도읍지인 박이라는 주장이고, 정박설은 하남성 정주鄭州시에 있는 상성유지商城遺址라는 주장이다.

《상서尙書》의 〈주서周書 입정立政〉 편에 삼박三亳이 나오는데, 진晉나라 황보밀皇甫謐(215~282)은 《제왕세기帝王世紀》 〈은상殷商〉 조에서 이렇게 썼다.

"그런즉 은나라는 삼박이 있었는데, 두 박은 양국梁國에 있었고, 한 박은 하수와 낙수 사이에 있었다. 곡숙穀熟은 남박인데, 즉 탕의 도읍지다. 몽현蒙縣은 북박인데, 즉 경박景亳으로 탕왕이 천명을 받은 곳이다. 언사는 서박이 되는데, 즉 반경盤庚이 천도한 곳이다.[然則殷有三亳, 二亳在梁國, 一亳在河, 洛之間, 穀熟爲南亳, 卽湯都也. 蒙爲北亳, 卽景亳. 是湯所受命地。偃師爲西亳, 卽盤庚所徙也]"

양국梁國이나 몽현蒙縣은 모두 하남성 상구시 일대이고, 언사는 하남성 낙양시 산하이다. 결국 성탕부터 150년 동안 상나라의 수도였던 박은 하남성 상구시 일대이거나 하남성 낙양시 언사 일대라는 뜻이다.

④ 帝誥제고

색은 어떤 판본에는 고誥가 '고俈'로 되어 있다. 위에서 '종선왕거從
先王居'라고 일렀다. 그래서 제고帝俈를 지은 것이다. 공안국은 '선왕에
게 고誥를 지어 고하고 자신이 박毫 땅에 와서 산다고 말한 것이라'고
여겼다.
【索隱】 一作俈 上云 從先王居 故作帝俈 孔安國以爲作誥告先王 言己來
居亳也

신주 제고帝俈는 탕왕이 천도할 때 제곡帝嚳에게 그 정황을 고한 문
서라고 하는데 전해지지 않는다.

---

탕이 제후들을 정벌했다.① 갈백葛伯이 제사를 받들지 않자 탕이
처음으로 그를 정벌했다.②
湯征諸侯① 葛伯不祀 湯始伐之②

---

① 湯征諸侯탕정제후

집해 공안국은 "탕이 하나라의 방백方伯이 되어 마음대로 정벌할

수 있었다."라고 말했다.

**【集解】** 孔安國曰 爲夏方伯 得專征伐

② 葛伯不祀湯始伐之갈백불사탕시벌지

집해 《맹자孟子》에는 "탕湯이 박亳 땅에 거주하게 되자 갈백葛伯과
이웃이 되었다."라고 했다. 〈지리지〉에는 "갈葛 땅은 지금의 양국梁國
영릉寧陵의 갈향葛鄕이다."라고 했다.

**【集解】** 孟子曰 湯居亳 與葛伯爲鄰 地理志曰葛今梁國寧陵之葛鄕

---

탕湯이 말했다.
"나는 말한다. 사람들은 물을 살피고 형태를 본다. 백성을 살펴
보면 다스려지는지 다스려지지 않는지를 알 수 있다."
이윤伊尹이 말했다.
"현명하십니다. 말을 경청할 수 있다면 도道로 나아갈 것입니다.
군주와 국가가 백성을 자식처럼 대하면 착한 자가 모두 왕의 관
청에 있게 될 것입니다. 힘쓰시고 힘쓰십시오."
탕임금이 말했다. "너희가 하늘의 명을 공경하지 않는다면 내가
큰 벌을 내려 처벌하고 사면하지 않을 것이다."
이에 탕정湯征을 지었다.

---

이윤伊尹의 이름은 아형阿衡이다.[①] 아형이 탕임금을 만나 보고자 했으나 만날 방법이 없었다. 이에 유신씨有莘氏의 잉신媵臣이 되어[②] 솥과 도마를 짊어지고 좋은 음식을 만들어 올리면서 설득해 탕임금이 왕도王道에 이르게 했다. 어떤 이가 말했다.

"이윤伊尹은 처사處士였는데 탕湯이 사람을 시켜 초청하여 맞아들이려 했다. 다섯 번이나 반복한 연후에 기꺼이 가서 탕을 따랐는데 소왕素王과 구주九主의 일에[③] 대해서 말했다."

湯曰 予有言 人視水見形 視民知治不 伊尹曰 明哉 言能聽 道乃進 君國子民 爲善者皆在王官 勉哉 勉哉 湯曰 汝不能敬命 予大罰殛之 無有攸赦 作湯征 伊尹名阿衡[①] 阿衡欲奸湯而無由 乃爲有莘氏媵臣[②] 負鼎俎 以滋味說湯 致于王道 或曰 伊尹處士 湯使人聘迎之 五反然後肯往從湯 言素王及九主之事[③]

① 阿衡아형

색은 《손자병서》에 "이윤伊尹의 이름은 지摯이다."라고 했다. 공안국도 또한 '이지伊摯'라고 했다. 그러나 해설하는 자는 아형을 관직 이름이라고 했다. 상고해보니 아阿는 의지한다는 뜻이고 형衡은 공평하다는 뜻이다. 의지하고 공평함을 취한 것을 말한 것이다. 《서경》에는 '유사왕불혜우아형惟嗣王弗惠于阿衡(사왕이 아형에게 순하지 못하였다)'이라고 했다. 또한 보형保衡이라고 했는데 모두 이윤伊尹의 관직 호칭이고 이름은 아니다. 황보밀은 "이윤은 역목力牧의 후손이고 공상空桑에서 태어났다."
라고 했다. 또《여씨춘추》에는 '유신씨有侁氏의 딸이 뽕을 따다가 공상
空桑에서 아이를 낳았는데 그 어머니가 이수伊水에 살았기 때문에 이윤
이라고 명한 것이다.'라고 했다. 윤尹은 정正이란 뜻으로서 탕湯임금이
그로 하여금 천하를 바르게 하라고 이른 것이다.

【索隱】 孫子兵書 伊尹名摯 孔安國亦曰 伊摯 然解者以阿衡爲官名 按 阿
倚也 衡 平也 言依倚而取平 書曰 惟嗣王弗惠于阿衡 亦曰保衡 皆伊尹之官
號 非名也 皇甫謐曰 伊尹 力牧之後 生於空桑 又呂氏春秋云 有侁氏女採桑
得嬰兒于空桑 母居伊水 命曰伊尹 尹 正也 謂湯使之正天下


② 有莘氏媵臣유신씨잉신


集解 《열녀전》에는 "탕임금의 비는 유신씨有莘氏의 딸이다."라고 했다.
【集解】 列女傳曰 湯妃有莘氏之女


정의 《괄지지》에는 "옛 신국莘國은 변주汴州 진류현陳留縣 동쪽 5리
에 있으며 옛 신성莘城이 이곳이다."라고 했다.《진류풍속전陳留風俗傳》
에는 "진류陳留 외황外黃에 신창정莘昌亭이 있는데 본래 송宋 땅이며 신
씨읍莘氏邑이다."라고 했다. 媵은 '잉[翊剩反]'으로 발음한다.《이아》에는
"잉媵은 딸려 보낸다는 뜻이다."라고 했다.

【正義】 括地志云 古莘國在汴州陳留縣東五里 故莘城是也 陳留風俗傳云
陳留外黃有莘昌亭 本宋地 莘氏邑也 媵 翊剩反 爾雅云 媵 將 送也

③ 素王及九主之事소왕급구주지사

유향劉向의 《별록別錄》에는 "구주九主는 법군法君, 전군專君, 수군授君, 노군勞君, 등군等君, 기군寄君, 파군破君, 국군國君, 삼세사군三歲社君의 무릇 구품九品이 있는데 그림으로 그 형상을 그렸다."라고 했다.

【集解】 劉向別錄曰 九主者 有法君 專君 授君 勞君 等君 寄君 破君 國君 三歲社君 凡九品 圖畫其形

상고해보니 소왕素王은 태소상황太素上皇인데 그의 도道가 질박하고 검소했다. 그래서 소왕이라고 칭했다. 구주九主란 삼황三皇과 오제五帝와 하우夏禹이다. 어떤 이는 구주가 구황九皇이라고 일렀다. 그러나 유향이 구주라고 일컬은 것에 대한 주석을 상고해보니 《칠록七錄》에 게재되어 있는 명칭이 아주 기이해서 증거證據하여 기댈 바를 알지 못할 뿐이다.

법군法君은 법을 사용하는 것이 엄하고 급한 군주를 이른다. 진효공秦孝公이나 진시황秦始皇 등과 같은 것이다. 노군勞君은 천하에 열심히 일하는 군주를 이른다. 우禹나 직稷 등과 같다. 등군等君의 등等은 '공평하다'는 뜻인데 균등한 위엄을 정해서 녹봉과 상을 균등하게 하는 것을 이른다. 한고조漢高祖가 공신을 봉할 때 옹치雍齒를 제후로 삼은 것과 같은 것이다. 수군授君은 인군이 능히 스스로 다스리지 못하고 정사를 그 신하에게 돌려준 것을 이른다. 연왕燕王 쾌噲가 자지子之에게 물려주고 우禹가 익益에게 물려준 선례와 같다.

전군專君은 멋대로 자신이 독단하고 어진 신하에게 맡기지 않는 것을 이른다. 한漢나라의 선제宣帝의 선례와 같다. 파군破君은 적을 가볍게 여겨 도적이 이르게 해서 나라가 멸망하고 군주가 죽는 것을 이른다. 초무楚戊와 오비吳濞(경제 때의 왕) 등과 같은 이들이다.

기군寄君은 백성들이 아래에서 곤궁하고 군주가 위에서 교만해서 분열이 더해지는 것을 이른다. 그래서 맹가孟軻(맹자)가 이를 '기군寄君'이라고 일렀다. 국군國君은 국國이 마땅히 '고固'가 되어야 한다. 글자를 잘못 썼을 뿐이다. 고固는 성곽을 완전하게 하고 병기를 예리하게 하지만 덕을 닦지 않는 것을 이른다. 삼묘三苗나 지백智伯의 부류와 같다.

삼세사군三歲社君은 보자기에 싸여 사직社稷을 주관하는 것을 이른다. 주성왕周成王과 한소제漢昭帝 평제平帝 등과 같다. 또 본래 구주의 주석에는 법군, 노군, 등군, 전군, 수군, 파군, 국군을 이르고 삼세사군을 둘로 했는데 아마도 잘못된 것이다.

【索隱】 按 素王者太素上皇 其道質素 故稱素王 九主者 三皇 五帝及夏禹也 或曰 九主謂九皇也 然按注劉向所稱九主 載之七錄 名稱甚奇 不知所憑據耳 法君 謂用法嚴急之君 若秦孝公及始皇等也 勞君 謂勤勞天下 若禹 稷等也 等君 等者平也 謂定等威 均祿賞 若高祖封功臣 侯雍齒也 授君 謂人君不能自理 而政歸其臣 若燕王噲授子之 禹授益之比也 專君 謂專己獨斷 不任賢臣 若漢宣之比也 破君 謂 輕敵致寇 國滅君死 若楚戊 吳濞等是也 寄君謂人困於下 主驕於上 離析可待 故孟軻謂之寄君也 國君 國當爲固 字之訛耳 固 謂完城郭 利甲兵 而不修德 若三苗 智伯之類也 三歲社君 謂在襁褓而主社稷 若周成王 漢昭 平等是也 又注本九主 謂法君 勞君 等君 專君 授君 破君 國君 以三歲社君爲二 恐非

**신주** 소왕素王은 제왕의 덕을 갖춘 왕이다. 구주九主는 삼황三皇 오제五帝와 하우夏禹이다. 일설에 구주九主는 구황九皇이라고도 했다.

---

이에 탕임금이 등용해 국정을 맡겼다. 이윤이 탕임금을 떠나 하夏나라로 갔다. 이미 하나라가 추악해진 것을 알고 다시 박 땅으로 돌아왔다. 북문으로 들어오다가 이때 여구女鳩와 여방女房을 만나고 〈여구〉와 〈여방〉을[1] 지었다.

湯舉任以國政 伊尹去湯適夏 既醜有夏 復歸于亳 入自北門 遇女鳩女房 作女鳩女房[1]

---

[1] 女鳩女房여구여방

**집해** 공안국은 "구鳩와 방房은 두 사람으로서 탕湯의 현신賢臣이다. 두 편은 하夏나라에 있는 것을 부끄럽게 여기고 돌아올 뜻을 말한 것이다."라고 했다.

【集解】 孔安國曰 鳩房二人 湯之賢臣也 二篇言所以醜夏而還之意也

**신주** 이 두 편은 분실되어 전하지 않는다.

# 탕임금의 덕

탕湯임금이 밖으로 나가 보니 (어떤 자가) 들에 사방으로 그물을 치고서 축원하며 말했다.

"천하 사방으로부터 모두가 나의 그물로 들어오게 해 주십시오."

탕임금이 말했다.

"허! 씨를 말리겠구나."

이에 그 세 곳의 그물을 철거하게 하고 축원해서 말했다.

"왼쪽으로 가고 싶으면 왼쪽으로 가고 오른쪽으로 가고 싶으면 오른쪽으로 가게 하소서. 명령을 따르지 않는 것들만 나의 그물로 들어오게 하소서."

제후들이 듣고 말했다.

"탕임금의 덕이 지극해 새와 짐승에까지 이르렀다."

이 당시 하나라의 걸왕桀王이 포악한 정치를 하며 황음荒淫하자 제후 곤오씨昆吾氏가 반란을 일으켰다.① 탕이 이에 군사를 일으켜 제후들을 인솔했고 이윤伊尹도 탕을 따랐다. 탕은 스스로 도끼를 잡고 곤오씨를 정벌하고 마침내 걸왕도 정벌했다.

湯出 見野張網四面 祝曰 自天下四方皆入吾網 湯曰 嘻 盡之矣 乃去 其三面 祝曰 欲左 左 欲右 右 不用命 乃入吾網 諸侯聞之 曰 湯德至 矣 及禽獸 當是時 夏桀爲虐政淫荒 而諸侯昆吾氏爲亂① 湯乃興師 率諸侯 伊尹從湯 湯自把鉞以伐昆吾 遂伐桀

① 昆吾氏爲亂곤오씨위란

정의   곤오씨는 제곡帝嚳 때 육종陸終의 장자長子로 곤오씨昆吾氏의 후예이다. 《세본世本》에 "곤오씨는 위씨衛氏이다."라고 한 것이 바로 이것이다.

【正義】  帝嚳時陸終之長子 昆吾氏之後也 世本云 昆吾者 衛氏 是

탕이 말했다.

"그대들이여, 모두 와서 나의 말을 들어라. 나 같은 작은 사람이[1] 감히 난을 일으키려는 것이 아니라 유하有夏(하나라) 임금에게 죄가 많이 있기 때문이다. 나는 하씨夏氏의 죄가 크다는 그대들의 말을 들었다. 나는 상제上帝가 두려워서 감히 바로잡지 않을 수가 없었다.[2]"

湯曰 格女衆庶 來 女悉聽朕言 匪台小子[1]敢行舉亂 有夏多罪 予維聞女衆言 夏氏有罪 予畏上帝 不敢不正[2]

① 匪台小子비이소자

집해  마융은 "이台는 아我(나)이다."라고 했다.

【集解】 馬融曰 台 我也

신주  "나와 같은 작은 사람은 …… 아니다."라는 뜻이다.

② 不敢不正불감부정

집해  공안국은 "감히 걸왕의 죄를 처단해서 바로잡지 않을 수 없다."라고 했다.

【集解】 孔安國曰 不敢不正桀之罪而誅之

"지금 하나라는 죄가 많아 하늘이 죽이라고 명했는데, 지금 그대들 중 많은 이들이 이렇게 말한다. '우리 임금(걸왕)이 우리 백성을 사랑하지 않는다. 우리 백성의 농사를 버리게 하고 백성들을 해치는 정사를 한다.'[①] 그대들 중 누구는 또 그렇게 말한다. '죄가 있는데, 어찌해야 할 것인가? 하나라 왕이 연달아 백성들이 농사에 힘쓰는 것을 막으며 하나라에서 모든 것들을 빼앗아 가니[②] 백성들을 모두 게으르고 화합하지 못하게 했다.'[③] 또 말하길, '이 해는 언제 없어지겠느냐? 나도 너와 함께 망하리라.[④]'"

今夏多罪 天命殛之 今女有衆 女曰 我君不恤我衆 舍我嗇事而割政[①] 女其曰 有罪 其奈何 夏王率止衆力 率奪夏國[②] 有衆率怠不和[③] 曰 是日何時喪 予與女皆亡[④]

① 嗇事而割政색사이할정

[집해] 공안국은 "백성으로부터 농사의 시기[農功]를 빼앗고 백성의 재물을 빼앗는 정사이다."라고 말했다.

【集解】 孔安國曰 奪民農功 而爲割剝之政

② 率奪夏國솔탈하국

[집해] 공안국은 "걸桀의 군주와 신하가 연달아 백성의 힘을 막아서 농사를 짓지 못하게 하고 연달아 하나라[夏邑]에 거처하는 백성들의 가

죽을 벗기고 살을 도려내는 것이다."라고 말했다.

【集解】 孔安國曰 桀之君臣相率遏止衆力 使不得事農 相率割剝夏之邑居

③ 衆率怠不和중솔태불화

집해 마융은 "백성이 서로 경솔하고 태만해져서 화동和同하지 못하는 것이다."라고 했다.

【集解】 馬融曰 衆民相率怠惰 不和同

④ 予與女皆亡여여여개망

집해 《상서대전》에는 "걸왕이 이르기를, 하늘에 해가 있는 것은 나에게 백성이 있는 것과 같다. 해가 없어지겠느냐? 해가 없어지면 나도 없어질 것"이라고 했다.

【集解】 尙書大傳曰 桀云 天之有日 猶吾之有民 日有亡哉 日亡吾亦亡矣

"하나라의 덕이 이와 같으니 이제 짐朕이 반드시 가서 정벌할 것이다. 바라건대 그대들은 나 한 사람을 도와 하늘의 징벌을 이룰 수 있도록 하라. 나는 그대들에게 큰 상을 내릴 것이다.① 그대들은 내 말을 믿어라. 짐은 식언食言을② 하지 않는다. 그대들이 나의 말을 맹세하여 따르지 않는다면 나는 그대들을 처자와 함께 죽이고 용서하지 않을 것이다."

탕이 영사令師에게 고해 〈탕서〉를 짓게 하고 이에 탕이 말했다.

"나는 매우 용맹하다."

그래서 '무왕武王'③이라고 부른다.

夏德若玆 今朕必往 爾尙及予一人致天之罰 予其大理女① 女毋不信 朕不食言② 女不從誓言 予則帑僇女 無有攸赦 以告令師 作湯誓 於是湯曰 吾甚武 號曰武王③

① 理女이녀

집해 《상서》에 '이理' 자는 '뇌賚' 자로 되어 있다. 정현은 "뇌賚는 주는 것이다."라고 했다.

【集解】 尙書 理字作賚 鄭玄曰 賚 賜也

② 食言식언

색은 《춘추좌전》에는 "말을 먹는 것이 많은데도 어찌 살이 찌지 않습니까?"라고 했다. 이 망언妄言이 식언食言이 됨을 이른 것이다.

【索隱】 左傳云 食言多矣 能無肥乎 是謂妄言爲食言


③ 武王무왕


집해 《시경》에 '무왕재패 유건병월武王載旆 有虔秉鉞(탕임금께서 깃발을 세우시고 도끼를 굳게 잡으시니)'라고 했다. 《모전毛傳》에는 "무왕은 탕이다."라고 했다.

【集解】 詩云 武王載旆 有虔秉鉞 毛傳曰 武王 湯也


걸왕이 유융有娀의 옛터에서 패했다. 걸왕이 명조鳴條로② 달아나자 하나라의 군사들은 크게 무너졌다. 탕이 마침내 삼종三㚇을 정벌하고 그곳의 보옥寶玉들을 취하자② 의백義伯과 중백仲伯이 〈전보典寶〉를 지었다.③ 탕이 이미 하나라를 이기고 그 사직을 옮기고자 했으나 불가하다는 것을 알고④ 〈하사夏社〉를 지었다.⑤ 이윤伊尹이 바른 정치를 선포하자⑥ 이에 제후들이 모두 복종했고 탕이 이에 천자의 자리에 올라 천하를 평정했다.

桀敗於有娀之虛 桀犇於鳴條① 夏師敗績 湯逐伐三㚇 俘厥寶玉② 義伯 仲伯作典寶③ 湯旣勝夏 欲遷其社 不可④ 作夏社⑤ 伊尹報⑥ 於是 諸侯畢服 湯乃踐天子位 平定海內

① 鳴條명조

정의 《괄지지》에 "고애원高涯原은 포주蒲州 안읍현安邑縣의 북쪽 30리 남판구南阪口에 있는데, 이곳이 곧 옛날의 명조맥鳴條陌이다. 명조의 싸움터는 안읍의 서쪽에 있다."라고 했다.

【正義】 括地志云 高涯原在蒲州安邑縣北三十里南阪口 卽古鳴條陌也 鳴條戰地 在安邑西

신주 유융有娀에 대해서 중국에서는 산서성 영제永濟시 서쪽으로 보는 견해와 산서성 운성運城시 동북쪽의 하현夏縣으로 보는 견해가 있다. 명조는 하나라가 망한 곳인데, 〈하상주夏商周연표〉에 의하면 서기전 1600년의 사건으로 하나라가 470여 년 만에 망했다고 전한다. 명조는 지금의 하남성 신향新鄕시 봉구封丘의 동쪽으로 보고 있지만 산서성 운성시 안읍安邑 북쪽으로 보는 견해도 있다.

② 三㚇俘厥寶玉삼종부궐보옥

집해 공안국은 "삼종三㚇은 나라 이름이고 걸왕이 달아나 보존한 곳으로 지금의 정도定陶이다. 부俘는 취하다의 뜻이다."라고 했다.

【集解】 孔安國曰 三㚇 國名 桀走保之 今定陶也 俘 取也

신주 三鬷삼종: 걸왕에 충성하던 제후국의 하나이다. 산동성 정도定
陶현 북쪽에 위치하고 있었다.

정의 《괄지지》에는 "조주曹州 제음현濟陰縣이 곧 옛 정도定陶이다.
동쪽에 삼종정三鬷亭이 있으니 이곳이다."라고 했다.
【正義】 括地志云 曹州濟陰縣卽古定陶也 東有三鬷亭是也

신주 삼종은 제후국의 이름인데 지금의 산동성 정도定陶 동북쪽으
로 비정하고 있다.

③ 義伯仲伯作典寶의백중백작전보

집해 공안국이 말하길, "두 신하[義伯, 仲伯]가 〈전보典寶〉 1편을 지
었는데, 국가의 떳떳한 보배를 말한다."
【集解】 孔安國曰 二臣作典寶一篇 言國之常寶也

④ 欲遷其社不可욕천기사불가

집해 공안국은 "사직을 설치하는 것을 변경하려 했으나 후세 구룡
句龍이 이르지 못할까봐 그래서 할 수 없이 그만 두었다."라고 했다.
【集解】 孔安國曰 欲變置社稷 而後世無及句龍者 故不可而止

신주 《오경이의五經異義》에 "사직은 오직 구룡句龍을 제사한다."고

했고, 《상서정의》에는 "탕왕이 하나라를 정벌해서 이긴 후 혁명으로 제도를 창조해서 사직을 옮겨 설치하려 했지만 사람이 구룡을 대신할 수 없기 때문에 그만 두었다."고 말했다.

⑤ 夏社하사

집해  공안국은 "하나라 사직을 옮길 수 없다는 뜻을 말한 것이다."라고 했다.

【集解】 孔安國曰 言夏社不可遷之義

⑥ 伊尹報이윤보

집해  서광은 "어떤 판본에는 이윤보정伊尹報政이라고 했다."라고 했다.

【集解】 徐廣曰 一云 伊尹報政

---

탕왕이 돌아오다가 태권泰卷에 이르렀을 때① 중훼仲虺가② 〈고誥〉를 지었다. 이미 하나라 임금의 명령을 내치고③ 박 땅으로 돌아가서 〈탕고湯誥〉를 지었다.

湯歸至于泰卷陶① 中�② 作誥 既紬夏命③ 還亳 作湯誥

---

① 泰卷陶태권도

서광은 "어떤 판본에는 이 '도陶' 자가 없다."라고 했다. 공안국은 "지명地名이다. 탕임금이 삼종三嵕에서 돌아온 곳이다."라고 했다.

【集解】 徐廣曰 一無此陶字 孔安國曰 地名 湯自三嵕而還

색은 추탄생鄒誕生은 "권卷자는 '경坰(서울에서 먼 곳)' 자로 되어 있고, 또 '형洞(멀다)' 자로도 되어 있다. 따라서 권卷은 마땅히 '경坰'이 되어야 《상서》와 같게 되고 연자衍字(잘못 들어간 글자)가 아니게 된다. 그 아래 도陶자는 연자衍字일뿐이다. 무엇으로 그러한 것을 알겠는가? 《상서》를 해석한 자는 '대경大坰'은 지금의 정도定陶라고 말했다. 구본舊本에는 혹 곁에 그 지명을 썼는데 후인後人이 옮기어 베끼다가 쓸데없이 이 자를 쓴 것이다."라고 했다.

【索隱】 鄒誕生 卷作坰 又作洞 則卷當爲坰 與尚書同 非衍字也 其下陶字 是衍耳 何以知然 解尚書者以大坰今定陶是也 舊本或傍記其地名 後人轉寫逐衍斯字也

정의 坰은 '경[古銘反]'으로 발음한다.

【正義】 坰 古銘反

② 中㐀중훼

집해 공안국은 "중훼는 탕임금의 좌상左相으로 해중奚仲의 후예이다."라고 했다.

【集解】 孔安國曰 仲㐀 湯左相奚仲之後

색은 중훼仲虺는 두 가지 발음이 있다. 畾는 '뇌畾(루·뤠)'로 되어 있고 음도 글자와 같다. 《상서》에는 또 '훼虺'로 되어 있다.

【索隱】 仲虺二音 畾作畾 音如字 尚書又作虺也

③ 夏命하명

집해 공안국은 "그 왕명을 내친 것이다."라고 했다.

【集解】 孔安國曰 絀其王命

3월에 왕께서 몸소 동교東郊에 이르렀다. 이에 제후들과 여러 군후群后들에게 고했다.

"백성들에 대해서 업적이 없으면 안 된다. 이 일에 부지런히 힘쓰지 않으면 내가 그대들을 큰 죄로 죽일 것이니 나를 원망하지 말라."

탕왕이 또 일렀다.

"옛날 우禹임금과 고요皋陶는 오래도록 밖에서 수고하면서 백성들에 대해서 공이 있으니 백성들이 편안했다. 동쪽으로는 강수江水를 다스리고,① 북쪽으로는 제수濟水를 다스리고 서쪽으로는 하수河水를 다스리고 남쪽으로는 회수淮水를 다스려 사독四瀆(나라에서 제사 지내는 네 강)에 보수를 끝마치자 모든 백성들이 정착할 수 있었다. 후직后稷은 파종하는 방법을 가르쳐주어 농민들이 모든 곡식을 심을 수 있었다. 삼공三公이 모두 백성들에 대하여 업적이 있으므로 그들의 후사들이 그 자리를 계승할 수 있었다.② 옛날 치우蚩尤는 그의 대부들과 함께 난을 일으켜 백성을 어지럽게 해서 상제上帝께서 도와주지 않아 처벌 받은 상황이 있었으니③ 선왕들의 말씀은 힘써 따르지 않을 수 없다.'라고 했다.④ 또 이르기를 '도도道로써 하지 않으면 그대들의 나라는 있지 못할 것이니⑤ 그대들은 나를 원망하지 말라.'"

維三月 王自至於東郊 告諸侯羣后 毋不有功於民 勤力廼事 予乃大罰殛女 毋予怨 曰 古禹 皋陶久勞于外 其有功乎民 民乃有安 東爲江① 北爲濟 西爲河 南爲淮 四瀆已修 萬民乃有居 后稷降播 農殖百穀 三公咸有功于民 故后有立② 昔蚩尤與其大夫作亂百姓 帝乃弗予 有狀③ 先王言不可不勉④ 曰 不道 毋之在國⑤ 女毋我怨

① 東爲江동위강

명나라 학자 진인석陳仁錫(1581~1636)은 "동쪽으로 회수, 남쪽으로 강수가 된다[東爲淮, 南爲江]"라고 했다. 하·상시대는 그 세력이 장강까지 미치지 못했으므로 상나라 도읍(상구) 기준으로 볼 때 동쪽의 강수는 산동의 기수沂水일 것이다. 진인석은 명나라 국자감國子監 좨주祭酒를 누차 역임한 학자로서 시호는 문장文庄이다.

② 立립

집해 서광은 "다른 판본에는 토土로 되어 있다."고 했다.

【集解】 徐廣曰 一作土

색은 우와 고요가 사람들에게 공로가 있어 그의 후예를 세웠다고 이른 것이다. 그러므로 '유립有立'이라고 이른 것이다.

【索隱】 謂禹 皋陶有功於人 建立其後 故云有立

③ 帝乃弗予有狀제내불여유상

집해 予는 '여與'로 발음한다.

【集解】 音與

색은 제帝는 '천天'이다. 치우蚩尤가 난을 일으키니 상천上天이 돕지 않았음을 이른 것이니 이것이 함께하지 않은 것이다. 유상有狀은 그의 죄가 커서 형상이 있는 것을 말한 것이다. 그러므로 황제黃帝가 멸망시켰다.

【索隱】 帝 天也 謂蚩尤作亂 上天乃不佑之 是爲弗與 有狀 言其罪大而有 形狀 故黃帝滅之

④ 先王言不可不勉선왕언불가불면

[색은] 선왕先王은 황제黃帝, 제요帝堯, 제순帝舜 등을 말한다. 우禹와 구요咎繇는 오래도록 밖에서 수고했기 때문에 후예들이 왕이 될 수 있었다. 치우가 난을 일으켰는데 하늘이 돕지 않아서 이에 황제가 멸망시키는데 이르렀다. 이는 모두 선왕이 공이 있으면 상을 주고 죄가 있으면 주벌한 것으로서 지금 너희들이 힘쓰지 않으면 안 된다고 말했다. 이는 탕임금이 그 신하들을 경계한 것이다.

【索隱】 先王指黃帝 帝堯 帝舜等言 禹 咎繇以久勞于外 故後有立 及蚩尤 作亂 天不佑之 乃致黃帝滅之 皆是先王賞有功 誅有罪 言今汝不可不勉 此 湯誡其臣

⑤ 不道母之在國부도무지재국

[집해] 서광은 "다른 판본에는 지之가 '정政'으로 되어 있다."고 했다.
【集解】 徐廣曰之 一作政

부도不道는 무도無道와 같다. 또 제후들을 경계해서 너희들이 무도하면 나는 너희들로 하여금 나라에 있지 못하도록 하겠다고 이른 것이다.

【索隱】 不道猶無道也 又誠諸侯云 汝爲不道 我則無令汝之在國

---

이로써 제후들에게 명령하니 이에 이윤이 〈함유일덕咸有一德〉을 지었고, 고단咎單이 〈명거明居〉를 지었다.②

以令諸侯 伊尹作咸有一德① 咎單作明居②

---

① 咸有一德함유일덕

집해 왕숙은 "군주와 신하가 모두 한결같은 덕이 있어야 한다는 말이다."라고 했다.

【集解】 王肅曰 言君臣皆有一德

색은 상고해보니 《상서》에는 이윤伊尹이 지은 〈함유일덕咸有一德〉이 태갑太甲 때에 있었다. 태사공이 여기에 기록한 것이 성탕成湯 때를 말한 것이니 그의 말이 또 순서를 잃었다.

【索隱】 按 尚書伊尹作咸有一德在太甲時 太史公記之於斯 謂成湯之日 其言又失次序

**신주** 태갑太甲(?~서기전 1557년)은 은나라 제4대 임금으로서 탕왕의 손자이자 태정太丁의 아들이다. 태갑 때 지은 것을 그 전인 탕왕 때 지 었다고 했으므로 사마천이 순서를 잃었다고 한 것이다.

② 咎單作明居고단작명거

**집해** 마융馬融이 말하기를 "고단咎單은 탕임금의 사공司空이다. 명 거明居는 백성들이 지켜야 할 법이다."라고 했다.

【集解】 馬融曰 咎單 湯司空也 明居民之法也

---

탕임금이 이에 정삭正朔을 바꾸고 의복의 색상을 바꾸고, 백색 白色을 높이고① 조회는 낮에 하기로 정했다.

湯乃改正朔 易服色 上白① 朝會以晝

---

① 上白상백

**신주** 탕임금이 세운 은나라는 동이족 국가이다. 나라를 세운 후 흰 색을 높였다는 것은 동이족이 흰색을 숭상하는 것과 관련이 있다.

# 탕임금이 붕어했다

탕임금이 붕어했지만[1] 태자太子 태정太丁이 즉위하지 못하고 죽었다. 이에 태정의 아우인 외병外丙을 세웠는데 이 이가 제외병帝外丙이다. 제외병이 즉위한 지 3년 만에 붕어하자 외병의 아우인 중임中壬을 세웠는데 이 이가 제중임帝中壬이다. 제중임이 즉위한 지 4년 만에 붕어하자 이윤이 이에 태정의 아들 태갑太甲을[2] 세웠다. 태갑은 성탕의 적장손適長孫으로 이 이가 제태갑帝太甲이다. 제태갑帝太甲 원년元年에 이윤이 〈이훈伊訓〉과 〈사명肆命〉과 〈조후徂后〉를 지었다.[3]

湯崩[1] 太子太丁未立而卒 於是迺立太丁之弟外丙 是爲帝外丙 帝外丙卽位三年 崩 立外丙之弟中壬 是爲帝中壬 帝中壬卽位四年 崩 伊尹迺立太丁之子太甲[2] 太甲 成湯適長孫也 是爲帝太甲 帝太甲元年 伊尹作伊訓 作肆命 作徂后[3]

① 湯崩탕붕

**집해** 《황람皇覽》에는 "탕총湯冢은 제음濟陰의 박현亳縣 동곽東郭에 있는데 현과의 거리가 3리이다. 무덤의 사방은 각각 10보步이고 높이는 7자이며 위는 평평하고 평지平地에 있다. 한漢나라 애제哀帝 건평建平 원년(서기전 6년)에 대사공어사大司空御史 장경長卿이 수재水災지역을 순행했는데, 이로 인하여 탕총에 갔다."라고 했다. 유향劉向은 "은탕殷湯은 장사지낸 곳이 없다."라고 했다. 황보밀은 "즉위 17년에 천자의 자리에 올라 천자가 된 지 13년, 나이 100세에 붕어했다."라고 했다.

**【集解】** 皇覽曰 湯冢在濟陰亳縣北東郭 去縣三里 冢四方 方各十步 高七尺 上平 處平地 漢哀帝建平元年 大司空(御)史[御]長卿案行水災 因行湯冢 劉向曰 殷湯無葬處 皇甫謐曰 卽位十七年而踐天子位 爲天子十三年 年百歲而崩

**색은** 장경長卿에 대해 여러 본의 책에서 성이 겁성劫姓라고 한 것이 많다. 상고해보니 《풍속통風俗通》에는 어씨御氏가 있는데, 한漢나라의 사공어사司空御史가 되었으며 그 이름을 장경이라고 했으니 겁씨가 아닌 것이 명백하다. 또 겁미劫彌란 사람이 있었지만 어사가 되지는 못했다.

**【索隱】** 長卿 諸本多作劫姓 按 風俗通有御氏 爲漢司空(御)史 其名長卿 明劫非也 亦有劫彌 不得爲御史。

**정의** 《괄지지》에는 "박성薄城 북곽北郭 동쪽 3리 평지에 탕총이 있다. 상고해보니 몽蒙에 있다고 했으니 바로 북박北薄이다. 또 이르기를 낙주洛州 언사현偃師縣 동쪽 6리에 탕총이 있는데 동궁桐宮에 가까우니 아마도 이곳이 옳을 것이다.'라고 했다.

【正義】 括地志云 薄城北郭東三里平地有湯冢 按 在蒙 卽北薄也 又云洛州偃師縣東六里有湯冢 近桐宮 蓋此是也

제음현은 현재 산동성 서남부의 정도定陶현으로 비정한다. 언사偃師현은 현재 하남성 서부의 언사시로 비정하는데 낙양洛陽 동쪽에 위치한다.

② 太甲태갑

집해 《상서》의 공자孔子 서序에 이르기를 '성탕이 이미 몰했으니 태갑太甲 원년이다.'라고 해서 외병外丙이나 중임仲壬이 있었다는 것을 말하지 않았다. 그런데 태사공이 《세본》에서 채록해 외병과 중임이 있다고 했으니 두 책의 내용이 같지 않다. 마땅히 이를 믿는다면 전하는 것을 믿고 의심한다면 전하는 것을 의심하는 것이다.

【正義】 尚書孔子序云 成湯旣沒 太甲元年 不言有外丙 仲壬 而太史公探世本 有外丙 仲壬 二書不同 當是信則傳信 疑則傳疑

③ 肆命作徂后사명작조후

집해 정현은 "사명肆命은 정치와 교육의 마땅히 할 바를 진술한 것이다. 조후徂后는 탕임금의 법도를 말한다."라고 했다.

【集解】 鄭玄曰 肄命者 陳政教所當爲也 徂后者 言湯之法度也

제태갑帝太甲이 이미 즉위한 지 3년이 되었으나 밝게 다스리지
못하고 포악해서 탕임금의 법도를 따르지 않고 덕을 어지럽히자
이에 이윤이 동궁桐宮으로① 추방했다. 3년 동안 이윤이 섭정해
정사를 행하고 국정을 맡으니 제후들이 조회했다.

帝太甲既立三年 不明 暴虐 不遵湯法 亂德 於是伊尹放之於桐宮①
三年 伊尹攝行政當國 以朝諸侯

① 桐宮동궁

집해 공안국은 "탕임금의 장지葬地이다"라고 했다. 정현은 "지명이
며 임금의 이궁離宮이 있는 곳이다."라고 했다.

【集解】 孔安國曰 湯葬地 鄭玄曰 地名也 有王離宮焉

정의 《진태강지기晉太康地記》에는 "시향尸鄕 남쪽에 박판亳阪이 있고
동쪽에는 성이 있는데 태갑太甲이 추방당해 거처한 곳이다."라고 했다.
상고해보니 시향尸鄕은 낙주洛州 언사현 서남쪽 5리에 있다.

【正義】 晉太康地記云 尸鄕南有亳阪 東有城 太甲所放處也 按 尸鄕在洛
州偃師縣西南五里也

제태갑이 동궁에 거주한 지 3년에 잘못을 뉘우치며 자책하고 선善으로 돌아오자 이에 이윤이 제태갑을 맞이해서 정사를 넘겨주었다. 제태갑이 자신을 닦고 덕을 쌓자 제후들이 모두 은나라로 돌아왔고 백성들이 편안하게 여겼다. 이윤이 이를 아름답게 여기고 이에 〈태갑훈太甲訓〉 세 편을 지어 제태갑을 기려 태종太宗으로 일컬었다.

帝太甲居桐宮三年 悔過自責 反善 於是伊尹迺迎帝太甲而授之政 帝太甲修德 諸侯咸歸殷 百姓以寧 伊尹嘉之 迺作太甲訓三篇 襃帝太甲 稱太宗

---

태종[태갑]이 붕어하자 아들 옥정沃丁이 제위에 올랐다. 옥정沃丁 임금 때에 이윤이 죽었다. 이윤을 박亳 땅에 장사지내고[1] 고단咎單이 이윤의 행적들을 교훈으로 삼아 따르게 하고자 〈옥정沃丁〉을 지었다.

太宗崩 子沃丁立 帝沃丁之時 伊尹卒 既葬伊尹於亳[1] 咎單遂訓伊尹事 作沃丁

① 既葬伊尹於亳기장이윤어박

[집해] 《황람》에는 "이윤伊尹의 묘지는 제음濟陰 기지현己氏縣 평리향 平利鄕에 있는데, 박亳은 기지현 가까이에 있다."라고 했다.

【集解】 皇覽曰 伊尹冢在濟陰己氏平利鄕 亳近己氏

[정의] 《괄지지》에는 "이윤의 묘는 낙주洛州 언사현 서북쪽 8리에 있다. 또 이르기를 송주 초구현 서북쪽 15리에 이윤의 묘가 있다고 했는데 아마도 아닐 것이다."라고 했다. 《제왕세기帝王世紀》에는 "이윤의 이름은 지摯이고 탕임금의 재상이 되었는데, 호는 아형阿衡으로서 100세를 살고 죽었다. 죽은 날부터 3일간 큰 안개가 끼었고 옥정沃丁이 천자의 예로써 장례를 지냈다."고 했다.

【正義】 括地志云 伊尹墓在洛州偃師縣西北八里 又云宋州楚丘縣西北 十五里有伊尹墓 恐非也 帝王世紀 伊尹名摯 爲湯相 號阿衡 年百歲卒 大霧 三日 沃丁以天子禮葬之

---

옥정이 붕어하자 아우인 태경太庚이 즉위했는데 이 이가 제태경 帝太庚이다. 제태경이 붕어하고 아들 제소갑帝小甲이 즉위했다.[①] 제소갑이 붕어하자 아우인 옹기雍己가 즉위했는데 이 이가 제옹 기帝雍己이다. 이때부터 은나라의 도道가 쇠약해져 제후들이 간혹 조회에 들어오지 않았다.

沃丁崩 弟太庚立 是爲帝太庚 帝太庚崩 子帝小甲立[①] 帝小甲崩 弟 雍己立 是爲帝雍己 殷道衰 諸侯或不至

---

① 小甲立소갑립

집해 서광은 "〈세표世表〉에 제소갑帝小甲은 태강太康의 아우이다."라고 했다.

【集解】 徐廣曰 世表云帝小甲 太庚弟也

제옹기가 붕어하자 아우인 태무太戊가 즉위했는데 이 이가 제태무帝太戊이다. 제태무는 즉위하자 이척伊陟을 재상으로 삼았다.①
박 땅에 요상한 뽕나무와 요상한 곡식이 아침에 함께 싹텄는데, 하룻저녁에 한 아름으로 자랐다.② 제태무가 두려워서 이척에게 물었다. 이척이 대답했다.
"신이 들으니 요사한 것은 덕을 이기지 못한다고 합니다. 임금께서 정사에 잘못이 있었습니까? 임금께서는 덕을 닦으십시오."
帝雍己崩 弟太戊立 是爲帝太戊 帝太戊立伊陟爲相① 亳有祥桑穀共生於朝 一暮大拱② 帝太戊懼 問伊陟 伊陟曰 臣聞妖不勝德 帝之政其有闕與 帝其修德

① 伊陟爲相이척위상

집해 공안국은 "이척은 이윤의 아들이다."라고 했다.

【集解】 孔安國曰 伊陟 伊尹之子

② 一暮大拱일모대공

집해 공안국은 "상祥은 요괴妖怪이다. 두 그루의 나무가 합해서 자라는 것은 공손하지 않은 데 대한 벌이다."라고 했다. 정현은 "두 손으로 쥐는 것을 공拱이라고 한다."라고 했다.

【集解】 孔安國曰 祥 妖怪也 二木合生 不恭之罰 鄭玄曰 兩手搤之曰拱

색은 여기에서는 '일모대공一暮大拱(하루 저녁에 한 아름으로 컸다)'이라고 일렀지만 《상서대전》에는 '칠모대공七暮大拱(칠일에 한 아름으로 컸다)'으로 되어 있어서 이것과 같지 않다.

【索隱】 此云 一暮大拱 尚書大傳作七日大拱 與此不同

태무가 이를 따르자 요상한 뽕나무가 말라 죽어서 없어졌다.① 이척은 무함巫咸을 칭찬하고② 무함이 왕가王家의 일을 잘 관리한 치적을 가지고 〈함애咸艾〉를 지었다.③ 또 〈태무太戊〉를 지었는데, 제태무가 이척을 태묘에서 칭찬하며 신하로 생각하지 않는다고 말하니 이척이 사양하고 〈원명原命〉을④ 지었다. 은殷나라가 부흥하니 제후들이 돌아왔으므로 중종中宗이라고 일컬었다.

太戊從之 而祥桑枯死而去① 伊陟贊言于巫咸② 巫咸治王家有成 作咸艾③ 作太戊 帝太戊贊伊陟于廟 言弗臣 伊陟讓 作原命④ 殷復興 諸侯歸之 故稱中宗

① 祥桑枯死而去상상고사이거

　색은　유백장劉伯莊은 "말라 죽어 없어져서 보이지 않게 되었다고 말한 것은 지금 제帝가 덕을 닦는 것으로 말미암아 요상妖祥한 것이 드디어 제거되었다고 여긴 것이다."라고 했다.

【索隱】 劉伯莊言枯死而消去不見 今以爲由帝修德而妖祥逐去


② 贊言于巫咸찬언우무함

　집해　공안국은 "찬贊은 '고告'의 뜻이다. 무함巫咸은 신하의 이름이다."라고 했다.

【集解】 孔安國曰 贊 告也 巫咸 臣名也


　정의　상고해보니 무함과 아들 현賢의 무덤은 모두 소주蘇州 상숙현常熟縣 서쪽 해우산海虞山 위에 있으니 대개 두 사람은 본래 오吳 땅 사람이다.

【正義】 按 巫咸及子賢冢皆在蘇州常熟縣西海虞山上 蓋二子本吳人也


③ 咸艾함애

　집해　마융은 "애艾는 다스리는 것[治]이다."라고 했다.

【集解】 馬融曰 艾 治也

④ 原命원명

【집해】 마융은 "원原은 신하 이름이다. 원原에게 명해서 우禹와 탕湯의 도를 나에게 닦게 한 것이다."라고 했다.

【集解】 馬融曰 原 臣名也 命原以禹 湯之道我所修也

중종[太戊]이 붕어하자 아들 제중정帝中丁이 즉위했다. 제중정이 오隞로① 도읍을 옮겼다. 하단갑河亶甲은② 상相 땅으로 도읍을 옮겼다.③ 조을祖乙이 형邢으로④ 천도했다. 제중정이 붕어하자 아우인 외임外壬이 즉위했는데 이 이가 제외임帝外壬이다. 중정中丁의 글은 누락되어 갖추지 못했다.⑤ 제외임帝外壬이 붕어하자 아우 하단갑이 즉위했는데 이 이가 제하단갑帝河亶甲이다. 하단갑 때 은殷나라가 다시 쇠약해졌다.

中宗崩 子帝中丁立 帝中丁遷于隞① 河亶甲②居相③ 祖乙遷于邢④ 帝中丁崩 弟外壬立 是爲帝外壬 中丁書闕不具⑤ 帝外壬崩 弟河亶甲立 是爲帝河亶甲 河亶甲時 殷復衰

① 隞오

【집해】 공안국은 "땅 이름이다."라고 했다. 황보밀은 "어떤 이가 이르기를 하남河南의 오창敖倉이 이곳이다."라고 했다.

【集解】 孔安國曰 地名 皇甫謐曰 或云河南敖倉是也


색은 隞는 또한 囂로 되어 있다. 발음은 모두 '오敖'이다.
【索隱】 隞亦作囂 並音敖字


정의 《괄지지》에는 "형양榮陽의 고성이 정주鄭州 형택현榮澤縣 서남쪽 17리에 있는데 은殷나라 때 오敖 땅이다."라고 했다.
【正義】 括地志云 榮陽故城在鄭州榮澤縣西南十七里 殷時敖地也


② 河亶甲하단갑


신주 중정中丁의 아우이다. 《죽서기년》에는 하단갑의 이름을 정整이라고 했다.


③ 河亶甲居相하단갑거상


집해 공안국은 "상相은 지명인데 하수 북쪽에 있다."라고 했다.
【集解】 孔安國曰 地名 在河北


정의 《괄지지》에는 "옛 은성殷城은 상주相州 내황현內黃縣 동남쪽 13리에 있는데 곧 하단갑河亶甲이 쌓은 도읍이다. 그러므로 은성殷城이라고 이름한다."고 했다.
【正義】 括地志云 故殷城在相州內黃縣東南十三里 卽河亶甲所築都之 故

名殷城也

④ 邢형

[색은] 邢은 '경耿'으로 발음한다. 근대의 본本에도 또한 '경耿'으로 되어 있다. 지금 하동河東의 피지현皮氏縣에는 경향耿鄕이 있다.
【索隱】 邢音耿 近代本亦作耿 今河東皮氏縣有耿鄕

[정의] 《괄지지》에는 "강주絳州 용문현龍門縣 동남쪽 12리의 경성耿城이 옛날의 경국耿國이다."라고 했다.
【正義】 括地志云 絳州龍門縣東南十二里耿城 故耿國也

[신주] 중국에서는 형邢을 지금의 하북성 형태邢台로 보고 있다. 형태 서남의 동쪽에 선현촌先賢村이 있는데, 상성商城 유지遺址가 있다.

⑤ 書闕不具서궐불구

[색은] 아마도 태사공太史公이 옛날에 중정中丁에 대한 글이 있었다는 것을 알았으나 지금은 이미 남은 글이 없어져서 갖추지 못했다는 뜻이다.
【索隱】 蓋太史公知舊有中丁書 今已遺闕不具也

제2장

# 은나라의
# 중흥과 쇠퇴

# 반경이 다시 중흥시키다

하단갑河亶甲이 붕어하고 아들 제조을帝祖乙이 즉위했다. 제조
을이 즉위하자 은나라가 다시 일어났다. 무현巫賢이 재상직을 맡
았다.

조을이 붕어하고 아들 제조신帝祖辛이① 즉위했다. 제조신이 붕
어하고 아우 옥갑沃甲이 즉위하니 이 이가 제옥갑帝沃甲이다.①
제옥갑이 붕어하고 옥갑의 형인 조신祖辛의 아들 조정祖丁이③
즉위했는데 이 이가 제조정帝祖丁이다.

제조정이 붕어하고 아우 옥갑의④ 아들 남경南庚이 즉위하니 이
이가 제남경帝南庚이다. 제남경이 붕어하고 제조정의 아들 양갑
陽甲이 즉위했는데 이 이가 제양갑帝陽甲이다. 제양갑 때 은殷나
라가 쇠약해졌다.

河亶甲崩 子帝祖乙立 帝祖乙立 殷復興 巫賢任職 祖乙崩 子帝祖辛<sup>①</sup>立 帝祖辛崩 弟沃甲立 是爲帝沃甲<sup>①</sup> 帝沃甲崩 立沃甲兄祖辛之子 祖丁<sup>③</sup> 是爲帝祖丁 帝祖丁崩 立弟沃甲<sup>④</sup>之子南庚 是爲帝南庚 帝南 庚崩 立帝祖丁之子陽甲 是爲帝陽甲 帝陽甲之時 殷衰

① 帝祖辛제조신

신주 《죽서기년》에 따르면 조신의 이름은 단旦이다.

② 沃甲옥갑

집해 《계본》에는 '개갑開甲'으로 되어 있다.
【索隱】 系本作開甲

신주 《죽서기년》에 따르면 개갑開甲의 이름이 유踰이다.

③ 祖丁조정

신주 《죽서기년》에 다르면 조정祖丁의 이름이 신新이다.

④ 弟沃甲제옥갑

**신주** 제弟자는 쓸데없이 들어갔거나 제帝자의 오류이다. 《죽서기년》
에는 남경의 이름을 경更이라 했다.

중정中丁 이래로 적자嫡子 계승의 법칙이 폐해져서 아우들이나
아들들이 번갈아 즉위했는데, 아우들과 아들들이 혹은 서로 다
투어 즉위한 것이 거의 9대나 이어져 혼란스러워지자 이에 제후
들이 조회하지 않았다.

제양갑帝陽甲이 붕어하고 아우 반경盤庚이 즉위하니 이 이가 제
반경帝盤庚이다. 제반경 때는 은나라가 이미 하수河水의 북쪽에
도읍하고 있었는데, 반경이 하수 남쪽으로 건너가서 다시 성탕成
湯의 옛 도읍으로 옮겨 살았다. 도읍을 다섯 번이나 옮겨 정해진
거처가 없자[1] 은나라 백성들이 탄식하고 서로 모두 원망하면서
이사하려 하지 않았다.[2]

自中丁以來 廢適而更立諸弟子 弟子或爭相代立 比九世亂 於是諸
侯莫朝 帝陽甲崩 弟盤庚立 是爲帝盤庚 帝盤庚之時 殷已都河北 盤
庚渡河南 復居成湯之故居 迺五遷 無定處[1] 殷民咨胥皆怨 不欲徙[2]

① 五遷無定處오천무정처

**집해** 공안국은 "탕왕부터 반경盤庚에 이르기까지 무릇 다섯 번이나
수도를 옮겼다."고 했다.

정의 탕임금이 남박南亳에서 서박西亳으로 옮겼고 중정中丁이 오隞로 옮겼고 하단갑河亶甲이 상相에 거주했으며 조을祖乙이 경耿에 거주했고 반경이 하수를 건너 남쪽 서박西亳에 거주했으니 도읍을 다섯 번 옮긴 것이다.

【正義】 湯自南亳遷西亳 中丁遷隞 河亶甲居相 祖乙居耿 盤庚渡河 南居西亳 是五遷也

② 咨胥皆怨不欲徙자서개원불욕사

집해 공안국은 "서胥는 '서로[相]'라는 뜻이다. 백성이 옮기고자 하지 않고 모두가 탄식하고 근심하면서 서로 그 임금을 원망했다."고 했다.

【集解】 孔安國曰 胥 相也 民不欲徙 皆咨嗟憂愁 相與怨其上也

신주 서기전 1300년 경 상왕商王 반경盤庚은 엄奄(산동성 곡부)에 있던 도읍을 박亳(현 하남성 상구商丘로 추정)으로 천도했가 다시 은殷으로 천도했는데, 현재 하남성 안양安陽시 서북쪽 은도구殷都區 소둔촌小屯村 지역이다. 《죽서기년》에는 "반경이 은으로 천도해서 주紂가 멸망할 때까지 253년인데, 다시는 도읍을 옮기지 않았다[自盤庚徙殷至紂之滅 二百五十三年 更不徙都]"라고 말하고 있다. 도읍 은殷은 '북몽北蒙', '은읍殷邑' 등으로 불렸는데, 갑골문에는 '대읍상大邑商', '상읍商邑'으로 되어 있다.

사마천은《사기》〈위강숙衛康叔 세가〉에서 "강숙을 하수河水와 기수 淇水 사이에서 살게 했으므로 '상허商墟'라고 했다."고 썼고,《수경》경 문經文에 "원수洹水는 산(태행산)의 동쪽에서 나와서 동쪽으로 흘려 은 허殷墟 북쪽으로 흐른다[洹水出山東逕殷墟北]"라고 쓴 것처럼 일찍부터 '상허', '은허' 등으로 표현했다. 송宋·원元 시기에 이 일대에서 다수 의 청동기가 출토되었는데, 송나라 때의《통감지리통석通鑑地理通釋》에 "안양현은 본래 은허로서 이른바 북몽이다. 단갑성이 서북 5리 40보에 있는데, 원수洹水의 남안이다[安陽縣本殷墟 所谓北蒙者 亶甲城在西北五里 四十步 洹水南岸]"라는 기록이 있다. 단갑성은 상나라 12대 하단갑河亶甲 의 도읍이라는 뜻으로서 은허는 하단갑의 도성으로 알려져 있었다. 은 허에서 청나라 말기에 갑골문이 다수 출토되었지만 중국인들은 은허의 존재를 믿지 않았다.

1899년 청나라 금석학자 왕의영王懿榮이 북경의 달인당達仁堂에서 구입한 용골龍骨에 글씨가 새겨져 있는 것을 보고 유악劉鶚, 나진옥羅振 玉, 왕국유王國維 등과 연구해 이것이 은나라 갑골문이라는 사실과 은 허가 반경이 천도한 도성都城이라는 사실을 알게 되었다. 비로소 은허 가 전설상의 도읍이 아니라 실존했던 은나라 도읍이라는 사실이 드러 난 것이다.

1928년 중화민국 중앙연구원 역사어언연구소歷史語言硏究所 소장 부 사년傅斯年의 지원으로 동작빈董作賓 등이 발굴에 나서 약 800여 편片 의 갑골과 청동기青銅器 및 도기陶器, 골기骨器 등을 발굴했는데, 이것이 중국 현대 고고학의 시작이었다. 이듬해 이제李濟 등이 정식 발굴에 나 서 1937년 중일전쟁이 발생할 때까지 15차례에 걸쳐 은허를 발굴했다.

# 상(은)나라 영역

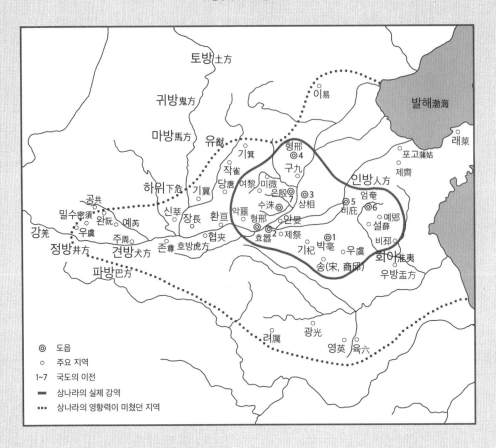

발해渤海

토방土方
귀방鬼方
마방馬方
유격
하위下危
공共
밀수密須
완阮
예芮
우虞
강羌
정방井方
주周
견방犬方
존魯
호방虎方
파방巴方

기箕
작雀
당唐 여黎
미微
신莘
장長
환단

형邢
◎4
구九
은殷◎
◎3
상相
수洙
악灑
형邢
효器
◎2
제제
기杞
박毫
송(宋, 商邱)

이易

래萊
포고蒲姑
제齊
인방人方
엄奄
◎5
비庇
◎6
예郯
설薛
우虞
비邳
회이淮夷
우방盂方

려厲
광光
영英 육六

◎  도읍
○  주요 지역
1~7  국도의 이전
▬  상나라의 실제 강역
•••  상나라의 영향력이 미쳤던 지역

【참고문헌】
顧頡剛,《國史講話: 上古》, 2015, 上海世紀出版股份
譚其驤,《中國歷史地圖集》, 1982, 中國社會科學院

그후 중국과학원과 중국사회과학원에서 지금에 이르기까지 계속 발굴하고 있다.

반경이 이에 제후와 대신들에게 널리 타이르며 말했다.

"옛날 고후高后이신 성탕成湯께서는 그대들의 선조들과 함께 천하를 평정하고 법칙을 닦았다. 이를 버리고 힘써 닦지 않는다면 어떻게 덕을 이룰 수 있겠는가."

이에 드디어 하수 남쪽으로 건너서 박亳 땅을 다스리고 탕임금의 정사를 시행하니 그 후 백성들이 편안하게 되었다. 은나라의 도道가 다시 일어나자 제후들이 와서 조회했으니 성탕의 덕을 따랐기 때문이다.

盤庚乃告諭諸侯大臣曰 昔高后成湯與爾之先祖俱定天下 法則可修舍而弗勉 何以成德 乃逐涉河南 治亳① 行湯之政 然後百姓由寧 殷道復興 諸侯來朝 以其遵成湯之德也

① 治亳치박

집해 정현은 "박亳의 은땅에서 다스린 것이다. 상가商家(은나라)가 이곳으로 천도하면서 호칭을 은박殷亳이라고 고쳤다."라고 했다. 황보밀은 "지금의 언사偃師가 이곳이다."라고 했다.

【集解】 鄭玄曰 治於亳之殷地 商家自此徙 而改號曰殷亳 皇甫謐曰 今偃

師是也

> 제반경帝盤庚이 붕어하고 아우 소신小辛이 즉위했는데, 이 이가
> 제소신帝小辛이다. 제소신이 즉위하자 은나라가 다시 쇠약해졌
> 다. 백성이 반경盤庚을 사모해서 이에 '반경삼편盤庚三篇'을 지었
> 다①. 제소신이 붕어하고 아우 소을小乙이 즉위하니 이 이가 제
> 소을帝小乙이다.
>
> 帝盤庚崩 弟小辛立 是爲帝小辛 帝小辛立 殷復衰 百姓思盤庚 迺作
> 盤庚三篇① 帝小辛崩 弟小乙立 是爲帝小乙

① 盤庚三篇반경삼편

색은 《상서》에 "반경盤庚이 장차 박亳으로 천도하려 하자 백성이 탄
식하고 서로 원망하면서 '반경'을 지었다."고 했다. 여기서는 반경이 붕
어하고 아우 소신小辛이 서자 백성들이 반경을 사모하여 이에 반경을
지었다고 하는데 《고문상서》에는 보이지 않는다.

【索隱】 尙書 盤庚將治亳 殷民咨胥怨 作盤庚 此以盤庚崩 弟小辛立 百姓
思之 乃作盤庚 由不見古文也

제소을이 붕어하고 아들인 제무정帝武丁이 즉위했다. 제무정이 즉위하여 다시 은殷나라를 일으키려고 생각했지만 보좌할 사람을 얻지 못했다. 3년 동안 말을 하지 않으면서 정사를 총재冢宰에게① 결정하도록 하고는 나라의 풍속을 관찰했다. 무정이 밤에 꿈에서 성인聖人을 만났는데 이름이 열說이었다. 꿈에서 본 바에 따라서 여러 신하들과 모든 이서吏胥까지 만나보았으나 모두 아니었다. 이에 곧 여러 공인工人들을 시켜 들에서 찾아보게 해서 부험傅險 안에서 열說을 만났다.②

帝小乙崩 子帝武丁立 帝武丁卽位 思復興殷 而未得其佐 三年不言 政事決定於冢宰① 以觀國風 武丁夜夢得聖人 名曰說 以夢所見視羣 臣百吏 皆非也 於是迺使百工營求之野 得說於傅險中②

① 冢宰총재

집해  정현은 "총재는 천관경天官卿이며 왕사王事를 돕는 자다."라고 했다.

【集解】 鄭玄曰 冢宰 天官卿貳王事者

② 說於傅險中열어부험중

집해  서광은 《시자尸子》에 부암傅巖은 북해北海의 물가에 있다고 기록하였다."고 했다.

【集解】 徐廣曰 尸子云傅巖在北海之洲

색은  구본舊本에는 '험險'이라고 되어 있고 또한 '암巖'이라고도 되어 있다.

【索隱】 舊本作險 亦作巖也

정의  《괄지지》에는 "부험傅險은 곧 부열傅說이 판축阪築(담이나 성을 쌓는 것)한 곳이다. 그래서 숨어 있는 굴을 성인굴聖人窟이라고 불렀는데, 지금 섬주陝州 하북현河北縣 북쪽 7리에 있으며 곧 우국虞國과 괵국虢國의 경계이다. 또 부열사傅說祠도 있다. 《주수경注水經》에는 사간수沙澗水가 북쪽의 우산虞山에서 나와 동남쪽으로 부암을 지나서 부열이 숨어 살던 집 앞을 지나는데 세속에서 성인굴聖人窟이라고 부른다."고 했다.

【正義】 [括]地(理)志云 傅險卽傅說版築之處 所隱之處窟名聖人窟 在今陝州河北縣北七里 卽虞國虢國之界 又有傅說祠 注水經云沙澗水北出虞山 東南逕傅巖 歷傅說隱室前 俗名聖人窟

이때 부열은 죄수가 되어 부험에서 도로를 닦고 있었다.[①] 무정을 배알하니 무정이 "이 사람이다."라고 했다. 그를 얻어서 함께 이야기해보니 과연 성인이므로 천거해서 재상으로 삼으니 은나라가 크게 다스려졌다. 그래서 드디어 부험傅險을 성씨로 삼아서 '부열傅說'이라고 이름했다.

是時說爲胥靡 築於傅險[①] 見於武丁 武丁曰是也 得而與之語 果聖人 擧以爲相 殷國大治 故逐以傅險姓之 號曰傅說

① 爲胥靡築於傅險위서미축어부험

집해 공안국은 "부씨암傅氏巖은 우虞와 괵虢나라의 경계에 있어 도로가 통해 지나가는 곳인데, 간수澗水가 길을 무너뜨리면 항상 서미胥靡(죄수)의 형인刑人들에게 이 길을 쌓고 보호하게 한다. 부열은 현인賢人인데 숨어서 서미들을 대신해 길을 쌓고 음식을 제공받았다."고 했다.

【集解】 孔安國曰 傅氏之巖在虞虢之界 通道所經 有澗水壞道 常使胥靡刑人築護此道 說賢而隱 代胥靡築之 以供食也

제무정帝武丁이 성탕成湯에게 제사를 지낸 다음닐 꿩이 날아와 솥귀에 앉아 울자[1] 무정이 두려워했다. 조기祖己가[2] 말했다. "왕께서는 걱정하지 마시고 먼저 정사政事를 닦으십시오." 조기가 또 왕에게 깨우쳐 말했다.

帝武丁祭成湯 明日 有飛雉登鼎耳而呴[1] 武丁懼 祖己[2]曰 王勿憂 先修政事 祖己乃訓王曰

① 呴구

정의   발음은 '구構'이다. 구呴는 꿩이 우는 것이다. 《시경》에는 '치지 조구雉之朝呴'(꿩이 아침에 우네)라고 했다.
【正義】 音構 呴 雉鳴也 詩云 雉之朝呴

② 祖己조기

집해   공안국은 "조기祖己는 어진 신하의 이름이다."라고 했다.
【集解】 孔安國曰 賢臣名

"오직 하늘은 아래의 사람[下典]들을 살피실 때 그 의義를 보시고,[①] 수명을 내리시는 데 길고 길지 않음이 있는 것은 하늘이 백성을 일찍 죽게 하는 것이 아니라 백성이 중도에 그 명을 자르기 때문입니다. 백성들이 덕을 따르지 않고 죄를 인정하지 않다가 하늘이 이미 명을 내려 그 덕을 바로잡고서야[②] 비로소 '이를 어찌할까?'라고 합니다. 오호라! 왕께서 맡은[③] 일은 백성을 공경하여 하늘의 뜻을 잇지 않음이 없어야 하니, 상사常祀(떳떳한 제사)에는 도를 버리는 것으로 예를 잃는 일을 범하지 마소서."[④]

무정이 정사를 닦고 덕을 행하자 천하가 모두 기뻐하고 은나라의 도道가 다시 일어났다.

唯天監下典厥義[①] 降年有永有不永 非天夭民 中絕其命 民有不若德 不聽罪 天既附命正厥德[②] 乃曰其奈何 嗚呼 王嗣[③]敬民 罔非天繼 常祀毋禮於棄道[④] 武丁修政行德 天下咸驩 殷道復興

① 天監下典厥義천감하전궐의

집해 공안국은 "하늘이 아래의 백성을 살필 때는 의義를 상도常道로 삼는다."라고 했다.

【集解】 孔安國曰 言天視下民以義爲常也

② 天既附命正厥德천기부명정궐덕

집해 공안국은 "덕을 따르지 않는 것은 의義가 없다고 말한 것이다. 죄를 승복하지 않는 것은 고치고 닦지 않는 것이다. 하늘이 신명信命으로 그 덕을 바르게 하는 것을 그 수명이 길고 길지 않은 것이 있다고 이른 것이다."라고 했다.

【集解】 孔安國曰 不順德 言無義也 不服罪 不改修也 天以信命正其德 謂其有永有不永

색은 附는 '의지하는 것[依]'인데, 《상서》의 음은 '부孚'이다.

【索隱】 附 依尚書音孚

③ 嗣사

신주 사司(맡다)와 같은 뜻이다.

④ 常祀毋禮于棄道상사무례우기도

집해 공안국은 "왕자王者는 백성을 주관하니 마땅히 백성들의 일[民事]을 공경해야 한다. 백성의 일은 하늘이 이어준 떳떳한 일이 아닌 것이 없다. 제사는 떳떳함이 있어야 하고 가까운 사람에게 특별히 풍성하게 하는 것을 부당하게 여겨야 한다."라고 했다.

【集解】 孔安國曰 王者主民 當敬民事 民事無非天所嗣常也 祭祀有常 不當特豊於近也

색은 제사는 떳떳함이 있어야 하고, 풍성하거나 깎는 례로써 떳떳한 도를 버리는 일이 없어야 한다.

【索隱】 祭祀有常 無爲豐殺之禮於是以弃常道

---

제무정이 붕어하고 아들인 제조경帝祖庚이 즉위했다. 조기祖己 가 무정 때 상서로운 꿩이 솥귀에서 운 것을 덕德으로 여기고, 그 묘廟(사당)를 세워서 고종 高宗이라고 하고, 마침내 〈고종융일 高宗肜日〉과 〈고종훈高宗訓〉을 지었다.[1]

帝武丁崩 子帝祖庚立 祖己嘉武丁之以祥雉爲德 立其廟爲高宗 遂 作高宗肜日及訓[1]

---

[1] 高宗肜日及訓고종융일급훈

집해 공안국은 "제사지낸 다음날에 다시 제사지내는 것을 은나라에 서는 '융肜'이라고 하고 주나라에서는 '역繹'이라고 했다."라고 했다.

【集解】 孔安國曰 祭之明日又祭 殷曰肜 周曰繹

# 제신帝辛 주紂가 서다

제조경帝祖庚이 붕어하고 아우인 조갑祖甲이 즉위했는데 이 이
가 제갑帝甲이다. 제갑이 음란하자 은나라가 다시 쇠약해졌다.[1]
帝祖庚崩 弟祖甲立 是爲帝甲 帝甲淫亂 殷復衰[1]

[1] 殷復衰은부쇠

색은 《국어國語》에서 "제갑帝甲이 어지럽혀서 이후 7대七代에서 무
너졌다."라고 한 것이 이것이다.
【索隱】 國語云 帝甲亂之 七代而隕 是也

제갑이 붕어하고 아들 제름신帝廩辛이[1] 즉위했다. 제름신이 붕
어하고 아우인 경정庚丁이 즉위하니 이 이가 제경정帝庚丁이다.
제경정이 붕어하고 아들인 제무을帝武乙이 즉위했다. 은나라에
서 다시 박亳을 버리고 하수 북쪽으로 천도했다.

帝甲崩 子帝廩辛[1]立 帝廩辛崩 弟庚丁立 是爲帝庚丁 帝庚丁崩 子
帝武乙立 殷復去亳 徙河北

① 廩辛늠신

집해 《한서》의 〈고금인표古今人表〉와 《제왕대기》에는 '풍신馮辛'으로
되어 있다.

【索隱】 漢書古今人表及帝王代紀皆作馮辛

제무을은 무도無道해 인형人形을[1] 만들어 '천신天神'이라고 했다. 인형과 함께 노름을 하면서 사람에게 대행하게 시켰다.[2] 천신이 이기지 못하면 이에 모욕을 주었다. 또 가죽 주머니를 만들어 그 속에 피를 가득 채우고 높이 달아놓고 활로 쏘면서 '사천射天'이라 명명했다. 무을이 하수河水(황하)와 위수渭水 사이에서 사냥을 하는데 갑자기 벼락이 쳐 무을이 벼락에 맞아 죽었다. 아들인 제태정帝太丁이 즉위했다. 제태정이 붕어하고 아들 제을帝乙이 즉위했다. 제을이 즉위하자 은殷나라는 더욱 쇠약해졌다.

帝武乙無道 爲偶人[1] 謂之天神 與之博 令人爲行[2] 天神不勝 乃僇辱之 爲革囊 盛血 卬而射之 命曰 射天 武乙獵於河渭之閒 暴雷 武乙震死 子帝太丁立 帝太丁崩 子帝乙立 帝乙立 殷益衰

① 偶人우인

색은  偶의 발음은 '우寓'로써 또한 글자와 같다.

【索隱】 偶音寓 亦如字

정의  偶는 '우[五苟反]'로 발음한다. 우偶는 '짝하다[對]'는 뜻이다. 흙이나 나무로 사람을 만들고, 그 형상象을 인형人形으로 짝하는 것이다.

【正義】 偶 五苟反 偶 對也 以土木爲人 對象於人形也

② 令人爲行영인위행

爲의 발음은 '위[于僞反]'이고 行의 발음은 '행[胡孟反]'이다.

【正義】 爲 于僞反 行 胡孟反

---

제을의 장자長子는 미자계微子啓인데[1] 미자계의 어머니가 미천해서 제위를 계승하지 못했다.[2] 막내아들은 신辛이었는데 신辛의 어머니는 정후正后여서 신辛이 제위를 계승했다. 제을이 붕어하고 아들인 신辛이 즉위했는데 이 이가 제신帝辛인데 천하에서는 주紂라고[3] 일렀다.

帝乙長子曰微子啓[1] 啟母賤 不得嗣[2] 少子辛 辛母正后 辛爲嗣 帝乙崩 子辛立 是爲帝辛 天下謂之紂[3]

---

① 微子啓미자계

색은 微는 나라 이름이다. 작위는 자작子爵이다. 계啟는 이름이다. 《공자가어》에는 '미微'는 혹 '위魏'라고도 되어 있는데 읽을 때는 미微 발음을 따른다고 했다. 추탄생본本도 그러하다.

【索隱】 微 國號 爵爲子 啟 名也 孔子家語云微 或作魏 讀從微音 鄒本亦然也

② 不得嗣부득사

계啟와 주紂는 어머니가 다른데도 정현이 동모同母라고 일컬
은 것은《여씨춘추》에 의거한 것인데 그 어머니가 계啟를 낳을 때는 아
직 비妃로 서지 못했고 주紂를 낳을 때는 비로소 정비正妃가 되었다고
했다. 그래서 계는 장남[大]이지만 서자庶子이고, 주는 장남이 아니지만
[小] 적자嫡子가 되었다고 했다.

【索隱】 此以啟與紂異母 而鄭玄稱爲同母 依呂氏春秋 言母當生啟時猶未
正立 及生紂時始正爲妃 故啟大而庶 紂小而嫡

③ 紂주

집해 《시법》에는 "의를 해치고 선을 덜어내는 것[殘義損善]은 주紂이
다."라고 했다.

【集解】 謚法曰 殘義損善曰紂

신주 주紂의 이름은 수受인데 수덕受德이라고도 한다. 제을帝乙의
막내아들로서 상의 후예들이 올린 시호는 제신帝辛인데, 그를 무너뜨린
주周 무왕武王이 '주紂'라고 부른 것이 통칭이 되었다. 재위 기간에 현
재 은허가 있는 하남성 안양安陽시의 남쪽 학벽鶴壁시 기현淇縣에 있던
궁전 조가朝歌를 중수했다. 그는 같은 뿌리인 동이東夷 계열 나라들을
공격하면서 내부 모순이 심화되었는데, 이틈을 타서 주무왕이 세력을
확장했다. 서기전 1046년 현재 하남성 기현 남쪽이자 위하衛河 북쪽,

신향新鄉시 부근의 목야牧野 전투에서 제신은 주무왕에 패배해 나라를 잃었다. 《춘추좌전》소공昭公 11년 조에서 "주왕은 동이를 이기려다가 자신이 멸망했다[紂克東夷 而捐其身]"라고 쓴 것이 이를 말해준다. 이후 동양 유학사회의 역사서술에서는 하夏나라 마지막 걸桀임금과 은殷나라 마지막 주紂임금을 함께 뜻하는 '걸주桀紂'를 폭군의 대명사로 썼다. 《한비자》〈오두五蠹〉편에 "근고近古 때에 걸주桀紂가 폭란暴亂해서 은나라 탕왕과 주나라 무왕이 정벌했다.[近古之世 桀 紂暴亂 而湯 武征伐]"라고 말한 것이 이런 예이다.

---

제주帝紂는 자질이 총명하고 말을 빠르게 잘했으며 듣고 보는 것도 매우 민첩했다. 재주와 힘이 보통 사람보다 뛰어나 손으로 사나운 짐승들을 때려잡았다.[1] 지혜롭게 신하들의 간쟁을 막았고, 말로 자신의 잘못을 감출 수 있었다. 신하들에게 능력을 자랑하고 천하에 명성을 높이려 했으며 모든 것이 자신의 아래에서 나온다고 여겼다. 술을 좋아하고 음란과 향락에 빠졌으며 여자들을 좋아했다. 달기妲己를[2] 사랑하여 달기의 말이라면 이를 따랐다. 이에 사연師涓을 시켜 새로 음란한 음악을 만들게 했으니 북리北里의 춤과 호사스런 음악이었다.

帝紂資辨捷疾 聞見甚敏 材力過人 手格猛獸[1] 知足以距諫 言足以飾非 矜人臣以能 高天下以聲 以爲皆出己之下 好酒淫樂 嬖於婦人 愛妲己[2] 妲己之言是從 於是使師涓作新淫聲 北里之舞 靡靡之樂

① 手格猛獸수격맹수

정의　《제왕세기》에는 "주紂는 아홉 마리의 소를 거꾸로 끌었고, 대들보를 잡고서 그 기둥을 바꿨다."라고 했다.
【正義】 帝王世紀云 紂倒曳九牛 撫梁易柱也

신주　맹수를 손으로 때려잡을 만큼 재주가 뛰어나고 힘이 세었다는 뜻이다. 그래서 《제왕세기》에 주왕紂王이 아홉 마리의 소를 거꾸로 끌고 대들보를 손으로 잡아 기둥을 바꿀 만큼 장사였다고 표현한 것이다.

② 妲己달기

집해　황보밀은 "유소씨有蘇氏의 미녀이다."라고 했다.
【集解】 皇甫謐曰 有蘇氏美女

색은　《국어》에는 유소씨有蘇氏의 딸인데 달妲은 자字이고 기己는 성씨라고 했다.
【索隱】 國語有蘇氏女 妲字己姓也

무거운 부세賦稅를 거두어 녹대鹿臺의[1] 비용을 충당하고 거교鉅橋의 창고에 곡식을 가득 채우게 했다.[2] 개와 말과 기이한 물건들을 더 거두게 해서 궁실을 가득 채웠다. 사구沙丘의 원대苑臺를[3] 더욱 확장하고 들의 짐승과 나는 새들을 많이 잡아서 그 안에 두었다. 귀신에게 거만했다. 사구에 많은 악공들이나 광대들을 불러 모으고[4] 술로써 연못을 만들고[5] 고기를 매달아 숲을 만들어서[6] 남자와 여자들을 벌거벗게 하고[7] 그 사이로 서로 쫓아다니게 하면서 긴 밤 동안 술을 마셨다.

厚賦稅以實鹿臺之錢[1] 而盈鉅橋之粟[2] 益收狗馬奇物 充仞宮室 益廣沙丘苑臺[3] 多取野獸蜚鳥置其中 慢於鬼神 大冣[4]樂戲於沙丘 以酒爲池[5] 縣肉爲林[6] 使男女倮[7]相逐其閒 爲長夜之飮

① 鹿臺之錢녹대지전

집해  여순은 《신서新書》에는 녹대鹿臺는 그 크기가 3리이고 높이는 1,000자[尺]나 된다."라고 했다. 신찬은 "녹대는 대臺 이름이고 지금 조가성朝歌城 안에 있다."라고 했다.

【集解】 如淳曰 新序云鹿臺 其大三里 高千尺 瓚曰 鹿臺 臺名 今在朝歌城中

정의  《괄지지》에 "녹대는 위주衛州 위현衛縣 서남쪽 32리에 있다."라고 했다.

② 鉅橋之粟거교지속

【집해】 복건은 "거교鉅橋는 창고 이름이다. 허신이 이르기를 '거록수
鉅鹿水의 대교大橋이다. 배로 곡식을 실어 나르는 뱃길[漕粟]이 있다.'"라
고 했다.

【集解】 服虔曰 鉅橋 倉名 許慎曰鉅鹿水之大橋也 有漕粟也

【색은】 추탄생鄒誕生은 "거鉅는 '대大'이다. 교橋는 '그릇[器]'의 명칭이
다. 주紂가 무거운 세금을 거두었다. 그러므로 그릇을 가지고 이름을 크
게 한 것이다."라고 했다.

【索隱】 鄒誕生云 鉅 大 橋 器名也 紂厚賦稅 故因器而大其名

③ 沙丘苑臺사구원대

【집해】 《이아》에는 "이리迆邐는 사구沙丘이다."라고 했다. 〈지리지〉에
는 거록鉅鹿 동북쪽 70리에 있다고 했다.

【集解】 爾雅曰 迆邐 沙丘也 地理志曰在鉅鹿東北七十里

【정의】 《괄지지》에 "사구대沙丘臺는 형주邢州 평향平鄕 동북쪽 20리
에 있다."고 했다. 《죽서기년竹書紀年》에는 "반경盤庚이 은으로 천도해서
주왕이 멸망할 때까지 253년인데, 다시는 도읍을 옮기지 않았다. 주紂

시대에 그 읍을 점점 크게 해서 남쪽으로는 조가朝歌에 이르고 북쪽으로는 한단邯鄲과 사구沙丘까지 이르렀는데 모두 이궁離宮과 별관別館을 두었다."고 했다.

【正義】 括地志云 沙丘臺在邢州平鄉東北二十里 竹書紀年自盤庚徙殷至紂之滅二百五十三年 更不徙都 紂時稍大其邑 南距朝歌 北據邯鄲及沙丘 皆爲離宮別館

④ 冣취

집해 서광은 "취冣는 다른 본에는 취聚로 되어 있다."고 했다.
【集解】 徐廣曰 冣 一作聚

⑤ 以酒爲池이주위지

집해 《괄지지》에는 "주지酒池는 위주衛州 위현衛縣 서쪽 23리에 있다." 《태공육도太公六韜》에는 "주紂가 주지를 만들었는데 배를 타고 돌아다니면서 술지게미 언덕[糟丘]에서 소처럼 마시는 자 3,000여 명이 무리를 이루었다."고 했다.
【正義】 括地志云 酒池在衛州衛縣西二十三里 太公六韜云紂爲酒池 迴船 糟丘而牛飲者三千餘人爲輩

⑥ 縣肉爲林현육위림

정의 │ 縣은 '현[戶眠反]'으로 발음한다.

【正義】 縣 戶眠反


⑦ 使男女倮사남녀라


정의 │ 倮는 '화[胡瓦反]'로 발음한다.

【正義】 胡瓦反


백성들이 원망하고 배신하는 제후들이 있자 이에 주왕는 무거운 형벌을 내렸는데 포격炮格(포락)의 형벌까지 있었다.①

百姓怨望而諸侯有畔者 於是紂乃重刑辟 有炮格之法①


① 炮格之法포격지법


집해 │ 《열녀전烈女傳》에는 "구리 기둥에 기름을 바르고 아래에서는 숯을 태워서 죄 있는 자를 걷게 해서 문득 숯불 속으로 떨어지면 달기가 웃었는데 이름이 포격지형炮格之刑이었다."라고 했다.

【集解】 列女傳曰 膏銅柱 下加之炭 令有罪者行焉 輒墮炭中 妲己笑 名曰 炮格之刑


색은 │ 추탄생은 "格은 다른 발음이 '각閣'이다."라고 했다. 또 이르기를 "개미가 구리 국자 위로 올라가다 발이 없어져 죽는 것을 보았는데 이것을 동격銅格으로 삼고, 그 아래에 숯불을 피워 죄인에게 그 위를 건게 했다."고 했다.《열녀전》과는 조금 다르다.

【索隱】 鄒誕生云 格 一音閣 又云 見蟻布銅斗 足廢而死 於是爲銅格 炊炭 其下 使罪人步其上 與列女傳少異

신주  주왕이 한 쌍의 개미가 싸우다가 구리 국자 위로 오르다가 발이 없어지는 것을 보고 사각형의 구리상자를 만들어 불을 때고 죄인들을 걷게 하는 것을 보고 즐겼다는 것이다.《순자荀子》〈의병議兵〉 편은 이를 포격炮格(포락형)이라고 설명하고 있다. 주왕을 폭군으로 만들어 정벌을 정당화하려는 승자 쪽의 시각이 강하게 반영된 것이다.

서백西伯 창昌과 구후九侯와① 악후鄂侯를② 삼공三公으로 삼았다. 구후에게는 아름다운 딸이 있어 주에게 보냈는데, 구후의 딸이 음란한 놀이를 좋아하지 않자③ 주왕이 노하여 그녀를 죽이고 구후는 소금에 절였다. 악후鄂侯가 굳세게 간쟁하자 말 잘하는 것을 미워해서 악후도 포脯를 떴다. 서백西伯 창昌이 듣고 몰래 탄식했다. 숭후崇侯 호虎가 이 사실을 알아차리고 주왕에게 알리자 주왕은 서백 창을 유리羑里에④ 가두었다. 서백 창의 신하인 굉요閎夭 무리들이 미녀와 기이한 물건과 좋은 말들을 구해 주왕에게 바치자 주왕이 이에 서백 창을 사면했다.

以西伯昌 九侯① 鄂侯②爲三公 九侯有好女 入之紂 九侯女不憙淫③ 紂怒 殺之 而醢九侯 鄂侯爭之彊 辨之疾 并脯鄂侯 西伯昌聞之 竊嘆 崇侯虎知之 以告紂 紂囚西伯羑里④ 西伯之臣閎夭之徒 求美女奇物 善馬以獻紂 紂乃赦西伯

① 九侯구후

집해 서광은 "한 판본에는 '귀후鬼侯'라고 되어 있다. 업현鄴縣에 구후성九侯城이 있다."고 했다.

【集解】 徐廣曰 一作鬼侯 鄴縣有九侯城

색은 九자는 글자대로 읽는다. 추탄생은 '구仇'라고 발음했다.

【索隱】 九亦依字讀 鄒誕生音仇也

정의 《괄지지》에는 "상주相州 부양현滏陽縣 서남쪽 50리에 구후성九
侯城이 있는데, 또한 귀후성鬼侯城이라고도 하며 아마도 은나라 때엔 구
후성九侯城이였을 것이다."라고 했다.
【正義】 括地志云 相州滏陽縣西南五十里有九侯城 亦名鬼侯城 蓋殷時九
侯城也

② 鄂侯악후

집해 서광은 "(侯는) 한 판본에는 邘로 되어 있고 '우于'로 발음한다.
야왕현野王縣에 우성邘城이 있다."라고 했다.
【集解】 徐廣曰 一作邘 音于 野王縣有邘城

③ 不憙淫불희음

집해 서광은 "어떤 판본에는 '불희음不憙淫'이란 구절이 없다."라고
했다.
【集解】 徐廣曰 一云無不憙淫

④ 羑里유리

집해 〈지리지〉에는 하내河內 탕음湯陰에 유리성羑里城이 있는데 서백

西伯(문왕)이 구금된 곳이다. 위소韋昭는 '유酉'로 발음한다고 했다.

【集解】 地理志曰河內湯陰有羑里城 西伯所拘處 韋昭曰 音酉

정의 牖가 한곳에서는 羑로 되어 있는데 '유酉'로 발음한다. 유성羑城은 상주相州 탕음현湯陰縣 북쪽 9리에 있으며 주왕이 서백을 가둔 성이다. 《제왕세기帝王世紀》에는 "문왕文王(서백)을 가두고 문왕의 장자인 백읍고伯邑考를 은나라에서 인질로 삼아서 주왕을 모시게 했는데 주왕이 그를 삶아 국을 만들어 문왕에게 내리면서 '성인은 마땅히 그 아들을 삶아 만든 국을 먹지 않을 것이다'라고 말했다. 문왕이 그를 먹었다. 주왕이 "누가 서백을 성인이라고 했는가? 그 자식을 삶아 만든 국을 먹으면서도 오히려 알지 못했다."고 했다.

【正義】 牖 一作羑 音酉 羑城在相州湯陰縣北九里 紂囚西伯城也 帝王世紀云 囚文王 文王之長子曰伯邑考質於殷 爲紂御 紂烹爲羹 賜文王 曰 聖人當不食其子羹 文王食之 紂曰 誰謂西伯聖者 食其子羹尚不知也

신주 유리성은 현재 하남성 안양시 탕음현성湯陰縣城 북쪽 4리에 있다. 주 문왕이 이곳에 유폐되어 《역경》을 수정하고, 팔괘를 만들었다고 한다. 팔괘는 태호 복희씨가 만든 것을 선천팔괘先天八卦라고 하고 문왕이 만든 것을 후천팔괘後天八卦라고 한다. 《제왕세기》나 이 〈은본기〉에 나타나는 주왕에 대한 부정적 묘사들은 승자의 자기합리화의 성격이 짙다. 그래서 당나라의 유지기劉知機는 《사통史通》〈의고疑古〉에서 "오경五經에서 한 말은 천년 이상 추앙되어 왔지만 전후를 잘 살펴보면 이치에 매우 어긋난다…… 은나라 패망을 설명할 때 주의 신하가 수만 명이었고 전쟁에 져서 유혈에 무기가 떠내려갈 정도라고 했다. 이렇다면 시비의 기준이 없고 논리가 통하지 않게 된다…… 그렇지만 후대의 여러 학자가 그 거짓 이야기를 계승하여 결국 오경보다 갑절이 넘게 주紂의 죄를 열거하게 되었다."라고 지적했다. 은 주왕도 수많은 신하들이 따른 군주였는데, 다만 전쟁에서 패한 후 폭군으로 매도되었다는 것을 시사한다.

---

서백이 나와서 낙수洛水 서쪽 땅을① 바치고 포격炮格의 형벌을 없애줄 것을 청했다. 주왕이 이에 허락하고 활과 화살과 부월斧鉞을 하사하며 주변의 제후들을 정벌하게 하면서 서백西伯으로 삼았다.② 주왕은 비중費中을 등용해 정사를 맡겼다.③ 비중은 아첨을 잘하고 이익만을 좋아해 은나라 사람들과 친하지 않았다. 주왕이 또 악래惡來를④ 등용했다. 악래는 헐뜯고 참소하기를 잘하니 제후들이 이로써 더욱 멀어졌다.

西伯出而獻洛西之地① 以請除炮格之刑 紂乃許之 賜弓矢斧鉞 使得征伐 爲西伯② 而用費中爲政③ 費中善諛 好利 殷人弗親 紂又用惡來④ 惡來善毀讒 諸侯以此益疏

---

① 洛西之地낙서지지

**정의** 낙수洛水는 일명 칠저수漆沮水인데 동주同州 낙서洛西 땅에 있으며 낙서의 단丹이나 방坊 등의 주州를 이른다.

【正義】 洛水一名漆沮水 在同州洛西之地 謂洛西之丹 坊等州也

**신주** 《정의》에서 낙수를 칠저수라고 한 것은 북쪽에서 남쪽으로 흘러 위수渭水로 들어가는 강을 말한다. 그러나 또 다른 낙수는 위수의 남쪽에서 동쪽으로 흘러 황하로 들어간다. 본문의 낙서지역은 은나라의 서쪽에 인접하고 주나라의 동부로 볼 때, 전자의 낙수를 말하는 것으로 생각된다.

② 爲西伯

**신주** 서쪽을 다스리는 제후로 삼았다는 뜻으로서, 주족周族이 은족殷族의 서쪽에 있던 겨레임을 뜻한다. 그러므로 《맹자》〈이루장구離婁章句 하〉편에 "문왕文王(서백)은 서이西夷 사람이다."라고 했다. 《사기》〈하본기〉에서 우禹에 대해서 "본래 서이 사람이다."라고 한 것도 마찬가지다. 우는 동이족 제 전욱의 손자이니 동이족인데 서이라고 한 것은 동이와 다른 이족夷族이란 뜻이 아니라 은족의 서쪽에 살았다는 방위 개념일 뿐이다.

③ 費中爲政비중위정

**정의** 비費는 '비[扶味反]'이고 中은 발음이 '중(仲)'인데 비는 성이고 중中은 이름이다.

【正義】 費音扶味反 中音仲 費 姓 中 名也

④ 惡來악래

색은 진秦나라의 선조祖 비렴蜚廉의 아들이다.

【索隱】 秦之祖蜚廉子

# 무왕이 제주帝紂를 죽이다

서백西伯이 자기 나라로 돌아가서 몰래 덕을 닦고 선을 행하자 많은 제후들이 주왕을 배반하고 서백에게 가서 귀의했다. 서백은 점차 커졌고 주왕은 이 때문에 차차 권력의 무게를 잃었다. 이에 왕자 비간比干이 간했으나 듣지 않았다. 상용商容은 현자로서 백성들이 아꼈지만 주왕이 폐출했다.

西伯歸 乃陰修德行善 諸侯多叛紂而往歸西伯 西伯滋大 紂由是稍失權重 王子比干諫 弗聽 商容賢者 百姓愛之 紂廢之

서백은 기국飢國을① 정벌해 멸망시켰다. 주왕의 신하 조이祖伊가②
이를 듣고 주周(서백)나라를 미워하면서③ 두려운 나머지 달려가
서 주왕에게 고해 말했다.

"하늘이 이미 우리 은나라의 명命을 끊었으니 가령 사람에게 큰
거북점을④ 치게 해도 감히 길하다고 알려주지 않을 것입니다.⑤
선왕들께서 우리 뒷사람들을 돕지⑥ 않으시는 것이 아니라 오
직 왕께서 음란하고 포악해서 스스로 끊으시는 것입니다. 그래
서 하늘이 우리를 버려서 편안하게 먹지 못하고, 천성天性을 미
리 헤아리지 못하고, 법도를 따르지 않습니다.⑦ 지금 우리 백성
은 망하기를 바라지 않는 자가 없어서, '하늘은 왜 위엄을 내리
지 않으시며, 대명大命은 어찌 이르지 않습니까?'라고 말하고 있
습니다. 지금 왕께서는 어찌 하시겠습니까?"

及西伯伐飢國① 滅之 紂之臣祖伊②聞之而咎③周 恐 奔告紂曰 天既
訖我殷命 假人元龜④ 無敢知吉⑤ 非先王不相⑥我後人 維王淫虐用自
絶 故天棄我 不有安食 不虞知天性 不迪率典⑦ 今我民罔不欲喪 曰
天曷不降威 大命胡不至 今王其柰何

① 飢國기국

집해  서광은 "기飢는 어떤 판본에는 '기阢'로 되어 있다. 또 '기耆'로
도 되어 있다."라고 했다.

② 祖伊조이

[집해] 공안국은 "조기祖己의 후손으로 현신賢臣이다."라고 했다.
【集解】 孔安國曰 祖己後 賢臣也

③ 咎구

[집해] 공안국은 "구咎는 '미워하는 것[惡]'이다."라고 했다.
【集解】 孔安國曰 咎 惡也

④ 元龜원귀

[집해] 서광은 "원元자가 다른 판본에는 '복卜'자로 되어 있다."고 했다.
【集解】 徐廣曰 元 一作卜

⑤ 無敢知吉무감지길

[집해] 마융은 "원귀元龜는 대귀大龜로서 길이는 한 자 두 치이다."라고 했다. 공안국은 "지인至人이 인사人事로써 은나라를 관찰하고 대귀大龜의 신령한 것으로 고찰하고도 모두가 길함을 알려주는 자가 없었

다."고 했다.

【集解】 馬融曰 元龜 大龜也 長尺二寸 孔安國曰 至人以人事觀殷 大龜以
神靈考之 皆無知吉者

신주 지인至人들이 거북점을 치고도 은나라의 길함을 알려주지 않
았다는 것은 점괘가 흉하게 나와 말할 수 없는 상황을 말하는 것이다.

⑥ 相상

집해 공안국은 "상相은 '돕는 것[助]이다.'라고 했다.
【集解】 孔安國曰 相 助也

⑦ 率典솔전

집해 정현이 말하길, "왕이 백성에게 포학해서 편안하게 먹지 못하
게 하고 음과 양을 거역하고 어지럽혀 천성天性을 헤아리지 않으며 명덕
明德을 업신여겨 교법敎法을 닦지 않는 것이다."
【集解】 鄭玄曰 王暴虐於民 使不得安食 逆亂陰陽 不度天性 傲很明德 不
修教法者

주왕이 말헸다.

"내가 태어난 것은 명命이 하늘에 있었지 않았는가?"

조이祖伊가 돌아서서 말했다.

"주왕에게는 간할 수가 없다."

서백이 이미 죽고 주나라의 무왕이 동쪽 정벌에 나서 맹진盟津에 이르자 제후들이 은나라를 배반하고 주나라로 모인 자가 800여 명이나 되었다. 제후들이 모두 말했다.

"주왕를 정벌해야 합니다."

무왕이 말했다.

"그대들은 천명을 아직 알지 못하오."

이에 다시 돌아갔다.

紂曰 我生不有命在天乎 祖伊反 曰 紂不可諫矣 西伯旣卒 周武王之東伐 至盟津 諸侯叛殷會周者八百 諸侯皆曰 紂可伐矣 武王曰 爾未知天命 乃復歸

주왕은 더욱 음란행위를 그치지 않았다. 미자微子가 자주 간했는데 듣지 않자 이에 대사大師, 소사少師와 모의하고 드디어 떠나갔다. 비간이 말했다.

"사람의 신하가 된 자로서 죽음으로 간쟁하지 않을 수 없다."

이에 굳세게 주왕에게 간했다. 주왕이 노해서 말했다.

"내가 들으니 성인의 심장에는 7개의 구멍이 있다고 한다."

비간의 가슴을 갈라서 그 심장을 꺼내 보았다.[1] 기자箕子가 두려워하고 이에 거짓으로 미친 척하며 노예가 되려고 했지만 주왕이 가두었다. 은나라의 대사와 소사가 지니던 제기祭器와 악기樂器들을 가지고 주나라로 달아났다.

紂愈淫亂不止 微子數諫不聽 乃與大師 少師謀 遂去 比干曰 爲人臣者 不得不以死爭 迺强諫紂 紂怒曰 吾聞聖人心有七竅 剖比干觀其心[1] 箕子懼 乃詳狂爲奴 紂又囚之 殷之大師 少師乃持其祭樂器奔周

[1] 剖比干觀其心부비간관기심

정의 《괄지지》에는 "비간比干은 미자微子가 떠나고 기자箕子가 미친 것을 보고 이에 탄식하면서 '군주의 과실을 간하지 않으면 충성이 아니다. 죽음이 두려워서 말하지 않으면 용기가 아니다. 허물을 간쟁했다가 쓰이지 않은 즉, 죽는 것은 지극한 충성이다.'라고 말했다. 나아가서 간쟁하는데 3일 동안 떠나지 않았다. 주왕이 '무엇으로 스스로를 지탱하는가?'라고 묻자 비간은 '선을 닦고 인을 행하고 의로써 스스로를 지탱합니다.'라고 말했다. 주왕이 노해서 말하기를 '내가 듣기에 성인의 심장에는 7개의 구멍이 있다고 하는데 진실인가?'라면서 드디어 비간을 죽여서 그의 심장을 갈라서 보았다."라고 했다.

【正義】 括地志云 比干見微子去 箕子狂 乃歎曰 主過不諫 非忠也 畏死不言 非勇也 過則諫 不用則死 忠之至也 進諫不去者三日 紂問 何以自持 比干曰 修善行仁 以義自持 紂怒 曰 吾聞聖人心有七竅 信諸 遂殺比干 刳視其心也

---

주나라의 무왕이 이에 제후들을 인솔하고 주를 정벌했다. 주왕도 또한 군사를 일으켜 목야牧野에서[①] 막았다. 갑자甲子일에[②] 주왕의 군사가 무너졌다. 주왕이 달아나서 녹대鹿臺에[③] 올라 그보옥으로 만든 옷을 입고 불 속으로 뛰어들어 죽었다.[④] 주나라 무왕이 마침내 주왕의 머리를 베어 대백기大白旗에 매어 달았다. 달기妲己도 죽었다. 기자箕子를 감옥에서 석방시키고 왕자 비간의 묘지를 봉해주고 상용商容을 이문里門에서 표창表彰했다.[⑤]

周武王於是遂率諸侯伐紂 紂亦發兵距之牧野[①] 甲子日[②] 紂兵敗 紂走 入登鹿臺[③] 衣其寶玉衣 赴火而死[④] 周武王遂斬紂頭 縣之[大]白旗 殺妲己 釋箕子之囚 封比干之墓 表商容之閭[⑤]

① 牧野목야

정현은 "목야牧野는 주왕이 다스리는 남쪽 교외 땅 이름이다."
라고 했다.

【集解】 鄭玄曰 牧野 紂南郊地名也


《괄지지》에는 "지금 위주衛州성이 곧 은나라 목야 땅으로서 주
나라 무왕이 주紂를 정벌하고 쌓은 것이다."라고 했다.

【正義】 括地志云 今衛州城卽殷牧野之地 周武王伐紂築也


목야는 주왕紂王의 수도이던 조가朝歌(지금의 하남성 기현淇縣 서남
쪽)를 뜻한다.


② 甲子日갑자일


은나라 책력으로는 정월이고 주나라의 책력으로는 2월이다.


③ 鹿臺녹대


서광은 "녹鹿은 다른 판본에는 '늠廩'으로 되어 있다."고 했다.

【集解】 徐廣曰 鹿 一作廩


④ 赴火而死부화이사


《주서周書》에는 "주왕은 천지옥염天智玉琰 5개를 취해서 몸에

두르고 스스로를 불살랐다."고 했다.

【正義】 周書云 紂取天智玉琰五 環身以自焚

⑤ 商容之閭상용지려

색은 황보밀은 "상용商容이 은나라 사람과 함께 주나라 군사가 들어오는 것을 보았다."라고 했으니 곧 사람 이름으로 여긴 것이다. 정현은 "상가商家(은나라 왕실)의 음악을 맡은 관직으로서 예용禮容을 알기에 예를 다루는 부서禮署를 용대容臺라고 한 것이다."라고 했다.

【索隱】 皇甫謐云 商容與殷人觀周軍之入 則以爲人名 鄭玄云 商家典樂之官 知禮容 所以禮署稱容臺

주왕의 아들 무경녹보武庚祿父를 봉해 은나라의 제사를[1] 계승케 하고 반경盤庚의 정사를 닦아 행하도록 명했다.[2] 은나라 백성이 크게 기뻐했다. 이에 주나라 무왕武王이 천자天子가 되었다. 그 후세에는 제帝라는 칭호를 낮춰서 왕王이라고 호칭했다.[3] 은殷나라의 후예들을 제후로 봉해 주周나라에 귀속시켰다.[4]

封紂子武庚祿父 以續殷祀[1] 令修行盤庚之政[2] 殷民大說 於是周武王爲天子 其後世貶帝號 號爲王[3] 而封殷後爲諸侯 屬周[4]

① 殷祀은사

집해 초주譙周는 "은殷나라는 총 31세世(대), 600여 년이다."라고 했다. 《급총기년汲冢紀年》에는 "탕湯임금이 하夏나라를 멸망시키고 수受(주紂)에 이르기까지 스물아홉 임금에 용세用歲는 496년이다."라고 했다.

【集解】 譙周曰 殷凡三十一世 六百餘年 汲冢紀年曰 湯滅夏以至于受二十九王 用歲四百九十六年也

② 盤庚반경

신주 상나라 제19대 임금으로 탕왕의 9대손이며 양갑의 뒤를 이어 즉위했다. 당시 은나라는 왕위계승 분쟁과 자연재해로 인해 국세가 기울었다. 반경은 신하들과 백성들의 반대를 무릅쓰고 도읍을 엄에서 박亳으로 다시 은殷으로 옮겨 정치를 바로잡고 산업생산을 확대함으로써 은나라를 중흥시켰다. 이를 반경천은盤庚遷殷이라고 한다.

③ 號爲王호위왕

색은 상고해보니 하夏나라와 은殷나라 천자天子는 또한 모두 제帝라고 칭했는데 대대로 덕이 박薄해서 오제五帝에 미치지 못했기에 비로소 제호帝號를 낮춰서 왕王이라고 호칭했다. 그러므로 본기本紀는 모두 제帝라고 했지만 뒤에는 모두 '삼왕三王'이라고 했다.

【索隱】 按 夏 殷天子亦皆稱帝 代以德薄不及五帝 始貶帝號 號之爲王 故本紀皆帝 而後總曰 三王也

④ 屬周속주

[정의] 곧 무경녹보武庚祿父이다.

【正義】 卽武庚祿父也

[신주] 은나라 왕실 사람들을 주나라의 제후로 봉했다는 뜻이다. 주왕紂王이 간쟁하는 신하는 포로 만들고 심장을 꺼내 죽였지만 정작 정적政敵인 서백西伯은 살려 보냈다는 서술은 모순이다. 신하인 무왕이 임금인 주왕을 정벌한 것을 합리화하기 위한 서술일 것이다.

---

주나라 무왕이 붕어하자 무경武庚이 관숙管叔, 채숙蔡叔과 함께 난을 일으켰는데, 성왕成王이 주공周公(단旦)에게 명해서 죽이게 하고 미자微子를 송宋나라에 세워 은나라의 뒤를 계승하게 했다.

周武王崩 武庚與管叔 蔡叔作亂 成王命周公誅之 而立微子於宋 以續殷後焉

---

태사공은 말한다.

"나는 《시경》의 송頌에 의거해 설契의 사적을 차례대로 서술했으며, 성탕成湯 이후의 일들은 《서경》과 《시경》에서 채록했다. 설契은 성을 자子로 삼았지만 그 후예들은 나누어 봉해져서 국가를 성으로 삼았다. 은씨殷氏, 내씨來氏, 송씨宋氏, 공동씨空桐氏, 치씨稚氏,[①] 북은씨北殷氏,[②] 목이씨目夷氏가 있다. 공자는 '은나라 노거路車가 가장 좋았으며 색은 흰 색을 높였다.'라고 했다.[③]"

太史公曰 余以頌次契之事 自成湯以來 采於書詩 契爲子姓 其後分封 以國爲姓 有殷氏 來氏 宋氏 空桐氏 稚氏[①] 北殷氏[②] 目夷氏 孔子曰 殷路車爲善 而色尚白[③]

① 稚氏치씨

색은  상고해보니 《계본》의 자성子姓에는 치씨稚氏가 없다.
【索隱】 按 系本子姓無稚氏

② 北殷氏북은씨

색은  《계본》에는 '모씨髦氏'로 되어 있다. 또 시씨時氏, 소씨蕭氏, 여씨黎氏가 있다. 그러나 북은씨北殷氏는 아마도 진영공秦寧公에게 정벌당한 박왕毫王으로서 탕임금의 후손일 것이다.

【索隱】 系本作 髦氏 又有時氏 蕭氏 黎氏 然北殷氏 蓋秦寧公所伐亳王 湯
之後也

③ 孔子曰殷路車爲善而尚白공자왈은로거위선이상백

색은 《논어》에는 '공자왈孔子曰 승은지로乘殷之輅'로 되어 있다. 《예
기》에는 '은인殷人은 흰색을 높인다.'라고 했는데, 태사공(사마천)이 논평
하면서 성문成文을 취하지 않아 드디어 이런 말을 만들었으니 또한 소
략한 것이다.

【索隱】 論語孔子曰 乘殷之輅 禮記曰 殷人尚白 太史公爲贊 不取成文 遂
作此語 亦疏略也

신주 공자는 은나라 사람의 후예이다. 그래서 공자는 은나라에 대해
여러 기록을 남겼는데 사마천이 주나라를 높이면서 소략하게 기록했다
는 뜻이다. 은나라가 흰색을 숭상한다는 점에서도 흰색을 숭상하는 동
이족의 습성을 알 수 있다.

색은술찬 사마정이 펼쳐서 밝히다.

간적이 새알을 삼키니, 이가 은나라 시조다. 현왕玄王이 상商을 열고, 이
윤伊尹은 조俎를 지고 갔다. 윗사람은 세 번 마주하고, 아랫사람은 구
주九主에 대한 말을 바쳤다. 태권泰卷으로 군사를 돌렸고, 상相에서 계
승하자 신하가 발호했다. 오囂로 옮기자 빛나는 정치는 무너지고, 그 도

읍지는 일정하지 않았다. 무을武乙은 도리가 없어, 사천射天하여 재앙을 불렀다. 제신帝辛은 음란하여, 간언을 막고 현인을 해쳤다. 구후九侯를 젓갈 담갔고, 포격炮格의 형벌을 일으켰다. 황월黃鉞로 형벌을[장杖]을 집행하자, 목이 백기에 걸렸다. 슬프다, 경옥瓊玉의 궁실이여, 은나라 제사가 옮겨갔으니!

【索隱述贊】 簡狄呑乙 是爲殷祖 玄王啓商 伊尹負俎 上開三面 下獻九主 旋師泰卷 繼相臣扈 遷囂圮耿 不常厥土 武乙無道 禍因射天 帝辛淫亂 拒諫賊賢 九侯見醢 炮格興焉 黃鉞斯杖 白旗是懸. 哀哉瓊室 殷祀用遷

사기 제4권 史記卷四

주본기 周本紀

제1장

# 주나라가 일어서다

# 주의 시조 기棄는 소호의 증손

> 주나라 후직后稷의 이름은 기棄이다.[①] 그의 어머니는 유태씨有邰<br>
> 氏의 딸 강원姜原이다.[②] 강원은 제곡帝嚳의 원비元妃(正妃)가 되<br>
> 었다.[③]
>
> 周后稷 名棄[①] 其母有邰氏女 曰姜原[②] 姜原爲帝嚳元妃[③]

[①] 周后稷名棄주후직명기

**정의** 태왕太王이 주원周原에 살았기 때문에 주周라고 불렀다. 〈지리지〉에는 "우부풍右夫風 미양현美陽縣 기산岐山의 서북쪽에 중수향中水鄕이 있는데 이곳이 주나라 태왕이 도읍으로 삼은 곳[周太王所邑]이다."라고 했다. 《괄지지》에는 "옛 주성周城은 일명 미양성美陽城인데 옹주雍州 무공현武功縣 서북쪽 25리에 있으며 곧 태왕성太王城이다."라고 했다.

【正義】 因太王所居周原 因號曰周 地理志云右扶風美陽縣岐山在西北中
水鄉 周太王所邑 括地志云 故周城一名美陽城 在雍州武功縣西北二十五
里 卽太王城也

**신주** 보다 자세한 기록이 《시경》〈대아大雅〉 생민生民 편에 나와 있다.

② 姜原강원

**집해** 《한시장구韓詩章句》에는 강姜은 성姓이고, 원原은 자字라고 했
다. 어떤 이는 강원姜原은 시호라고 했다.
【集解】 韓詩章句曰姜 姓 原 字 或曰姜原 謚號也

**정의** 邰는 '채[天來反]'로 발음한다. 邰는 또한 '태麰(땅이름 태)'라고
도 한다. 《설문》은 "태邰는 염제炎帝의 후손으로 성은 강씨이고 태邰 땅
에 봉해졌는데 주나라 기棄의 외가外家이다."라고 말했다.
【正義】 邰 天來反 亦作麰 同 說文云 邰 炎帝之後 姜姓 封邰 周弃外家

**신주** 주나라 시조 기棄(후직)의 아버지는 제곡 고신씨다. 은나라 시
조 설契의 아버지도 제곡 고신씨다. 기의 어머니는 제곡帝嚳의 원비元妃
(첫째 왕비)강원이고, 설의 어머니는 제곡의 차비次妃(둘째 왕비) 간적이다.
따라서 기와 설은 아버지가 같고 어머니가 다른 이복異腹형제다. 제곡
은 동이족 소호의 손자다. 따라서 은나라 시조 설과 주나라 시조 설은
모두 동이족이다. 제요帝堯는 제곡이 진봉씨의 딸에게서 낳은 아들이니

또한 동이족이다. 황제와 누조의 첫째아들은 소호고 둘째 아들은 창의다. 첫째아들 소호가 동이족인데, 동복同腹 형제인 창의가 동이족이 아닐 수는 없다. 또 두 아들이 모두 동이족인데, 그 아버지 황제가 동이족이 아닐 수 없다. 따라서 황제의 아들 창의의 후손인 제순帝舜과 하우夏禹도 모두 동이족인 것이다. 이는 사마천의《사기》뿐만 아니라 금문金門에 쓰인 문자를 연구했던 낙빈기의《금문신고》내용으로도 알 수 있다.《금문신고》는 후직의 어머니가 강원이 아니라 간적이라고 기록하고 있지만 아버지는 제곡으로 같다. 또한《금문신고》는 황제헌원, 소호금천, 전욱, 제곡, 당요, 우순은 물론 하夏·상商·주周의 삼대 왕조가 모두 동이족이라고 서술했다. 고사변 학파의 양관楊寬도〈중국상고사도론〉에서 "제준, 제곡, 대호, 제순은 은나라 사람과 동이의 상제上帝 및 조상이다."라고 말하고 있다.《사기》〈오제본기〉'황제'조의《색은》주석에서 사마정은 "현효(소호)는 제곡의 할아버지[祖]이다"라면서 송충의 말을 인용해서 "현효와 청양이 바로 소호이다. 황제를 계승해 즉위했다."라고 말했다.

사마천은 계보를 모호하게 서술했지만《사기》본문과 주석을 통해서도 황제, 제전욱, 제곡, 제요, 제순의 오제는 물론 하·은·주 삼대가 모두 동이족이라는 사실을 알 수 있다. 그런데 같은 동이족이지만 은나라의 서쪽에 있어서 서이西夷라고 불렸던 주나라가 수도 낙양洛陽과 낙양 북쪽의 황하를 뜻하는 하락河洛을 천하의 중심中心인 중국中國이라고 자처하면서 동이 개념에 혼동이 생겼다. 주나라가 자신들을 중심으로 사방의 겨레들을 동이, 서융, 남만, 북적으로 분류하면서 하화夏華와 이夷의 개념이 생겼다. 그러나 주나라 때의 문헌들은 물론 전국시대의 문헌들에서도 정확한 방위개념으로 동이, 서융, 남만, 북적을 서술한 사례는 찾기 힘들다. 하화夏華와 사이四夷 개념은 사마천의 《사기》 이후에 뚜렷해지는데, 후대에 만들어진 이런 개념을 앞시대에 적용해서 상고시대부터 하화와 사이의 개념이 있었던 것처럼 인식한 것이다. 고사변학파가 말한 것처럼 중국상고사는 뒤로 갈수록 시대는 올라가며, 뒤로 갈수록 상고시대의 내용이 풍부해지는 것이 중국사의 특징이다.

③ 帝嚳元妃제곡원비

[색은]　초주譙周는 "기는 제곡帝嚳의 맏아들이지만 그의 아버지는 또한 알려지지 않았다."라고 여겼는데, (제곡이 아버지라는) 이 기록과는 다르다.

【索隱】 譙周以爲 棄 帝嚳之冑 其父亦不著 與此紀異也

강원이 들에 나갔다가 거인巨人의 발자국을 보았는데 마음이 흔연히 즐거워져서 그 발자국을 밟고 싶어졌다. 그 발자국을 밟자 몸이 흔들리면서 임신한 것처럼 느꼈다. 때가 차서 아들을 낳았지만 상서롭지 못하다고 여기고 비좁은 골목에 버렸는데① 말과 소가 지나가면서 모두 피하고 밟지 않았다. 옮겨서 숲속에 놓아 두었으나 마침 산림 속에 많은 사람들이 모여들었다. 옮겨서 도랑의 얼음 위에 버렸으나 나는 새가 그의 날개로 덮어주고 깔아주었다. 강원이 신기하게 여기고 마침내 거두어 길렀다. 처음에 버리고자 했으므로 이로 인해 이름을 기棄라고② 한 것이다.

姜原出野 見巨人跡 心忻然說 欲踐之 踐之而身動如孕者 居期而生子 以爲不祥 棄之隘巷① 馬牛過者皆辟不踐 徙置之林中 適會山林多人 遷之 而棄渠中冰上 飛鳥以其翼覆薦之 姜原以爲神 遂收養長之 初欲棄之 因名曰棄②

① 隘巷애항

색은 이하는 모두 《시경》 대아大雅 생민生民 편에 "아이를 좁은 골목에 버렸으나 소와 양도 피했네. 넓은 수풀에 버렸으나 나무꾼이 안아 주었네. 얼음 위에 버렸으나 새가 날개로 품어 덮어 주었네."라고 하여 이 사실을 말하고 있다.

【索隱】 已下皆詩大雅生民篇所云 誕寘之隘巷 牛羊腓字之 誕寘之平林 會

伐平林 誕寘之寒冰 鳥覆翼之 是其事也

② 棄기

《고사고古史考》에는 '기는 제곡의 맏아들인데, 그의 아버지는
또한 알려지지 않았다.'고 했다. 이 문장과는 조금 다르다.
【正義】 古史考云 弃 帝嚳之冑 其父亦不著 與此文稍異也

> 기棄는 어렸을 때부터 출중해 큰 인물이 되려는 뜻을 가진 듯했
> 다. 그는 놀이로 삼이나 콩을 심는 것을 좋아했는데 삼이나 콩
> 이 자라면 아름다웠다. 성인成人이 되어서는 마침내 밭을 갈아
> 농사짓는 것을 좋아했는데 땅이 마땅한지 살펴서 그에 마땅한
> 곡식을 심고 거두니① 백성이 모두 본받아 따랐다. 요堯임금이
> 이를 듣고 기를 등용해 농사農師로 임명하자 천하가 그 이로운
> 것을 얻는 공로가 있었다. 순임금이 말했다.
> "기야! 백성이 비로소 굶주리게 되었으니② 그대 후직后稷은 제
> 때에 온갖 곡식들을 파종케 하라."
> 棄爲兒時 屹如巨人之志 其游戲 好種樹麻 菽 麻 菽美 及爲成人 遂
> 好耕農 相地之宜 宜穀者稼穡焉① 民皆法則之 帝堯聞之 擧棄爲農
> 師 天下得其利 有功 帝舜曰 棄 黎民始飢② 爾后稷播時百穀

① 稼穡焉가색언

**정의**  종種을 '가稼'라 하고 염斂(거두다)을 '색穡'이라 한다.

**【正義】**  種曰稼 斂曰穡


② 始飢시기

**집해**  서광은 "《금문상서今文尚書》에 '조기祖飢'라고 했다. 그러므로 여기에서도 '시기始飢'라고 했는데 조祖가 '시始'이기 때문이다."라고 했다.

**【集解】**  徐廣曰 今文尚書云 祖飢 故此作始飢 祖 始也


---

기를 태邰 땅에① 봉하고 '후직后稷'이라고 호칭했으며 따로 희씨姬氏라는② 성씨를 주었다. 후직의 집안은 도당陶唐(요)과 우虞(순)와 하夏(우) 때 일어났는데 모두 아름다운 덕을 가지고 있었다.

封棄於邰① 號曰后稷 別姓姬氏② 后稷之興 在陶唐 虞 夏之際 皆有令德

---


① 邰태

**집해**  서광은 "지금 태향斄鄉은 부풍扶風에 있다."고 했다.

**【集解】**  徐廣曰 今斄鄉在扶風

곧 《시경》〈대아大雅〉생민生民 편에 '태나라에서 집안을 거느리다[有邰家室]'라고 한 것이 이것이다. 태는 곧 태邰인데 옛날과 지금의 글자가 다를 뿐이다.

【索隱】 卽詩生民曰 有邰家室 是也 邰卽邰 古今字異耳

정의 《괄지지》에는 "옛 태성邰城으로 일명 무공성武功城인데 옹주雍州 무공현武功縣 서남쪽 22리에 있다. 이곳이 옛날 태국邰國이며 후직后稷을 봉한 곳이다. 후직后稷과 강원姜嫄의 사당祠이 있다."고 했다. 모장은 "태邰는 강원의 나라이며 후직이 태어난 곳이다. 요임금은 하늘을 보고 태 땅에서 후직이 태어난 것으로 여겼다. 그래서 이에 따라 태에 봉한 것이다."라고 했다.

【正義】 括地志云 故邰城一名武功城 在雍州武功縣西南二十二里 古邰國 后稷所封也 有后稷及姜嫄祠 毛萇云 邰 姜嫄國也 后稷所生 堯見天因邰而 生后稷 故因封於邰也

② 姬氏희씨

집해 《예위禮緯》에는 '처음에 큰 발자국을 밟고 태어났다.'라고 했다.

【集解】 禮緯曰 祖以履大跡而生

후직이 죽고① 아들 부줄不窋이② 자리를 이었다. 부줄 말년에 하후씨夏后氏의 정치가 쇠약해지자 직稷의 관직을 버리고 농무에 힘쓰지 않았다. 부줄은 그의 관직을 잃고 융적戎狄③ 사이로 달아났다. 부줄이 죽자 아들인 국鞠이 자리를 이었고, 국이 죽자 아들 공류公劉가 자리를 이었다.

后稷卒① 子不窋②立 不窋末年 夏后氏政衰 去稷不務 不窋以失其官 而犇戎狄③之閒 不窋卒 子鞠立 鞠卒 子公劉立

① 后稷卒후직졸

집해 《산해경》〈대황경大荒經〉에 이르기를 "흑수黑水와 청수靑水 사이에 광도廣都의 들판이 있는데 후직后稷을 거기에 장사지냈다."고 했다. 황보밀은 "무덤이 중국에서 거리가 3만 리나 된다."고 했다.

【集解】 山海經大荒經曰 黑水靑水之閒有廣都之野 后稷葬焉 皇甫謐曰 冢去中國三萬里也

② 不窋부줄

집해 《제왕세기帝王世紀》에 "후직이 길씨姞氏를 맞아들여 부줄不窋을 낳았다."라고 했다. 초주譙周는 《국어》를 상고해서 말하기를 "세상에서는 후직이 우虞와 하夏를 섬겼다."고 했는데, 이는 직관稷官 세습을 말한 것일 뿐 그 대수代數를 잃어버린 것이다. 만약 부줄을 기棄의 친자식이라고 하면 문왕까지 1,000여 년인데, 대수가 14대뿐이므로 실제로도 사정에 부합하지 않는다.

【索隱】 帝王世紀云 后稷納姞氏 生不窋 而譙周按國語云 世后稷 以服事虞 夏 言世稷官 是失其代數也 若以不窋親弃之子 至文王千餘歲唯十四代實亦不合事情

정의 《괄지지》에는 "부줄不窋은 옛 성城이며 경주慶州 홍화현弘化縣 남쪽 3리에 있다. 곧 부줄은 융적戎狄이 거처하는 성에 있다."라고 했다. 《모시소毛詩疏》에는 "우虞에서 하夏와 은殷에 이르는 것은 총 1,200년이다. 매세每世마다 재위에 있은 기간이 모두 80년씩이 되어야 그 숫자를 채울 수 있다. 수명의 길고 짧은 것은 옛날이나 지금이나 같다. 열다섯 명 임금의 재위在位가 모두 80여 년씩이라면 자식은 반드시 장차 늙어서야 비로소 태어날 수 있으니 인정에 가깝지 않음이 매우 심하다. 이치로써 미루어도 실로 의지해 믿기 어렵다."라고 했다.

【正義】 括地志云 不窋故城在慶州弘化縣南三里 卽不窋在戎狄所居之城也 毛詩疏云 虞及夏 殷共有千二百歲 每世在位皆八十年 乃可充其數耳 命之短長 古今一也 而使十五世君在位皆八十許載 子必將老始生 不近人情之甚 以理而推 實難據信也

③ 去稷不務거직불무

집해 위소韋昭는 "하나라의 태강太康이 나라를 잃고 직稷의 관직을 폐지하고 다시는 농사에 힘쓰지 않았다.”고 했다.

【集解】 韋昭曰 夏太康失國 廢稷之官 不復務農

색은 《국어》에는 “직稷의 관직을 버리고 힘쓰지 않았다[稷不務]”고 했다. 여기서 ‘직稷을 떠났다[去]’라고 한 것은 이는 태사공太史公(사마천)이 ‘기棄’를 후직의 이름으로 여길까 두려워서 글자를 ‘거[去]’ 자로 바꾸어 쓴 것이다. 하나라의 정치가 쇠약해지자 부줄이 직관稷官을 버리고 다시는 농사에 힘쓰지 않았다는 것을 말한다.

【索隱】 國語云 棄稷不務 此云 去稷者 是太史公恐棄 是后稷之名 故變文云去也 言夏政衰 不窋去稷官 不復務農者也

⑥ 戎狄융적

신주 후직의 아들 부줄이 융적 사이로 달아났다는 말은 후직과 부줄의 출신지를 말해주는 말로 해석된다. 융적은 서융西戎이라고 불린 것처럼 주나라 서쪽의 겨레를 뜻하는 말이었다. 또한 적狄은 원래 낙양 근처에 거주하던 겨레였으나 후에 북쪽으로 이주한 후에 북쪽의 이夷를 일컫는 용어가 되었다. 동이, 서융, 남만, 북적이 서로 다른 겨레를 뜻하는 말은 아니라는 뜻이다.

공류는 비록 융적 사이에 있었으나 다시 후직后稷의 일을 닦아서 밭을 갈고 씨앗 뿌리기에 힘썼다. 이에 알맞은 땅을 골랐으며 칠수漆水와 저수沮水로부터 위수渭水를 건너 목재를 채취해 사용했다.[1] 떠돌아다니는 사람들은 재물이 생기고 정착해 사는 사람들은 저축이 있게 되어 백성이 그 경사로운 일에 의지했다. 백성들이 공류를 따르고 많이 이사 와서 그에게 귀의했다. 주나라의 도가 일어난 것이 이로부터 시작되었다. 그래서 시인들이 즐거이 노래하면서 그의 덕을 사모했다.[2] 공류가 죽자 아들 경절慶節이 즉위해 빈豳 땅에 나라를 세웠다.[3]

公劉雖在戎狄之閒 復脩后稷之業 務耕種 行地宜 自漆 沮度渭 取材用[1] 行者有資 居者有畜積 民賴其慶 百姓懷之 多徙而保歸焉 周道之興自此始 故詩人歌樂思其德[2] 公劉卒 子慶節立 國於豳[3]

① 取材用취재용

【정의】 공류公劉는 칠현漆縣 칠수漆水에서 남쪽으로 위수渭水를 건너 남산南山에 이르러 재목材木을 취해 사용했다. 《괄지지》에는 "빈주豳州 신평현新平縣은 곧 한漢나라의 칠현漆縣이다. 칠수漆水는 기주岐州 보윤현普潤縣 동남쪽 기산岐山 칠계漆溪에서 나와 동쪽의 위수渭水로 들어간다."라고 했다.

【正義】 公劉從漆縣漆水南渡渭水 至南山取材木爲用也 括地志云 豳州新平縣卽漢漆縣也 漆水出岐州普潤縣東南岐山漆溪 東入渭

② 詩人歌樂思其德시인가락사기덕

곧 《시경》 〈대아大雅〉 편에 '독공류篤公劉(두터우신 공류)'라고 말
한 것이 이것이다.
【索隱】 卽詩大雅篇 篤公劉 是也

③ 國於豳국어빈

집해 서광은 "신평新平 칠현漆縣 동북쪽에 빈정豳亭이 있다."고 했다.
【集解】 徐廣曰 新平漆縣之東北有豳亭

색은 빈豳은 곧 빈邠이다. 고금古今의 글자가 다를 뿐이다.
【索隱】 豳卽邠也 古今字異耳

정의 《괄지지》에는 "빈주豳州 신평현新平縣은 곧 한漢나라 때 칠현
漆縣이며, 《시경》의 빈국豳國이니 공류가 도읍한 땅이다."라고 했다.
【正義】 括地志云 豳州新平縣卽漢漆縣 詩豳國 公劉所邑之地也

경절이 죽고 아들 황복皇僕이 즉위했다. 황복이 죽고 아들 차불差弗이 즉위했다. 차불이 죽고 아들 훼유毀隃가① 즉위했다. 훼유가 죽고 아들 공비公非가② 즉위했다. 공비가 죽고 아들 고어高圉가③ 즉위했다. 고어가 죽자 아들 아어亞圉가④ 즉위했다. 아어가 죽고 아들 공숙조류公叔祖類가 즉위했다. 공숙조류가 죽고 아들 고공단보古公亶父가⑤ 즉위했다. 고공단보가 다시 후직后稷과 공류公劉의 업업業을 닦고 덕을 쌓고 의를 행하자 나라 사람들이 모두 추대했다. 훈육薰育인⑥ 융적戎狄이 공격해서 재물을 얻고자 하여 그들에게 주었다. 얼마 있다가 다시 공격해서 땅과 백성을 얻고자 했다. 백성이 모두 노여워하고 싸우고자 했다.

慶節卒 子皇僕立 皇僕卒 子差弗立 差弗卒 子毀隃①立 毀隃卒 子公非②立 公非卒 子高圉③立 高圉卒 子亞圉④立 亞圉卒 子公叔祖類⑤立 公叔祖類卒 子古公亶父立 古公亶父復脩后稷 公劉之業 積德行義 國人皆戴之 薰育⑥戎狄攻之 欲得財物 予之 已復攻 欲得地與民 民皆怒 欲戰

① 毀隃훼유

집해 隃은 발음이 '유踰'이다. 《세본世本》에는 유隃자가 '유楡'로 되어 있다.

【集解】 音踰 世本作楡

《계본》에는 '위유僞楡'로 되어 있다.

【索隱】 系本作僞楡


② 公非공비

색은 《계본》에는 '공비는 벽방辟方'이라고 했다. 황보밀은 "공비의
자字는 벽방辟方이다."라고 했다.

【索隱】 系本云 公非辟方 皇甫謐云 公非字辟方也


③ 高圉고어

집해 송충은 "고어高圉는 직稷을 거느릴 줄 알기에 주나라 사람이
보답했다."라고 했다.

【集解】 宋衷曰 高圉能率稷者也 周人報之


색은 《계본》에는 "고어高圉는 후모侯侔이다."라고 했다.

【索隱】 系本云 高圉侯侔


④ 亞圉아어

집해 《세본》에는 "아어亞圉는 운도雲都이다."라고 했다. 황보밀은
"운도는 아어의 자字이다."라고 했다.

【集解】 世本云 亞圉雲都 皇甫謐云 雲都 亞圉字

《한서》〈고금표古今表〉에는 "운도는 아어의 아우이다."라고 했다. 상고해보니 이런 설명 같은 것은 즉 벽방이나 후모도 다 두 사람의 이름일 것이지만 실제로는 자세하지 않다.

【索隱】 漢書古今表曰 雲都 亞圉弟 按 如此說 則辟方侯仸亦皆二人之名 實未能詳

⑤ 公叔祖類공숙조류

색은 《계본》에는 "태공太公, 조감組紺, 제주諸盩이다."라고 했다. 〈삼대세표三代世表〉에는 숙류叔類라고 일컬었으니 이름이 모두 4개이다. 황보밀은 "공조公祖는 일명 조감제주이고 자는 숙류이고 호는 태공이다."라고 했다.

【索隱】 系本云 太公組紺諸盩 三代世表稱叔類 凡四名 皇甫謐云 公祖一名組紺諸盩 字叔類 號曰太公也

⑥ 薰育훈육

신주 훈육은 훈육獯鬻, 훈육薰粥이라고도 하고 험윤獫狁이라고도 한다. 한나라 이후 흉노匈奴로 불렀다. 《사기》〈흉노열전〉에는 순유淳維, 산융山戎 등으로 불렀다고 말하고 있다.

고공단보가 말했다.

"백성이 있어서 군주를 세우는 것은 장차 그것을 이롭게 여기기 때문이다. 지금 융적들이 공격해 싸우고자 하는 이유는 나의 땅과 백성 때문이다. 백성이 나에게 있거나 저들에게 있거나 무엇이 다르겠는가? 백성이 나 때문에 싸우고자 한다면 남의 아버지와 아들들을 죽여서 임금이 되는 것인데 나는 그런 짓을 차마하지 못하겠다."

이에 사적인 가족들과 함께 드디어 빈豳 땅을 떠나 칠수漆水와 저수沮水를① 건너고 양산梁山을② 넘어 기산岐山③ 아래에 살 곳을 정했다. 빈 땅 사람들이 온 나라의 늙은이를 부축하고 어린아이를 이끌고 모두 다시 기산 아래 고공단보에게로 귀의했다. 곁의 다른 나라에서도 고공단보가 어질다는 소문이 미치니 또한 많이 귀순했다. 이에 고공단보는 융적의 풍속을 물리치고 성곽과 가옥들을 건축하고 읍邑을 구분해 살게 했다.④ 오관五官을 만들고 관리들을 두었다. 백성이 모두 노래하고 즐기며 고공단보의 덕을 칭송했다.⑥

古公曰 有民立君 將以利之 今戎狄所爲攻戰 以吾地與民 民之在我 與其在彼 何異 民欲以我故戰 殺人父子而君之 予不忍爲 乃與私屬 遂去豳 度漆 沮① 踰梁山② 止於岐③下 豳人舉國扶老攜弱 盡復歸古 公於岐下 及他旁國聞古公仁 亦多歸之 於是古公乃貶戎狄之俗 而 營築城郭室屋 而邑別居之④ 作五官有司 民皆歌樂之 頌其德⑥

① 漆沮칠저

집해 서광은 "칠수와 저수는 두양杜陽의 기산岐山에 있다. 두양현杜
陽縣은 부풍扶風에 있다."라고 했다.
【集解】 徐廣曰 水在杜陽岐山 杜陽縣在扶風


② 梁山양산

정의 《괄지지》에는 "양산梁山은 옹주雍州 호치현好畤縣 서북쪽 18리
에 있다."라고 했다. 정현은 "기산은 양산의 서남쪽에 있다."고 했다. 그
렇다면 양산은 가로가 긴 것으로 그 동쪽은 하양夏陽과 마주하고 서북
쪽은 하수河水에 다다르고 그 서쪽은 기산의 동북쪽과 마주하여 빈豳
에서 주나라로 가려면 마땅히 넘어야 하는 곳이다.
【正義】 括地志云 梁山在雍州好畤縣西北十八里 鄭玄云 岐山在梁山西南
然則梁山橫長 其東當夏陽 西北臨河 其西當岐山東北 自豳適周 當踰之矣


③ 岐山기산

집해 서광은 "기산은 부풍扶風 미양美陽 서북쪽에 있고 그 남쪽에
는 주원周原이 있다."고 했다. 나 배인裴駰이 상고해보니 황보밀은 "주나
라 땅에 도읍했기 때문에 처음 국가 이름을 고쳐서 주周라고 했다."라
고 했다.
【集解】 徐廣曰 山在扶風美陽西北 其南有周原 駰案 皇甫謐云 邑於周地

故始改國曰周

④ 邑別居之읍별거지

집해 서광은 "나누어 갈라서 읍락邑落을 만든 것이다."라고 했다.

【集解】 徐廣曰 分別而爲邑落也

⑤ 五官有司오관유사

집해 《예기禮記》에는 "천자의 오관五官은 사도, 사마, 사공, 사사, 사구로 오관五官의 관원官員을 담당한다."고 했다. 정현은 "이것은 은나라 때의 제도이다."라고 했다.

【集解】 禮記曰 天子之五官曰司徒 司馬 司空 司士 司寇 典司五衆 鄭玄曰 此殷時制

⑥ 頌其德송기덕

색은 곧 《시경》의 주송周頌에 "후직의 자손이 실로 태왕太王이시네. 기산의 남쪽에 거하시면서 비로소 상나라를 정벌하셨네."라고 한 것이 이것이다.

【索隱】 卽詩頌云 后稷之孫 實維太王 居岐之陽 實始翦商 是也

# 고공단보의 맏아들은
# 태백이다

고공단보古公亶父는 맏아들 태백太伯, 둘째 아들 우중虞仲이 있었고, 태강太姜이 막내아들 계력季歷을 낳았다.[①] 계력季歷은 태임太任에게[②] 장가를 들었다. 모두 현명한 부인이었다.[③] 태임이 창昌을 낳았을 때는 성스런 상서로움이 있었다.

古公有長子曰太伯 次曰虞仲 太姜生少子季歷[①] 季歷娶太任[②] 皆賢婦人[③] 生昌 有聖瑞

① 太姜生少子季歷태강생소자계력

[정의] 《국어주》에는 '제齊, 허許, 신申, 여呂의 4개 국가는 모두 강姜성으로 사악四岳의 후예이며 태강太姜의 집안이다. 태강은 태왕의 비妃이고 왕계王季의 어머니다.'라고 했다.

【正義】 國語注云 齊 許 申 呂四國 皆姜姓也 四岳之後 太姜之家 太姜 太
王之妃 王季之母

**신주** 막내아들 계력季歷은 뒤에 왕이 되어 왕계王季라고 하는데, 문
왕文王의 아버지이자 주나라 시대를 연 무왕武王의 할아버지다.

② 太任태임

**집해** 《열녀전》에는 '태강太姜은 유태씨有邰氏의 딸이다. 태임太任은
지임씨摯任氏의 중녀中女이다.'라고 했다.
【集解】 列女傳曰 太姜 有邰氏之女 太任 摯任氏之中女

**정의** 《국어주》에는 "지摯와 주疇 두 나라는 임성任姓이다. 해중奚仲
이나 중훼仲虺의 후예는 태임太任의 집안이다. 태임은 왕계王季의 비妃
이고 문왕의 어머니이다."라고 했다.
【正義】 國語注云 摯 疇二國 任姓 奚仲 仲虺之後 太任之家 太任 王季之妃
文王母也

③ 皆賢婦人개현부인

**정의** 《열녀전列女傳》에는 "태강은 태왕太王이 장가들어 비妃로 삼았
는데 태백太伯과 중옹仲雍과 왕계王季를 낳았다. 태강太姜은 아름답고
정순貞順해서 여러 아들들을 잘 이끌어 소년이 될 때까지 과실이 있지

않았다. 태왕이 일을 계획할 때는 반드시 태강과 함께해서 옮기고 이사하는 것도 반드시 함께 했다. 태임太任은 왕계가 장가들어 비妃로 삼았다. 태임의 성품은 단정하고 전일하고 정성스럽고 엄정한[端壹誠莊] 덕행이 있었다. 몸에 아이가 생기자 음란한 색惡色을 보지 않았고 음란한 소리를 듣지 않았으며, 오만한 말을 하지 않고서 뱃속에서부터 자식을 가르쳐[胎敎子] 문왕文王을 낳았다.”고 했다. 이 모두가 현명한 행실이었다.

【正義】 列女傳云 太姜 太王娶以爲妃 生太伯 仲雍 王季 太姜有色而貞順 率導諸子 至於成童 靡有過失 太王謀事必於太姜 遷徙必與 太任 王季娶以爲妃 太任之性 端壹誠莊 維德之行 及其有身 目不視惡色 耳不聽淫聲 口不出傲言 能以胎敎子 而生文王 此皆有賢行也

④ 聖瑞성서

[정의] 《상서제명험尙書帝命驗》에 이르기를 “계추季秋(음력 9월)의 달 갑자甲子일에 붉은 새[赤爵]가 단서丹書(붉은 문서)를 물고 풍酆 땅으로 들어와 창昌(문왕)의 문에 머물렀다. 그 글에서 ‘공경함이 게으른 것을 이기는 자는 길하고 게으름이 공경하는 것을 이기는 자는 망한다. 의가 욕심을 이기는 자는 순조롭고 욕심이 의를 이기는 자는 흉악하다. 모든 일은 힘쓰지 않으면 굽어지고 공경하지 않으면 바르지 않게 된다. 굽은 것은 무너져 없어지고 공경한 것은 영원하다. 인을 얻어 인을 지키면 그 헤아림이 백세百世에 이른다. 불인을 얻었지만 인으로써 지키면 그 헤아림이 십세十世에 이르고, 불인을 얻어 불인을 지키면 자신의 세世에도 이르지 못한다.’라고 했으니 이것이 대체로 성서聖瑞인 것이다.”라고 했다.

【正義】 尚書帝命驗云 季秋之月甲子 赤爵銜丹書入于酆 止于昌戶 其書云 敬勝怠者吉 怠勝敬者滅 義勝欲者從 欲勝義者凶 凡事不強則枉 不敬則不 正 枉者廢滅 敬者萬世 以仁得之 以仁守之 其量百世 以不仁得之 以仁守之 其量十世 以不仁得之 不仁守之 不及其世 此蓋聖瑞

**신주** 조선개창을 노래한 《용비어천가龍飛御天歌》 제7장 〈적작장赤爵章〉에 '블근 새 그를 므러 침실寢室 이페 안즈니/ 성자혁명聖子革命에 제호帝祜를 뵈아시니……' 라는 노래가 이를 본 뜬 것이다. 현대문으로 해석하면 "붉은 새 글을 물어 문왕의 침실 문 앞에 앉으니/ 성스런 아들 무왕의 혁명에 하늘이 복을 미리 보이신 것입니다."라고 할 수 있다. 이밖에도 《용비어천가》 제3장이 고공단보가 빈 땅으로 이주한 것을 노래했듯이 조선의 개국을 주나라 개국에 빗대어 노래한 구절이 많다.

---

고공단보가 말했다.

"내 후세에 마땅히 흥성할 자가 있다고 했는데 그것이 창昌(계력의 아들로 훗날의 문왕)에게 있는가?"

맏아들 태백과 우중은 아버지 고공단보가 계력을 세워서 창昌에게 전수하려는 것을 알아차렸다. 이에 두 사람이 형만荊蠻으로[1] 도망쳐 몸에 문신을 하고 머리를 깎아서[2] 계력에게 양보했다.

古公曰 我世當有興者 其在昌乎 長子太伯 虞仲知古公欲立季歷以傳昌 乃二人亡如荊蠻[1] 文身斷髮[2] 以讓季歷

---

① 荊蠻형만

태백이 오吳나라로 달아나 거주한 성城은 소주蘇州 북쪽 50리
인 상주常州 무석현無錫縣의 경계 매리촌梅里村인데, 그 성과 무덤이 있
는 것을 볼 수 있다. 또한 '망형만亡荊蠻'이라고 한 것은 초나라가 월나
라를 멸망시키고 그 땅을 초나라에 속하게 했고, 진秦나라가 초나라를
멸망시키고 그 땅을 진나라에 속하게 했다. 진나라는 '초楚'라는 말을
꺼려 '형荊'이라고 고쳐 불렀다. 그래서 예부터 오월吳越의 땅을 형荊으
로 통칭했다. 북인北人들이 사史를 쓰는데 '만蠻'자를 더한 것은 형세
가 그러했던 것이다.

【正義】 太伯奔吳 所居城在蘇州北五十里常州無錫縣界梅里村 其城及冢
見存 而云亡荊蠻者 楚滅越 其地屬楚 秦滅楚 其地屬秦 秦諱楚 改曰荊 故通
號吳越之地爲荊 及北人書史加云蠻 勢之然也

② 文身斷髮문신단발

응소는 "항상 수중水中에 있기 때문에 그 머리털을 자르고 그
몸에 문신을 해서 용의 새끼를 본뜬다. 그래서 상하거나 해침을 당하지
않았다."라고 했다.

【集解】 應劭曰 常在水中 故斷其髮 文其身 以象龍子 故不見傷害

고공단보가 죽고 계력이 즉위했는데 이 이가 공계公季이다. 공계는 고공단보가 남긴 도를 닦고 의를 독실하게 행해서 제후들이 순종했다. 공계가 죽고 아들 창昌이 계승했는데 이 이가 서백西伯이다. 서백을 문왕文王이라고 한다.[2] 후직后稷과 공류公劉의 사업을 따르고 고공단보와 공계의 법도를 본받아 인仁을 두텁게 하고 노인들을 공경하고 어린 아이들에겐 자애慈愛로웠다. 어진 이에게는 예로써 자신을 낮췄고 낮에는 선비들을 접대하느라 식사할 겨를도 없었다. 선비들이 이 때문에 많이 귀의했다. 백이伯夷와 숙제叔齊는 고죽국孤竹國에서[3] 서백이 노인들을 잘 모신다는 소문을 듣고 '어찌 귀의하지 않겠는가.'라고 했다. 태전太顚과 굉요閎夭와 산의생散宜生과 육자鬻子와 신갑대부辛甲大夫[4] 같은 무리가 모두 문왕에게 가 귀의했다.

古公卒 季歷立 是爲公季 公季脩古公遺道 篤於行義 諸侯順之 公季卒[1] 子昌立 是爲西伯 西伯曰文王[2] 遵后稷 公劉之業 則古公 公季之法 篤仁 敬老 慈少 禮下賢者 日中不暇食以待士 士以此多歸之 伯夷 叔齊在孤竹[3] 聞西伯善養老 盍往歸之 太顚 閎夭 散宜生 鬻子 辛甲大夫[4]之徒皆往歸之

① 公季卒공계졸

집해 황보밀은 "공계는 호현鄠縣의 남산南山에 장사를 치렀다."고 했다.

② 文王문왕

정의 《제왕세기帝王世紀》에는 "문왕은 용의 얼굴에 호랑이의 어깨를 가졌으며 키가 10척尺이고 가슴에는 네 개의 젖꼭지가 있었다."고 했다. 《낙서영준청雒書靈準聽》에는 "창제蒼帝 희창姬昌은 이마의 뼈가 태양처럼 솟고 새의 코에 키가 8척尺 2촌寸으로써 성스럽고 지혜롭고 인자한 다스림이 있었다."고 했다.

【正義】 帝王世紀云 文王龍顔虎肩 身長十尺 胸有四乳 雒書靈準聽云 蒼帝姬昌 日角鳥鼻 高長八尺二寸 聖智慈理也

③ 孤竹고죽

집해 응소는 "요서遼西 영지令支에 있다."고 했다.
【集解】 應邵曰 在遼西令支

정의 《괄지지》에는 "고죽孤竹의 옛 성은 평주平州 노룡현盧龍縣 남쪽 12리에 있는데, 은나라 때의 제후국 고죽국孤竹國이며 성姓은 묵태씨墨胎氏이다."라고 했다.
【正義】 括地志云 孤竹故城在平州盧龍縣南十二里 殷時諸侯孤竹國也 姓墨胎氏

**신주** 고죽국의 위치는 한·중韓中 고대사의 강역 비정에 중요하다. 고죽국 역시 동이족 국가이기 때문이다. 《괄지지》에서 고죽국이 있다고 말하는 평주 노룡현은 현재 하북성 노룡현으로서 갈석산이 있는 창려현 북쪽이다.

응소應劭(153~196)는 고죽성이 요서에 있다고 말했다. 지금은 요녕성 요하遼河를 기준으로 동·서쪽을 각각 요동·요서라고 부르지만 고대에는 달랐다. 서초패왕 항우가 봉해준 요동국의 수도 무종無終이 지금의 천진 북쪽(현재 옥전玉田)으로 고대의 요동은 지금보다 훨씬 서쪽이다.

요동의 위치는 만리장성의 동쪽 끝을 통해서도 알 수 있다. 《사기》 〈몽염蒙恬열전〉은 "진시황 26년에 장성을 쌓았는데 지형에 따라 험새를 이용해 임조臨洮에서 시작해 요동遼東까지 이르렀다."고 말하고 있다. 만리장성의 동쪽 끝이 요동라는 뜻인데, 《수경주》 〈하수주河水注〉에는 "진시황이 태자 부소와 몽염에게 명을 내려 장성을 쌓게 했는데 임조에서 시작해 갈석碣石까지 이르렀다."고 말하고 있다. 만리장성의 끝인 요동이 갈석산이라는 것이다.

또한 《대명일통지大明一統志》 영평부 永平府(현 하북성 노룡현) 조에는 "군 이름인데 고죽이 옛 이름이다. 진나라 때는 북평이었고, 위나라 때 노룡이 되었다. …… 북연 때는 평주 및 낙랑군이었는데, 후위에서 낙랑군을 북평군으로 개칭했다[郡名, 孤竹爲古名. 北平爲秦名. 盧龍爲魏名…… 北燕爲平州及樂浪郡. 後魏改樂浪爲北平郡]"고 기록하고 있다. 지금의 하북성 노룡현이 고죽국이자 낙랑군이라는 뜻이다. 《국어》 〈제어齊語〉에는 "(제환공이) 마침내 북쪽으로 산용을 정벌하고 영지令支를 치고 고죽의 목을 베고 남쪽으로 돌아왔다."라고 말한다. 산융, 영지, 고죽은 모두

동이족 국가들이었다. 중국 학계는 현재 고죽국의 수도를 하북성 당산
唐山시 난灤현 남쪽으로 보고 있다.

④ 太顚閎夭散宜生鬻子辛甲大夫태전굉요산의생육자신갑대부

[집해]  유향의 《별록別錄》에는 "육자鬻子의 이름은 웅熊이고 초楚에
봉해졌다. 신갑辛甲은 옛날 은나라의 신하로서 은나라 주紂왕을 섬겼
다. 대개 75번을 간했는데 듣지 않자 떠나서 주나라에 이르렀는데, 소
공召公이 그와 함께 이야기해 보고는 현명하다고 해서 문왕에게 알리자
문왕이 친히 스스로 맞이해 공경으로 삼아서 장자長子에 봉했다."고 했
다. 장자는 지금의 상당현(上黨縣)의 치소가 이곳이다.

【集解】 劉向別錄曰 鬻子名熊 封於楚 辛甲 故殷之臣 事紂 蓋七十五諫而
不聽 去至周 召公與語 賢之 告文王 文王親自迎之 以爲公卿 封長子 長子今
上黨所治縣是也

숭후崇侯 호虎가 은의 주왕紂王에게 서백을 참소했다.

"서백이 선을 쌓고 덕을 쌓아 제후들이 모두 서백에게 향하니 장차 제왕께 이롭지 못할 것입니다."

제왕 주紂가 이에 서백을 유리羑里에 가두었다. 굉요의 무리들이 이를 근심하여 유신씨有莘氏의 미녀와[1] 여융驪戎의 무늬 있는 말과[2] 유웅有熊의 구사九駟와[3] 기타 기이하고 괴상한 물건들을 구해서 은나라의 폐신嬖臣 비중費仲을 통해 주왕에게 바쳤다.

崇侯虎譖西伯於殷紂曰 西伯積善累德 諸侯皆嚮之 將不利於帝 帝紂乃囚西伯於羑里 閎夭之徒患之 乃求有莘氏美女[1] 驪戎之文馬[2] 有熊九駟[3] 他奇怪物 因殷嬖臣費仲而獻之紂

① 有莘氏美女유신씨미녀

정의 《괄지지》에는 "옛 신국莘國 성은 동주同州 하서현河西縣 남쪽 20리에 있다."고 했다. 《세본》에는 "신국은 사성姒姓이고 하우夏禹의 후예인데, 곧 산의생散宜生 등이 유신씨有莘氏의 미녀를 구해서 주왕에게 바쳤다."고 했다.

【正義】 括地志云 古莘國城在同州河西縣南二十里 世本云莘國 姒姓 夏禹之後 卽散宜生等求有莘美女獻紂者

② 驪戎之文馬여융지문마

정의 《괄지지》에는 "여융驪戎의 옛 성은 옹주雍州 신풍현新豊縣 동남쪽 16리에 있는데, 은나라와 주나라 때의 여융국驪戎國 성이다."라고 했다. 상고해보니 여마驪馬는 붉은 갈기에 흰 몸[赤鬣縞身]과 황금과 같은 눈을 가진 준마인데 문왕이 주왕에게 바친 것이다.

【正義】 括地志云 驪戎故城在雍州新豊縣東南十六里 殷 周時驪戎國城也 按 駿馬赤鬣縞身 目如黃金 文王以獻紂也

③ 有熊九駟유웅구사

정의 《괄지지》에는 "정주鄭州 신정현新鄭縣은 본래 유웅씨有熊氏의 터이다."라고 했다. 상고해보니 구사九駟는 36필의 말이다.

【正義】 括地志云 鄭州新鄭縣 本有熊氏之墟也 按 九駟 三十六匹馬也

주왕이 크게 기뻐하며 말했다.

"이 하나만으로도① 서백을 풀어주기에 충분한데 하물며 이렇게 많은 선물이 있음에랴!"

이에 서백을 사면하고 활과 화살과 부월斧鉞을 하사하며 서백으로 하여금 (마음대로 제후들을) 정벌할 수 있게 했다.

주왕이 말했다.

"서백을 참소한 자는 숭후崇侯 호虎이다."

서백이 이에 낙수洛水 서쪽 땅을 헌납하고 주왕에게 포격炮格(포락)의 형벌을 없애줄 것을 청하자 주왕이 허락했다.

紂大說 曰 此一物①足以釋西伯 況其多乎 乃赦西伯 賜之弓矢斧鉞 使西伯得征伐 曰 譖西伯者 崇侯虎也 西伯乃獻洛西之地 以請紂去 炮格之刑 紂許之

① 一物일물

색은 일물一物은 신씨䰩氏의 미녀를 이른 것이다. 은나라 주왕은 음란하고 어둡고 여색을 좋아했다. 따라서 이를 알 수 있다.

【索隱】 一物 謂䰩氏之美女也 以殷紂淫昏好色 故知然

서백은 은밀히 선을 행하니 제후들이 모두 와서 공정한 판결을 청했다. 우虞와 예芮의 사람들이<sup>①</sup> 옥사獄事가 있었는데 스스로 해결하지 못하자 곧 주나라로 갔다. 주나라의 경내에 들어갔는데 밭을 가는 자들이 모두 밭두둑을 양보했고 백성의 풍속이 모두 연장자에게 경양敬讓했다.

西伯陰行善 諸侯皆來決平 於是虞 芮之人<sup>①</sup>有獄不能決 乃如周 入界 耕者皆讓畔 民俗皆讓長

---

① 虞芮之人우예지인

**집해** 〈지리지〉에 "우虞는 하동河東 대양현大陽縣에 있고 예芮는 풍익馮翊 임진현臨晉縣에 있다."고 했다.

【集解】 地理志虞在河東大陽縣 芮在馮翊臨晉縣

**정의** 《괄지지》에는 "옛 우성虞城은 섬주陝州 하북현河北縣의 동북쪽 50리 우산虞山의 위에 있으며 옛 우국虞國이다. 옛 예성芮城은 예성현芮城縣 서쪽 20리에 있으며 옛 예국芮國이다."라고 했다. 《진태강지기晉太康地記》에는 "우虞의 서쪽 140리에 예성芮城이 있다."고 했다. 《괄지지》에는 또 이르기를 "한원閒原은 하북현 65리에 있다."고 했다. 《시경》에 '우예질궐성虞芮質厥成(우나라 예나라가 시비 가리러 오거늘)'이라고 했고 모장毛萇은 "우예虞芮의 군주가 서로 땅을 가지고 다투어 오랫동안 판결이 나지 않으니 이에 서로 일러 이르기를 '서백西伯은 어진 사람이니 어찌 가서 질정하지 않겠는가?'라고 했다. 이에 서로 주나라로 가서 조회를 하기로 했다. 그 국경에 들어가자 밭을 가는 사람들이 서로 밭두둑을 사양하고 길을 가는 사람들이 길을 서로 양보했다. 그 읍邑에 들어갔는데 남녀가 서로 다른 길로 걷고 반백斑白(50세)들은 손에 물건을 들고 다니지 않았다. 그 조정에 들어가자 사士는 대부大夫에게 사양하고 대부는 경卿에게 사양했다. 두 나라 군주가 서로 일러 말하기를 '우리들은 소인으로서 군자의 조정을 밟지 못하겠습니다.'라고 했다. 이에 서로 사양해서 다투던 땅은 한원閒原(빈 들판)이 되었다고 했는데 지금도 존재한다."라고 했다.

주석에서 인용한 〈지리지〉에 예芮는 임진臨晉에 있다고 한 것은 아마 소략한 것이다. 그러나 한원閒原은 하동河東에 있고 다시 우虞와 예芮에 서로 접해 있는데, 임진臨晉은 하서河西의 동주同州에 있으니, 임진의 예향芮鄕이라 한 것이 잘못임이 명백하다.

【正義】 括地志云 故虞城在陝州河北縣東北五十里虞山之上 古虞國也 故芮城在芮城縣西二十里 古芮國也 晉太康地記云虞西百四十里有芮城 括地志又云 閒原在河北縣西六十五里 詩云 虞芮質厥成 毛萇云 虞芮之君相與爭田 久而不平 乃相謂曰 西伯仁人 盍往質焉 乃相與朝周 入其境 則耕者讓畔 行者讓路 入其邑 男女異路 班白不提挈 入其朝 士讓爲大夫 大夫讓爲卿 二國君相謂曰 我等小人 不可履君子之庭 乃相讓所爭地以爲閒原 至今尚在 注引地理志芮在臨晉者 恐疏 然閒原在河東 復與虞 芮相接 臨晉在河西 同州 非臨晉芮鄕明矣

우虞와 예芮나라 사람들이 서백을 만나기도 전에 다같이 부끄러워하면서 서로 말했다.

"우리처럼 다투는 것은 주나라 사람이 부끄러워하는 바이니 어찌 가서 뵙겠는가? 다만 치욕만 당할 뿐이로다."

마침내 돌아가서 함께 양보하고 헤어졌다. 제후들이 이를 듣고 말했다.

"서백은 아마도 하늘의 명을 받은 군주일 것이다."

다음해에 견융犬戎을[1] 정벌하고 그 다음해에 밀수密須를[2] 정벌했으며 또 그 다음해에 기국耆國을[3] 무너뜨렸다.

虞 芮之人 未見西伯 皆慙 相謂曰 吾所爭 周人所恥 何往爲 祇取辱耳 逐還 俱讓而去 諸侯聞之 曰 西伯蓋受命之君 明年 伐犬戎[1] 明年 伐密須[2] 明年 敗耆國[3]

① 犬戎견융

집해 《산해경》에는 "사람이 있는데 사람의 얼굴에 짐승의 몸을 가진 자를 견융犬戎이라고 한다."고 했다.

【集解】 山海經曰 有人人面獸身 名曰犬戎

정의 또 이르기를 "황제黃帝는 묘룡苗龍을 낳고 묘룡은 융오融吾를 낳고 융오는 병명幷明을 낳고 병명은 백견白犬을 낳았다. 백견은 둘이 있었는데 이것이 견융犬戎이 되었다."라고 했다.《설문》에는 "적적赤狄은 본래 견종犬種이다."라고 했으므로 견犬이란 글자를 따른 것이다. 또《후한서》에는 "견융犬戎은 반호槃瓠의 후예이다."라고 했다. 지금의 장사長沙 무림武林군 태반太半이 이들이다. 또《모시소毛詩疏》에는 "견융犬戎은 곤이昆夷이다."라고 한 것이 이것이다.

【正義】 又云 黃帝生苗龍 苗龍生融吾 融吾生幷明 幷明生白犬 白犬有二 是爲犬戎 說文云 赤狄本犬種 故字從犬 又後漢書云 犬戎 槃瓠之後也 今長沙武林之郡太半是也 又毛詩疏云 犬戎昆夷 是也

신주 《정의》에 견융이 황제의 후손이라 함은 동이족임을 말한 것이다.《모시소毛詩疏》에서 견융을 곤이昆夷라 했는데 이는 즉 견이畎夷(견이犬夷)인데, 견이는 동이족의 아홉 갈래 구이九夷 중 가장 서쪽에 있던 겨레다.

② 密須밀수

집해 응소는 "밀수씨密須氏는 길성姞姓의 나라이다."라고 했다. 신찬은 "안정安定의 음밀현陰密縣이 이곳이다."라고 했다.

【集解】 應劭曰 密須氏 姞姓之國 瓚曰 安定陰密縣是

정의 《괄지지》에는 "음밀陰密의 고성故城은 경주涇州 순고현鶉觚縣 서쪽에 있고, 그 동쪽으로 현성縣城에 접해 있는데 곧 옛날 밀국密國이다."라고 했다. 두예杜預는 길성姞姓의 국가는 안정 음밀현陰密縣에 있다고 했다.

【正義】 括地志云 陰密故城在涇州鶉觚縣西 其東接縣城 卽古密國 杜預云 姞姓國 在安定陰密縣也


③ 耆國기국

집해 서광은 "한 곳에는 '기阢'로 되어 있다."라고 했다.

【集解】 徐廣曰 一作阢


정의 곧 여국黎國이다. 추탄생은 "다른 책에는 혹 '여黎' 자로 되어 있다."고 했다. 공안국은 "여黎는 상당上黨 동남쪽에 있다."고 했다.《괄지지》에는 "옛 여성黎城은 여후국黎侯國이다. 노주潞州 여성현黎城縣 동북쪽 18리에 있다."고 했다.《상서》에 "서백西伯이 이미 여黎를 쳐서 이겼다."라고 한 것이 이것이다.

【正義】 卽黎國也 鄒誕生云本或作黎 孔安國云黎在上黨東北 括地志云 故黎城 黎侯國也 在潞州黎城縣東北十八里 尚書云 西伯旣戡黎 是也

은나라의 조이祖伊가 이를 듣고 두려워하며 주紂임금에게 고했다. 주왕이 말했다.

"내게 천명이 있지 않은가? 그가 무엇을 하겠는가?"

(서백은) 다음해에 우邘를[1] 정벌하고 그 다음해에 숭후 호를[2] 정벌한 다음 풍읍豐邑을 일으켜서 기산 아래로부터 도읍을 풍豐으로[3] 옮겼다. 그 다음해에 서백이 붕어하자[4] 태자 발發이 즉위했는데 이 이가 무왕武王이다.

殷之祖伊聞之 懼 以告帝紂 紂曰 不有天命乎 是何能爲 明年 伐邘[1] 明年 伐崇侯虎[2] 而作豐邑[3] 自岐下而徙都豐 明年 西伯崩[4] 太子發 立 是爲武王

① 邘우

集解 서광은 "우성은 야왕현野王縣 서북쪽에 있다. '우于'라고 발음한다."라고 했다.

【集解】 徐廣曰 邘城在野王縣西北 音于

正義 《괄지지》에는 "옛 우성은 회주懷州 하내현河內縣 서북쪽 27리에 있으며 옛 우국성邘國城이다."라고 했다. 《좌전》에는 "우邘, 진晉, 응應, 한韓은 무왕武王의 목穆(아들)이다."라고 했다.

【正義】 括地志云 故邘城在懷州河內縣西北二十七里 古邘國城也 左傳云 邘 晉 應 韓 武王之穆也

② 崇侯虎숭후호

황보밀은 "하夏의 곤鯀을 봉한 곳이다. 우虞, 하夏, 상商, 주周에는 모두 숭국崇國이 있었다. 숭국崇國은 대개 풍豐과 호鎬의 사이에 있다."라고 했다. 《시경》에 이르기를 "숭나라를 정벌하고, 풍 땅을 도읍으로 삼으셨네."이라고 했는데 이 나라의 땅을 말한 것이다.

【正義】 皇甫謐云夏鯀封 虞 夏 商 周皆有崇國 崇國蓋在豐鎬之閒 詩云 既伐于崇 作邑于豐 是國之地也

③ 豐邑풍읍

서광은 "풍豐은 경조京兆 호현鄠縣 동쪽에 있는데 영대靈臺가 있다. 호鎬는 상림上林 곤명昆明 북쪽에 있는데 호지鎬池가 있으며 풍과의 거리는 25리이다. 모두 장안 남쪽 수십여 리에 있다."고 했다.

【集解】 徐廣曰 豐在京兆鄠縣東 有靈臺 鎬在上林昆明北 有鎬池 去豐二十五里 皆在長安南數十里

《괄지지》에는 "주나라 풍궁豐宮은 문왕文王의 궁宮이다. 옹주雍州 호현鄠縣 동쪽 35리에 있다. 호鎬는 옹주雍州 서남쪽 32리에 있다."라고 했다.

【正義】 括地志云 周豐宮 周文王宮也 在雍州鄠縣東三十五里 鎬在雍州西南三十二里

④ 西伯崩서백붕

집해 서광은 "문왕은 아흔 일곱 살에 붕어했다."고 했다.
【集解】 徐廣曰 文王九十七乃崩


정의 《괄지지》에는 "주문왕周文王의 묘는 옹주雍州 만년현萬年縣 서
남쪽 28리 언덕 위[原上]에 있다."라고 했다.
【正義】 括地志云 周文王墓在雍州萬年縣西南二十八里原上也


서백은 대략 즉위한 지 50년이다. 그가 유리에 갇혀 있을 때 대
개 '역易'의 팔괘八卦를 더해 육십사괘六十四卦를 만들었다.① 시
인詩人들은 말한다.
"서백이 대개 하늘의 명을 받은 해에 왕이라 칭하고 우虞와 예芮
의 송사를② 해결했다."
그 10년 후에 왕이 붕어하자③ 시호를 문왕文王이라고 했다.④ 법
도를 개정하고 정삭正朔(책력冊曆을 만드는 것)을 제정했다. 고공단
보를 추존해 태왕太王으로 삼고 공계公季를 왕계王季로 삼았다.⑤
대개 왕王의 서기瑞氣는 태왕으로부터 일어났기 때문이다.⑥
西伯蓋卽位五十年 其囚羑里 蓋益易之八卦爲六十四卦① 詩人道西
伯 蓋受命之年稱王而斷虞芮之訟② 後十年而崩③ 諡爲文王④ 改法度
制正朔矣 追尊古公爲太王 公季爲王季⑤ 蓋王瑞自太王興⑥

① 蓋益八卦爲六十四卦개익팔괘위육십사괘

**정의** 건착도는 이르기를 "황책黃策을 드리운 이는 복희씨羲이고, 괘를 더하고 덕을 부연한 이는 문왕文王이고, 명命을 성취시킨 이는 공자孔子이다."라고 했다. 《역정의易正義》에 이르기를 "복희씨는 괘卦를 제정하고 문왕은 괘사卦辭를 만들고 주공周公은 효사爻辭를 만들고 공자孔子가 십익十翼을 만들었다."고 했다. 상고해보니 태사공(사마천)이 "개蓋(아마도)"라고 말한 것은 의문이 드는 말이다. 문왕에게 《역》의 공로를 부연해 나타내고 〈주본기〉를 지어 그의 아름다움을 찬미하면서도 감히 멋대로 결정하지 않았고, '역易'을 중요하게 여겼기 때문에 '개蓋'라고 일컬었을 것이다.

【正義】 乾鑿度云 垂黃策者羲 益卦演德者文 成命者孔也 易正義云伏羲制卦 文王卦辭 周公爻辭 孔十翼也 按 太史公言蓋者 乃疑辭也 文王著演易之功 作周紀方贊其美 不敢專定 重易故稱蓋也

② 虞芮之訟우예지송

**정의** 우虞와 예芮의 두 나라가 서로 사양한 뒤 제후 가운데 서백에게 귀의한 자들이 40여 개 국이었으며 모두가 서백을 높여서 왕王으로 삼았다. 대개 이 해가 천명을 받은 해라서 왕으로 칭한 것이다. 《제왕세기》에는 "문왕이 즉위한 42년 해는 순화鶉化에 있고 문왕이 다시 천명을 받은 원년에 비로소 왕으로 칭했다."라고 했다. 또 《모시소毛詩疏》에는 "문왕이 97세에 임종했는데 임종할 때까지의 천명을 받은 것은 9년인

즉 천명을 받은 원년은 89세이다."라고 했다.

【正義】 二國相讓後 諸侯歸西伯者四十餘國 咸尊西伯爲王 蓋此年受命之年稱王也 帝王世紀云 文王卽位四十二年 歲在鶉火 文王更爲受命之元年 始稱王矣 又毛詩[疏]云 文王九十七而終 終時受命九年 則受命之元年年八十九也

③ 後十年而崩후십년이붕

정의 십十은 마땅히 구九가 되어야 한다. 그 설명은 뒤에 있다.

【正義】 十當爲九 其說在後

④ 諡爲文王시위문왕

정의 《시법》에 '경위천지문經緯天地文(하늘과 땅을 날줄과 씨줄로 삼는 것이 문이다)'이라 했다.

【正義】 諡法 經緯天地曰文

⑤ 公季爲王季공계위왕계

정의 《역위易緯》에는 "문왕이 천명을 받아 정삭正朔을 고치고 왕호王號를 천하에 선포했다.'라고 했다. 정현은 이를 믿고 그대로 사용해서, 문왕이 왕이라고 일컫고 이미 정삭을 개정하여 왕호王號를 선포했다고 말했다. 상고해보니 하늘에는 두 태양이 없고 땅에는 두 임금이 없는데 어찌 은나라 주왕이 존재하는데 주周가 왕이라고 칭했겠는가? 만약 문왕이 스스로 왕이라고 칭하고 정삭을 개정했다면 이것은 공업을 성취한 것인데, 무왕이 어찌 다시 이를 얻기 위해 큰 공훈이 모여지지 않았다고 이르고 부업父業을 마치고자 했겠는가? 《예기대전禮記大傳》에는 '목야牧野에서 무왕이 대사大事를 성취하고 물러나서 태왕 단보太王亶父와 왕 계력季歷과 문왕 창昌을 왕으로 추존했다.'고 했다. 이것에 의거해 보면 문왕은 이에 왕으로 추존해 왕이 된 것이니 어찌 문왕이 스스로 왕이라고 칭하고 정삭을 개정했겠는가?"라고 했다.

【正義】 易緯云 文王受命 改正朔 布王號於天下 鄭玄信而用之 言文王稱王 已改正朔布王號矣 按 天無二日 土無二王 豈殷紂尚存而周稱王哉 若文王自稱王改正朔 則是功業成矣 武王何復得云大勳未集 欲卒父業也 禮記大傳云 牧之野武王成大事而退 追王太王亶父 王季歷 文王昌 據此文乃是追王爲王 何得文王自稱王改正朔也

⑥ 太王興태왕흥

정의 고공古公이 빈邠에 있을 때 융적戎狄의 공격을 받아 백성들을 빼앗겼다. 태왕太王이 "백성이 나에게 있든 저들에게 있든 무엇이 다르겠는가? 남의 부모와 자식을 죽이는 그런 군주는 나는 차마 하지 못하겠다."라고 하고 마침내 멀리 빈邠 땅을 멀리 떠나 기산 아래에 머무르니 빈 땅의 온 나라 사람들이 모두 고공古公에게 귀의했다. 타국에서도 고공古公이 어질다仁는 소문을 듣고 또한 많이 고공에게 귀의했다. 이에 융적戎狄의 풍속을 물리치고 실옥室屋과 읍락邑落을 만들어 분별해서

살게 했다. 계력季歷이 또 창昌을 낳았는데 성스런 서기瑞氣가 있었는
데, 대개 이는 왕王의 서기瑞氣가 태왕太王 때부터 일어난 것이다. 그러
나 "서백개즉위오십년西伯蓋卽位五十年'부터 이하로 '태왕흥太王興'에 이
르기까지 서백이 붕어한 뒤에 그 일을 거듭 기술하여 두어 경전과 같지
않게 되었는데, 전부 버릴 수는 없어서 대략 기록하고 다음에 그 아래
에 인용했으나, 일이 틀림없이 의심할 만하기 때문에 자주 '개蓋(아마)'
라고 말한 것이다.

【正義】 古公在邠 被戎狄攻戰奪民 太王曰 民之在我 與彼何異 殺人父子
而君之 予不忍爲 逐遠去邠 止於岐下 邠人擧國盡歸古公 他國聞古公仁 亦
多歸之 乃貶戎狄之俗 爲室屋邑落 而分別居之 季歷又生昌 有聖瑞 蓋是王
瑞自太王時而興起也 然自西伯蓋卽位五十年以下至太王興 在西伯崩後重
述其事 爲經傳不同 不可全棄 乃略而書之 引次其下 事必可疑 故數言蓋也

# 무왕이 은殷을 정벌하다

무왕이 즉위해① 태공망太公望을 사師로 삼고 주공 단周公旦을
보輔로 삼고 소공召公과 필공畢公의 무리를 왕의 좌와 우로 삼고
사師에게 문왕의 유업遺業을 닦게 했다.

武王卽位① 太公望爲師 周公旦爲輔 召公 畢公之徒左右王 師脩文
王緖業

① 武王卽位무왕즉위

정의 《시법》에 "재앙과 난리를 이겨서 안정시킨 것이 무武이다."라고
했다. 《춘추원명포春秋元命包》에 "무왕武王이 병치騈齒(이를 나란히 하다)
라고 한 것은 굳센 것을 이른 것이다."라고 했다.

【正義】 諡法 克定禍亂曰武 春秋元命包云 武王騈齒 是謂剛强也

> 9년, 무왕은 (문왕의 묘지가 있는) 필畢에서[1] 제사를 올리고 동쪽
> 에서 군사를 열병하고 맹진盟津에[2] 이르렀다. 문왕의 나무 신주
> 를 만들어 수레에 실어 중군中軍에서 모시게 했다. 무왕이 스스
> 로를 태자 발發이라고 칭하고는 문왕을 받들어 정벌한다고 말했
> 다. 감히 자기 멋대로 하지 않겠다는 말이다.
>
> 九年 武王上祭于畢[1] 東觀兵 至于盟津[2] 爲文王木主 載以車 中軍
> 武王自稱太子發 言奉文王以伐 不敢自專

① 畢필

집해　마융은 "필畢은 문왕文王의 묘지가 있는 땅 이름이다."라고 했다.
【集解】　馬融曰 畢 文王墓地名也

색은　상고해보니 위 문장에서 '상제우필上祭于畢'이라고 한 필畢은
하늘의 별 이름이다. 필성畢星은 군사를 주관한다. 그러므로 군사가 출
정할 때 필성畢星에 제사를 지낸다.
【索隱】　按 文云 上祭于畢 則畢 天星之名 畢星主兵 故師出而祭畢星也

정의　上의 발음은 '상[時掌反]'이다. 《상서》〈무성武成〉 편에는 "나의
문덕 높으신 아버지 문왕께서는 큰 천명을 받아[誕膺天命] 온 중화中華
를 어루만지셨는데 오직 9년 동안 대업을 완성하지 못하셨다."라고 했

다. 〈태서太誓〉편 서문에는 "오직 11년에 무왕武王이 은나라를 정벌했다."라고 했다. 〈태서太誓〉편에는 "13년 맹진에서 크게 모였다."라고 했다. 《대대례》에는 "문왕文王이 열다섯 살에 무왕武王을 낳았다."라고 했으니 무왕이 문왕보다 열네 살이 적은 것이다. 《예기》의 〈문왕세자文王世子〉편에 "문왕이 아흔 일곱에 임종했고 무왕武王은 아흔 세 살에 임종했다."고 했다.

상고해보니 문왕이 붕어했을 때 무왕이 이미 여든 셋이다. 여든 네 살에 즉위해서 아흔세 살에 붕어함에 이르렀으니 무왕이 즉위한 것은 만 10년이라고 하는 것이 맞는다. 13년에 주紂를 정벌했다고 말한 것은 문왕文王이 천명을 받은 나이이며 그 아버지의 업을 마친 것을 밝히고자 한 까닭이다.

〈금등金縢〉편은 "상商(은)나라를 이긴 지 2년에 왕이 질병이 있어서 편치 못했다."라고 말했다. 상고해보니 문왕이 천명을 받은 9년에 붕어하고 11년에 무왕이 복을 마치고 군사를 맹진孟津에서 열병했으며 13년에 주紂왕을 이기고 15년에 질병이 있어서 주공周公이 생명을 구해달라고 빌자 왕이 병이 나았고 4년 뒤에 붕어했다.

곧 무왕의 나이는 아흔셋이었다. 태사공太史公은 "9년에 왕이 군사를 살피고 11년에 주왕을 정벌했다고 말했는데, 즉 무왕이 즉위한 연수를 생각하면 《상서》와 어긋남이 심히 멀다."고 했다.

【正義】 上音時掌反 尚書武成篇云 我文考文王 誕膺天命 以撫方夏 惟九年 大統未集 太誓篇序云 惟十有一年 武王伐殷 太誓篇云 惟十有三年春 大會于孟津 大戴禮云 文王十五而生武王 則武王少文王十四歲矣 禮記文王世子云 文王九十七而終 武王九十三而終 按 文王崩時武王已八十三矣

八十四卽位 至九十三崩 武王卽位適滿十年 言十三年伐紂者 續文王受命

年 欲明其卒父業故也 金縢篇云 惟克商二年 王有疾 不豫 按 文王受命九年

而崩 十一年武王服閱 觀兵孟津 十三年克紂 十五年有疾 周公請命 王有瘳

後四年而崩 則武王年九十三矣 而太史公云九年王觀兵 十一年伐紂 則以

爲武王卽位年數 與尚書違 甚疏矣

② 盟津맹진

집해  서광은 "초주는 이르기를《사기史記》에서는 무왕 11년에 동쪽

에서 군사를 열병하고 13년에 주紂를 쳐서 승리했다."고 했다.

【集解】 徐廣曰 譙周云 史記武王十一年東觀兵 十三年克紂

이에 사마司馬와 사도司徒와 사공司空과 제절諸節에게① 고해 말했다.

"몸을 단정히 하고 언행을 조심하고 진실하시오. 나는 무지하지만 선조께서는 덕이 있는 신하를 두셨기에 소자小子는 선조의 공업을 물려받았으니② 상과 벌을 다 세워서 그 공업을 이룩하겠소."

마침내 군사를 일으켰다. 사師인 상보尙父(태공망)가 호령해 말했다.③

"그대들의 군사를 모두 모으고 그대들은 배를 타고 노를 저어 따르시오. 뒤에 이르는 자는 목을 벨 것이오."

무왕이 하수를 건너가다가 가운데 이르러서 흰 물고기가 왕의 배 안으로 뛰어들자④ 무왕이 몸을 굽혀 (물고기를) 취해서 제사를 드렸다. 이윽고 강을 건너자 불덩어리가 있어 하늘에서 다시 아래로 내려와 왕의 처소 지붕에 이르러 돌아다니다 까마귀가 되었는데, 그 색깔은 붉고 그 소리는 기운찼다고 한다.⑤

乃告司馬 司徒 司空 諸節① 齊栗 信哉 予無知 以先祖有德臣 小子受先功② 畢立賞罰 以定其功 遂興師 師尙父號曰③ 總爾衆庶 與爾舟楫 後至者斬 武王渡河 中流 白魚躍入王舟中④ 武王俯取以祭 旣渡 有火自上復于下 至于王屋 流爲烏 其色赤 其聲魄云⑤

① 諸節제절

집해 마융은 "모두 부절符節을 받은 해당 관리들이다."라고 했다.
【集解】 馬融曰 諸受符節有司也


② 小子受先功소자수선공

집해 서광은 "한 곳에는 '나 소자가 선공의 공업을 받았다.'라고 되어 있다.
【集解】 徐廣曰 一云 予小子受先公功


③ 師尚父號曰사상보호왈

집해 정현은 "군법軍法이 엄하다는 것을 호령한 것이다."라고 했다.
【集解】 鄭玄曰 號令之軍法重者


④ 白魚躍入王舟中백어약입왕주중

정의 마융馬融은 "물고기는 비늘이 있는 동물이므로 군사를 상징한다. 백白이란 은나라에서 숭상하는 정색이다. 은나라의 많은 군사를 주나라에게 주겠다는 징후를 말한 것이다."라고 했다.
【集解】 馬融曰 魚者 介鱗之物 兵象也 白者 殷家之正色 言殷之兵衆與周之象也

이 문장의 아래에서부터 화복왕옥위오火復王屋爲烏까지의 문

장은 모두《상서주서》및《금문상서》〈태서泰誓〉에 보인다.

【索隱】 此已下至火復王屋爲烏 皆見周書及今文泰誓


⑤ 至于王屋流爲烏其色赤其聲魄云지우왕옥류위오기색적기성백운


집해 마융은 "왕옥王屋은 왕이 거처하는 집이다. 류流는 돌아다니

는 것이다. 백연魄然은 안정이란 뜻이다."라고 했다. 정현은 《서설書說》

에 이르기를 오烏(까마귀)는 효도의 이름이 있다. 무왕武王이 아버지의

대업을 마치려하니 까마귀의 상서로움이 이른 것이다. 적赤은 주나라

정색正色이다."라고 했다.

【集解】 馬融曰 王屋 王所居屋 流 行也 魄然 安定意也 鄭玄曰 書說云烏有

孝名 武王卒父大業 故烏瑞臻 赤者 周之正色也


색은 상고해보니《금문상서》〈태서〉에는 '유위조流爲鵰'라고 했다.

조鵰(독수리)는 사나운 새다. 마융은 "무왕이 능히 주紂를 정벌할 것을

밝힌 것이다."라고 했다. 정현은 "오烏(까마귀)는 효도의 새이고 무왕武王

이 능히 아버지의 사업을 끝마칠 것을 말한 것이다."라고 했다. 또한 각

각 문장을 따라 해석한 것이다.

【索隱】 按 今文泰誓流爲鵰 鵰 鷙鳥也 馬融云 明武王能伐紂 鄭玄云 烏是

孝鳥 言武王能終父業 亦各隨文而解也

이때에 제후들은 기약하지 않았는데도 맹진으로 모인 자들이 800여 제후나 되었다. 제후들이 모두 말했다.

"주를 정벌하는 것이 옳습니다."

무왕이 말했다.

"그대들은 아직 천명을 알지 못하오. 옳지 않소."

이에 군사를 돌려 되돌아갔다.

2년이 지나자 주의 혼란스럽고 포악한 일들이 더욱 심해져서 왕자 비간比干을 죽이고 기자箕子를 가두었다는 소문이 들렸다. 이리하여 은나라 태사太師 자비疵와 소사少師 강彊이 그들의 악기를 가지고 주나라로 달아났다. 이에 무왕이 두루 제후들에게 고해 말했다.

"은나라의 죄가 무거워 정벌①하지 않을 수 없소."

이에 문왕의 유업을 따라 마침내 전차 300승, 용감한 병사[虎賁] 3,000명과② 갑옷을 입은 병사[甲士] 4만 5,000명을 거느리고 동쪽으로 가서 주왕을 정벌했다.

是時 諸侯不期而會盟津者八百諸侯 諸侯皆曰 紂可伐矣 武王曰 女未知天命 未可也 乃還師歸

居二年 聞紂昏亂暴虐滋甚 殺王子比干 囚箕子 太師疵 少師彊抱其樂器而犇周 於是武王徧告諸侯曰 殷有重罪 不可以不畢伐① 乃遵文王 遂率戎車三百乘 虎賁三千人② 甲士四萬五千人 以東伐紂

① 伐벌

집해  서광은 "한 책에는 '멸滅' 자로 되어 있다."라고 했다.

【集解】 徐廣曰 一作滅

② 虎賁三千人호분삼천인

집해  공안국은 "호분虎賁은 용사勇士를 일컫는다. 호랑이나 큰 짐승과 같다는 것은 그 사나운 것을 말한 것이다."라고 했다.

【集解】 孔安國曰 虎賁 勇士稱也 若虎賁獸 言其猛也

신주  고려 충선왕 때 용호군龍虎軍을 호분군虎賁軍으로 고치고, 조선의 오위五衛 가운데 우위右衛를 호분위虎賁衛라고 한 것이 모두 무왕의 이 사례에서 따온 것이다.

11년 12월 무오戊午일에 군사들이 모두 맹진을 건너고는① 제후
들이 다 모여 말했다.

"부지런하고 부지런하자. 게으름을 피우지 말자."

무왕이 이에 〈태서太誓〉를 지어서 군사들에게 고했다.

"지금 은殷나라 왕 주紂는 그 부인의 말만 듣고 스스로 천명을
끊어서 세 가지 바른 것들을② 무너뜨리고 그의 왕부모제王父母弟
들을③ 갈라 막으며 그 선조들의 음악을 단절시키고 음란한 소리
를 만들며 올바른 소리를 어지럽게 사용해 부인만 기쁘게④ 하고
있소. 그래서 지금 나 발發은 하늘의 벌을 함께 행하려고 하오.
그대들이여 함께 힘을 씁시다.⑤ 두 번, 세 번 하지 않을 것이오."

十一年十二月戊午 師畢渡盟津① 諸侯咸會 曰 孳孳無怠 武王乃作
太誓 告于衆庶 今殷王紂乃用其婦人之言 自絕于天 毀壞其三正②
離逷其王父母弟③ 乃斷棄其先祖之樂 乃爲淫聲 用變亂正聲 怡④說
婦人 故今予發維共行天罰 勉哉夫子⑤ 不可再 不可三

① 師畢渡盟津사필도맹진

정의   필畢은 '다하다.'이다. 모두가 하수의 남쪽에서부터 하수의 북
쪽으로 건넌 것이다.

【正義】 畢 盡也 盡從河南渡河北

② 三正삼정

**집해** 마융은 "천天, 지地, 인人을 거슬리게 행동하는 것이다."라고 했다.

**【集解】** 馬融曰 動逆天地人也


**정의** 상고해보니 삼정三正은 삼통三統이다. 주周나라는 건자建子(11월)로 천통天統이 되고 은殷나라는 건축建丑(12월)으로 지통地統이 되며 하夏나라는 건인建寅(1월)으로 인통人統이 된다.

**【正義】** 按 三正 三統也 周以建子爲天統 殷以建丑爲地統 夏以建寅爲人統也


③ 王父母弟왕부모제


**집해** 정현은 "왕부모제王父母弟는 조부모祖父母의 족속이다. 반드시 '모제母弟'라고 말한 것은 친한 것을 들어서 말한 것이다."라고 했다.

**【集解】** 鄭玄曰 王父母弟 祖父母之族 必言母弟 擧親者言之也


④ 怡이


**집해** 서광은 "이怡는 어떤 곳에 '사辭'로 되어 있다."라고 했다.

**【集解】** 徐廣曰 怡 一作辭


⑤ 勉哉夫子면재부자

정현은 "부자夫子는 장부丈夫를 일컫는다."라고 했다.

【集解】 鄭玄曰 夫子 丈夫之稱

---

2월① 갑자甲子일 동이 틀 무렵② 무왕이 상나라 교외인 목야牧野에 이르러 조회를 하고 이에 맹세했다.③ 무왕은 왼손으로 황금도끼를 짚고 오른손에 백모白旄를 잡고 지휘하면서④ 말했다.

"멀리서 왔도다. 서쪽 땅의 사람들이여"⑤

또 무왕이 말했다.

"아아! 나의 제후들과 정사를 다스리는⑥ 사도司徒, 사마司馬, 사공司空, 아려亞旅, 사씨師氏,⑦ 천부장千夫長, 백부장百夫長,⑧ 그리고 용庸, 촉蜀, 강羌, 무髳, 미微, 노纑, 팽彭, 복濮나라 사람들이여!⑨ 그대들은 창을 잡고⑩ 방패를 나란히 세우고 긴 창을 들어라. 내 이제 맹세하노라."

二月①甲子昧爽② 武王朝至于商郊牧野 乃誓③ 武王左杖黃鉞 右秉白旄 以麾④ 曰 遠矣西土之人⑤ 武王曰 嗟 我有國家君⑥ 司徒 司馬 司空 亞旅 師氏⑦ 千夫長 百夫長⑧ 及庸 蜀 羌 髳 微 纑 彭 濮人⑨ 稱爾戈⑩ 比爾干 立爾矛 予其誓

---

① 二月이월

서광은 "한 책에는 '정월正月'로 되어 있다. 이것은 건축월建丑

月로 은나라 정월이고 주나라 2월이다."라고 했다.

【集解】 徐廣曰 一作正 此建丑之月 殷之正月 周之二月也


② 昧爽매상

집해 공안국은 "매昧는 '어둡다.' 상爽은 '밝다'의 뜻으로 이른 아침
이다."라고 했다.

【集解】 孔安國曰 昧 冥也 爽 明 蚤旦也


③ 商郊牧野乃誓상교목야내서

집해 공안국은 "계해癸亥일 밤에 진陳을 치고 갑자甲子일 아침에 맹
세했다."라고 했다.

【集解】 孔安國曰 癸亥夜陳 甲子朝誓之


정의 《괄지지》에는 "위주성衛州城은 옛 노인들이 이르기를 주무왕이
주紂를 정벌할 때 상商의 교외인 목야牧野에 이르러 이 성을 쌓았다."고
했다. 여원酈元의 《주수경注水經(수경주)》에는 "조가朝歌 남쪽부터 청수清
水까지는 토지가 평평하고 넓으며[平衍] 늪지에 의지하고 연못에 걸쳐 있
는 곳이[據皋跨澤] 다 목야이다."라고 했다. 《괄지지》에 또 이르기를 "주紂
의 도읍인 조가朝歌는 위주衛州 동북쪽 73리에 있는 조가朝歌의 옛 성이
바로 이것이다. 본래는 매읍妹邑이며 은왕 무정武丁이 처음으로 도읍했
다."고 했다. 《제왕세기》에는 "제을이 다시 하수의 북쪽을 건너 조가로

이사하고 그의 아들 주紂가 이어서 도읍을 했다."고 했다.

【正義】 括地志云 衛州城 故老云周武王伐紂至於商郊牧野 乃築此城 酈元
注水經云自朝歌南至清水 土地平衍 據皋跨澤 悉牧野也 括地志又云 紂都
朝歌在衛州東北七十三里朝歌故城是也 本妹邑 殷王武丁始都之 帝王世紀
云帝乙復濟河北 徙朝歌 其子紂仍都焉

④ 左杖黃鉞右秉白旄以麾좌장황월우병백모이휘

집해 공안국은 "월鉞은 황금으로 꾸민 도끼이다. 왼손으로 황금도
끼鉞를 짚는 것은 죽이는 일이 없음을 보인 것이다. 오른손에 모旄를 잡
은 것은 교령敎令(왕의 명령이나 조례)에 변고가 있음을 보인 것이다."라고
했다.

【集解】 孔安國曰 鉞 以黃金飾斧 左手杖鉞 示無事於誅 右手把旄 示有事
於敎令

⑤ 遠矣西土之人원의서토지인

집해 공안국은 "수고하는 것을 위로한 것이다."라고 했다.

【集解】 孔安國曰 勞苦之

신주 은나라를 중심으로 볼 때 주나라는 서이西夷임을 뜻한다.

⑥ 冢君총군

마융은 "총冢은 '대大'이다."라고 했다.

【集解】 馬融曰 冢 大也


⑦ 亞旅師氏아려사씨


집해 공안국은 "아亞는 '차次'이다. 여旅는 '중대부衆大夫'이다. 그의 지위 다음은 경卿이다. 사씨師氏는 대부의 벼슬이며 군사로 문을 지킨다."라고 했다.

【集解】 孔安國曰 亞 次 旅 衆大夫也 其位次卿 師氏 大夫官 以兵守門


⑧ 千夫長百夫長천부장백부장


집해 공안국은 "사솔師率과 졸솔卒率이다."라고 했다.

【集解】 孔安國曰 師率 卒率


⑨ 庸蜀羌髳微纑彭濮용촉강무미로팽복


집해 공안국은 "용庸, 촉蜀, 강羌, 무髳, 미微, 노纑, 팽彭, 복濮 등의 여덟 나라는 모두 만이융적蠻夷戎狄의 나라들이다. 강羌은 서쪽에 있다. 촉蜀과 수叟와 무髳와 미微는 파촉巴蜀에 있다. 노纑와 팽彭은 서북쪽에 있다. 용庸과 복濮은 강수江水와 한수漢水의 남쪽에 있다."라고 했다. 마융은 "무왕이 이들을 인솔해서 장차 주紂를 정벌하러 왔다."라고 했다.

【集解】 孔安國曰 八國皆蠻夷戎狄 羌在西 蜀 叟 髳 微在巴蜀 纑 彭在西北 庸 濮在江漢之南 馬融曰 武王所率 將來伐紂也

髳는 '모矛'로 발음한다. 《괄지지》에는 "방주房州 죽산현竹山縣과 금주金州는 옛날 용국庸國이다. 익주益州와 파巴와 이利 등의 주州는 모두 옛 촉국蜀國이다. 농우隴右의 민岷과 조洮와 총叢 등의 주州의 서쪽이 강羌이다. 요부姚府 이남은 옛날 모국髳國의 땅이다. 융부戎府 남쪽은 옛 미微 노부濾府 팽주彭州 세 나라의 땅이다. 복濮은 초나라의 서남쪽에 있으니 무주髳州, 미微, 복주濮州, 노부濾府, 팽주彭州가 여기에 있다. 무왕武王이 서남이西南夷 여러 주를 거느리고 주紂를 정벌했다."고 했다.

【正義】 髳音矛 括地志云 房州竹山縣及金州 古庸國 益州及巴 利等州 皆古蜀國 隴右岷 洮 叢等州以西 羌也 姚府以南 古髳國之地 戎府之南 古微濾 彭三國之地 濮在楚西南 有髳州 微 濮州 濾府 彭州焉 武王率西南夷諸州 伐紂也

⑩ 稱爾戈칭이과

공안국은 "칭稱은 거擧(들다)의 뜻이다."라고 했다.
【集解】 孔安國曰 稱 擧也

무왕이 다시 말했다.

"옛 사람이 말하기를 '암탉은 새벽에 울지 않는데 암탉이 새벽에 울면 집안이 망한다.'라고 했소.[①] 지금 은나라 왕 주紂는 오직 부인의 말만을 따르고 스스로 그 선조의 제사를 버리고 돌보지 않으며[②] 국가를 혼란스럽게 하고 그의 왕부모제王父母弟들이 남긴 이들을 등용하지 않고 있소. 오직 사방의 곳곳에서 죄를 범하고 도망쳐 온 자들만을 높이고 기르며 믿고 부리고 있소.[③] 이들은 백성들에게 포악하고 상商나라를 범죄로 문란케 했소. 이제 나 발發은 하늘의 벌을 함께 집행할 것이오. 금일의 일은 여섯 걸음이나 일곱 걸음에서 더 나아가지 말고 이에 걸음을 멈추어 가지런히 하시오.[④] 용사들이여 힘써 주시오. 공격하는데 네 번, 다섯 번, 여섯 번, 일곱 번 공격하면 더 나아가지 말고 걸음을 멈추어 가지런히 하시오.[⑤] 힘써 주시오. 용사들이여! 용맹하기가[⑥] 호랑이, 말곰, 승냥이, 교룡처럼[⑦] 상나라의 교외로 진격하시오. 귀순해 달려오는 자를 막거나 죽이지 않으면 그들은 우리 서쪽 땅에서 일을 할 것이오.[⑧] 힘쓰시오. 용사들이여! 그대들이 힘쓰지 않는다면 그대들의 몸에는 죽음만이 있을 뿐이오."[⑨]

맹세를 마치자 제후들이 군사들을 집합시켰는데 병거가 4,000승이었다. 군사들이 목야牧野[⑩]에 진을 쳤다.

王曰 古人有言 牝雞無晨 牝雞之晨 惟家之索① 今殷王紂維婦人言

是用 自棄其先祖肆祀不答② 昏棄其家國 遺其王父母弟不用 乃維四

方之多罪逋逃是崇是長 是信是使③ 俾暴虐于百姓 以姦軌于商國 今

予發維共行天之罰 今日之事 不過六步七步 乃止齊焉④ 夫子勉哉

不過於四伐五伐六伐七伐 乃止齊焉⑤ 勉哉夫子 尚桓桓⑥ 如虎如羆

如豺如離⑦ 于商郊 不禦克犇 以役西土⑧ 勉哉夫子 爾所不勉 其于爾

身有戮⑨ 誓已 諸侯兵會者車四千乘 陳師牧野⑩

① 索색

[집해] 공안국은 "색索은 '진盡(다하다)'의 뜻이다. 부인婦人이 밖의 일
을 아는 것을 암컷이 수컷의 울음을 대신한 것으로 비유하여 그렇게 되
면 집안이 망한다고 한 것이다.

【集解】 孔安國曰 索 盡也 喩婦人知外事 雌代雄鳴 則家盡也

② 肆祀不答사사부답

[집해] 정현은 "사肆는 제명祭名(제사 이름)이다. 답答은 문問이다."라고
했다.

【集解】 鄭玄曰 肆 祭名 答 問也

③ 是崇是長是信是使시숭시장시신시사

집해 공안국은 "주紂가 그의 어진 신하들을 버리자 존장尊長들이 도망치니 죄인들만 믿고 등용한 것을 말한다."라고 했다.
【集解】 孔安國曰 言紂弃其賢臣 而尊長逃亡 罪人信用之也

④ 不過六步七步乃止齊焉불과육보칠보내지제언

집해 공안국은 "금일의 싸우는 일은 육보六步나 칠보七步를 지나지 않아서 서로 중지하고 가지런히 하는 것이다. 군사들이 한마음으로 나아가는 것을 말한 것이다."라고 했다.
【集解】 孔安國曰 今日戰事 不過六步七步 乃止相齊 言當旅進一心也

⑤ 不過於四伐五伐六伐七伐乃止齊焉불과어사벌오벌육벌칠벌내지제언

집해 공안국은 "벌伐은 공격해서 찌르는 것을 이른다. 적게는 4~5번이고 많게는 6~7번을 찌르는 것으로 관례를 삼는다."라고 했다.
【集解】 孔安國曰 伐謂擊刺也 少則四五 多則六七 以爲例也

⑥ 桓桓환환

집해 정현은 "위엄이 있고 씩씩한 모습이다."라고 했다.
【集解】 鄭玄曰 威武貌

⑦ 離리

| 집해 | 서광은 "리離는 '리螭(교룡)'와 뜻이 같다."라고 했다.

【集解】 徐廣曰 此訓與螭同


⑧ 不禦克犇以役西土불어극분이역서토

| 집해 | 정현은 "어禦는 강어彊禦(굳세게 막는 것)로써 굳세고 사나운 것을 이른다. 극克은 '살殺'이다. 주紂의 군사 중 달아나는 자를 죽이지 않으면 마땅히 주나라를 위해서 일을 한다."라고 했다.

【集解】 鄭玄曰 禦 彊禦 謂彊暴也 克 殺也 不得暴殺紂師之犇走者 當以爲周之役也


⑨ 其于爾身有戮기우이신유륙

| 집해 | 정현은 "장차의 일에 대해서 말한 것이다."라고 했다.

【集解】 鄭玄曰 所言且也


⑩ 牧野목야

| 신주 | 목야는 주무왕의 연합군과 은 주왕이 결전한 곳으로 현재 하남성 학벽鶴壁시 기현淇縣 남쪽이고 위하衛河 북쪽이고 신향新鄉시 부근이다. 목야는 《이아》〈석지釋地〉에 "읍邑의 바깥을 교郊라고 하고, 교

郊의 바깥을 목牧이라고 하고, 목의 바깥을 야野라고 하고, 야의 바깥을 임林이라 한다."고 했다. 목야의 전투[牧野之戰]는 대략 서기전 1130년~서기전 1018년 사이의 일로 추정하고 있다.

# 주왕이 무왕과 싸우다

제주帝紂는 무왕武王이 왔다는 소리를 듣고 또한 70만 명의 군
사들을 발동시켜 무왕을 막았다. 무왕은 사상보師尚父[1](강태공)
와 100명의 치사致師[2]로 하여금 공격하게 하고 대졸大卒로써 제
주의 군사를 치받게 했다.[3] 주의 군사들은 비록 많았으나 모두
가 싸울 마음이 없었고 마음속으로는 무왕이 빨리 쳐들어오기
를 바랐다. 주의 군사들은 모두가 무기를 거꾸로 하고 싸워 무
왕에게 길을 열어 주었다. 무왕이 치받자 주의 군사들은 모두
무너지거나 주왕을 배반했다.

帝紂聞武王來 亦發兵七十萬人距武王 武王使師尚父[1]與百夫致師[2]
以大卒馳帝紂師[3] 紂師雖衆 皆無戰之心 心欲武王亟入 紂師皆倒兵
以戰 以開武王 武王馳之 紂兵皆崩畔紂

① 師尚父

**신주** 사상보는 성은 강姜, 씨는 여呂, 이름이 상尙으로서 여상呂尙, 강태공, 태공망 등으로도 불리는데 그 선조가 우禹가 치수할 때 공을 세운 사악四嶽으로 여呂땅에 봉해진 동이족이다. 그러나 여상 때는 이미 몰락해서 백정의 신분으로 독서하면서 위수渭水가의 반계磻溪(지금의 섬서성 보계寶鷄시 경내)에서 낚시하다가 일흔 살이 넘어서 희창姬昌(주무왕의 아버지 서백西伯)을 만나 등용된 후 무왕이 은 주왕을 꺾고 중원을 제패하는 데 큰 공을 세웠다.

② 致師치사

**집해** 《주례》에 "환인環人은 치사致師를 관장한다."라고 했다. 정현은 "치사致師란 그 전쟁에서 반드시 싸우려는 의지를 다하는 것이다. 옛날에는 장차 싸우려 할 때 먼저 용맹이 있는 군사를 시켜서 적군을 침범하게 했다."라고 했다. 《춘추전春秋傳》에는 "초나라의 허백許伯이 악백樂伯의 수레를 몰고 섭숙攝叔이 우右가 되어 진晉나라 군사를 도발했다. 허백이 말하기를 '내가 듣기에 치사자致師者는 깃발을 나부끼면서 적의 진지를 찢고 돌아오는 것이다.'라고 했다. 이에 악백이 말하기를 '내가 듣기에는 치사자는 전차의 왼쪽에서 좋은 화살을 쏘며 수레를 모는 사람이 대신 말고삐를 잡으면 수레를 모는 자는 전차에서 내려 말 장식을 정돈하고 말의 가슴걸이를 고쳐 매고 여유 있는 모습으로 돌아가는 것이다.'라고 말했다. 섭숙이 말하기를 '내가 듣기에는 치사자는 오른쪽으로 적진으로 쳐들어가서 적을 죽여 귀를 베고 포로를 잡아 돌아가는 것이다.'라고 했다. 모두 그들이 각자 들은 바대로 행동하고 돌아왔다."고 했다.

【集解】 周禮 環人 掌致師 鄭玄曰 致師者 致其必戰之志也 古者將戰 先使勇力之士犯敵焉 春秋傳曰 楚許伯御樂伯 攝叔爲右 以致晉師 許伯曰 吾聞致師者 御靡旌 摩壘而還 樂伯曰 吾聞致師者 左射以菆 代御執轡 御下揃馬掉鞅而還 攝叔曰 吾聞致師者 右入壘 折馘 執俘而還 皆行其所聞而復

③ 大卒馳帝紂師 대졸치제주사

집해 서광은 "제帝는 한 곳에는 '상商' 자로 되어 있다."라고 했다.
【集解】 徐廣曰 帝 一作商

정의 대졸大卒은 융거戎車 350승乘, 사졸士卒 2만 6,250인에 용사 3,000명이 있는 것이다.
【正義】 大卒 謂戎車三百五十乘 士卒二萬六千二百五十人 有虎賁三千人

주는 달아나 돌아 들어가서 녹대鹿臺 위로 올라가 그 옥으로 장
식한 옷을 뒤집어쓰고① 스스로 불 속으로 뛰어들어 죽었다. 무
왕이 대백기大白旗를 가지고 제후들을 지휘하자 제후들이 모두
무왕에게 절을 올렸고 무왕은 이에 제후들에게 읍을 하자② 제
후들이 모두 따랐다. 무왕이 상商나라에 이르자③ 상나라 백성
이 모두 교외에서 기다렸다. 이에 무왕은 여러 신하들을 시켜 상
나라 백성에게 고해서 말하게 했다.

"하늘이 복을 내려주셨도다![上天降休]"

상나라 백성이 모두 두 번 절을 하고 머리를 조아리자 무왕 또
한 답례 절을 했다.④

紂走 反入登于鹿臺之上 蒙衣其殊玉① 自燔于火而死 武王持大白旗
以麾諸侯 諸侯畢拜武王 武王乃揖諸侯② 諸侯畢從 武王至商國③ 商
國百姓咸待於郊 於是武王使羣臣告語商百姓曰 上天降休 商人皆
再拜稽首 武王亦答拜④

---

① 蒙衣其殊玉몽의기수옥

[정의] 衣의 발음은 '이[於旣反]'다. 《주서周書》에는 "갑자甲子일 저녁
에 주紂가 천지옥염天智玉琰 5개를 취해서 몸에 두르고 스스로 불살랐
다."라고 했다. 그 주석에는 "천지天智는 옥 중에서도 좋은 것인데 그 자
신의 몸을 감싸 꿰매서 스스로 두텁게 한 것이다. 총 4,000개의 옥을

불태웠다. 여러 옥玉들이 녹았으나 천지옥天智玉은 녹지 않아서 주紂의 몸도 다 타지 않았다."고 했다.

【正義】 衣音於旣反 周書云 甲子夕 紂取天智玉琰五 環身以自焚 注 天智玉之善者 縫環其身自厚也 凡焚四千玉也 庶玉則銷 天智玉不銷 紂身不盡也

② 揖諸侯읍제후

정의  무왕武王이 제후들을 인솔하고 천자를 정벌했는데 천자가 이미 죽자 제후들이 모두 하례했다. 그러므로 무왕이 제후들에게 읍을 한 것이다. 먼저 그들의 마음을 어루만졌음을 말한다.

【正義】 武王率諸侯伐天子 天子已死 諸侯畢賀 故武王揖諸侯 言先拊循其心也

③ 商國상국

정의  조가朝歌에 다다른 것을 이른 것이다.

【正義】 謂至朝歌

④ 武王亦答拜무왕역답배

색은  무왕武王이 비록 신하로써 군주를 정벌했기에 자못 덕에 부끄러움이 있어서 상나라 사람들의 절에 응답하지 못했는데 태사공(사마천)이 잘못 말했을 뿐이다. 위 문장을 살펴보니 제후들이 모두 절하면서 무왕武王에게 하례하자 무왕이 오히려 또 답례로 읍揖했는데 마침내 상나라 사람에게 하배下拜함을 용납할 리 없다.

【索隱】 武王雖以臣伐君 頗有慙德 不應答商人之拜 太史公失辭耳 尋上文 諸侯畢拜賀武王 武王尚且報揖 無容遂下拜商人

드디어 성안으로 들어가 주가 죽은 곳에 이르렀다. 무왕이 스스로 주의 시신에 화살 셋을 쏜 뒤에 수레에서 내려 예리한 검으로 시신을 찌르고① 황월黃鉞로 주의 목을 베어 대백기大白旗에 달아매었다. 이윽고 주가 총애하는 두 여인에게 이르렀는데 두 여인은 모두 목을 매어 자살했다. 무왕이 또 그들의 시체에 화살 세 발씩을 쏘고 검으로 찌르고 현월玄鉞로② 머리를 베어 그들의 머리를 소백기小白旗에 매어 달았다. 무왕이 이윽고 성을 나와 군진으로 복귀했다.

遂入 至紂死所 武王自射之 三發而后下車 以輕劍擊之① 以黃鉞斬 紂頭 縣大白之旗 已而至紂之嬖妾二女 二女皆經自殺 武王又射三 發 擊以劍 斬以玄鉞② 縣其頭小白之旗 武王已乃出復軍

① 輕劍擊之경검격지

정의 《주서周書》에는 '경려격지輕呂擊之'로 되어 있다. 경려輕呂는 검 劍 이름이다.

【正義】 周書作輕呂擊之 輕呂 劍名也

② 玄鉞현월

집해  사마법司馬法은 '하집현월夏執玄鉞'이라고 말했다. 송균宋均은
"현월玄鉞은 철鐵을 사용하는데 갈지 않은 것이다."라고 했다.
【集解】 司馬法曰 夏執玄鉞 宋均曰 玄鉞用鐵 不磨礪

신주  신하였던 주나라 희발姬發(무왕)이 임금으로 섬겼던 은나라 제
주帝紂의 시신에 활을 쏘고 검으로 찌른 것은 무도한 행위로 은나라 백
성들이 이런 무왕을 환영했다는 것은 후대에 만들어진 역사일 것이다.

그 다음날 도로를 정비케 하고 사직社稷과 상주商紂의 궁을 수리하게 했다. 기약한 날에 이르자 100명의 용사가 한기罕旗를 메고 선두에서 달렸다.[1] 무왕의 아우 숙진탁叔振鐸이 상거常車를 받들어 진열시켰다. 주공 단周公旦은 대월大鉞을 잡고 필공畢公은 소월小鉞을 잡고 무왕을 좌우에서 호위했다. 산의생散宜生과 태전太顚과 굉요閎夭는 모두 검을 가지고 무왕을 호위했다. 무왕이 성안으로 들어와 사직의 남쪽에 열병하고 있는 대졸大卒들의 왼쪽에 서자 좌우에서 모두 뒤를 따랐다. 모숙毛叔 정鄭은 명수明水를 받들고[2] 위강숙衛康叔 봉封은 자리를[3] 깔고 소공召公 석奭은 폐백을 진열하고[4] 사상보師尙父는 희생 소를 이끌었다.

其明日 除道 脩社及商紂宮 及期 百夫荷罕旗以先驅[1] 武王弟叔振鐸 奉陳常車 周公旦把大鉞 畢公把小鉞 以夾武王 散宜生 太顚 閎夭皆執劍以衛武王 既入 立于社南大卒之左 [左]右畢從 毛叔鄭奉明水[2] 衛康叔封布茲[3] 召公奭贊采[4] 師尙父牽牲

[1] 罕旗以先驅한기이선구

집해    채옹의《독단獨斷》에는 "전구前驅에는 구류운한九旒雲罕이 있다."고 했다.《동경부東京賦》에는 '운한구류雲罕九旒'라고 했다. 설종은 "유旒는 기명旗名이다."라고 했다.

【集解】 蔡邕獨斷曰 前驅有九旒雲罕 東京賦曰 雲罕九旒 薛綜曰 旒 旗名

② 毛叔鄭奉明水모숙정봉명수

집해 《주례》에는 "사훼司烜씨는 거울로 달에서 명수明水를 취한다."
고 했다. 정현은 "감鑑은 거울의 종류이다. 달의 물을 취하는 것은 음과
양의 깨끗한 기를 얻고자 하는 것이다. 명수明水를 진설하고 현주玄酒
로 여겼다."고 했다.
【集解】 周禮曰 司烜氏以鑑取明水於月 鄭玄曰 鑑 鏡屬也 取月之水 欲得
陰陽之絜氣 陳明水以爲玄酒

색은 명明은 명수明水이다. 구본舊本에는 모두 '수水' 자가 없지만 금
본今本에 '수水' 자가 많이 있는데 이를 말한 것이다. 만약 오직 '봉명奉
明'이라고 일렀다면 그 뜻이 나타나지 않아서 '봉명奉明'이 어떤 물건인
지 알지 못했을 것이다. 烜는 '훼毀'로 발음한다.
【索隱】 明 明水也 舊本皆無 水字 今本有水字者多 亦是也 若惟云奉明 其
義未見 不知奉明何物也 烜音毀

③ 玆자

집해 서광은 "자玆는 깔개籍席(임금의 자리)의 이름이다. 제후가 병이
들면 '부자負玆'라고 한다."라고 했다.
【集解】 徐廣曰 玆者 籍席之名 諸侯病曰 負玆

색은 자玆는 다른 본에는 '입岦'으로 되어 있는데 공명초公明草이다.

'자兹'라고 말한 것은 만들어진 기기[成器]를 거명한 것이고, '입苙'이라
고 말한 것은 깨끗한 풀을 나타낸 것이다.

【索隱】 兹 一作苙 公明草也 言兹 擧成器 言苙 見絜草也


④ 贊釆찬채


정의 찬贊은 '좌佐'이다. 채釆는 '폐幣-폐백'이다.

【正義】 贊 佐也 釆 幣也


윤일尹佚이 축을 읽어 고했다.①

"은나라의 말손末孫인 계주季紂가② 선왕들의 밝은 덕을 모두 무
너뜨리고 하늘과 땅의 신령을 모욕해 제사를 받들지 않고 상[은]
나라 백성에게 난폭하게 하여 그 정상을 천황상제天皇上帝께 드
러내어 알리나이다."

이에 무왕이 두 번 절을 올리고 머리를 조아리며 말했다.

"다시 대명大命을 받고 은나라를 바꾸어 하늘의 밝은 명을 받
들었사옵니다." 무왕이 또 재배를 올리고 머리를 조아리고 이에
나갔다.

尹佚筴祝曰① 殷之末孫季紂② 殄廢先王明德 侮蔑神祇不祀 昏暴商
邑百姓 其章顯聞于天皇上帝 於是武王再拜稽首 曰 膺更大命 革殷
受天明命 武王又再拜稽首 乃出

① 尹佚筴祝윤일책축

**정의**　윤일尹佚이 책서筴書(점서)와 축문祝文으로 사직에서 제사를 지
냈다.

【正義】　尹佚讀筴書祝文以祭社也

② 末孫季紂말손계주

**정의**　《주서》에는 '말손수덕末孫受德'이라고 되어 있다. 수덕受德은 주
紂의 자字이다.

【正義】　周書作末孫受德 受德 紂字也

상나라 주紂의 아들인 녹보祿父에게 은 땅에 남아 있는 백성을 봉했다. 무왕은 은나라가 처음 평정되어 민심이 모아지지 않자 이에 그의 아우인 관숙管叔 선鮮과 채숙蔡叔 도度로 하여금 녹보를 도와 은나라를 다스리게 했다.① 얼마 후 소공召公에게 명해 갇혀 있던 기자箕子를 석방하도록 하고② 필공畢公에게 명해 옥에 갇혀 있는 백성들을 석방하도록 한 다음 상용商容을 이문里門에 표창表彰하도록 했다.

封商紂子祿父殷之餘民 武王爲殷初定未集 乃使其弟管叔鮮 蔡叔度相祿父治殷① 已而命召公釋箕子之囚② 命畢公釋百姓之囚 表商容之閭

① 治殷치은

정의 〈지리지〉에는 "하내河內는 은나라의 옛 도읍지이다. 주나라가 이미 은나라를 멸망시키고 그 기내畿內-수도권를 나누어 3개국을 만들었는데 《시경》의 패邶 용鄘 위衛가 이곳이다. 패邶는 주紂의 아들 무경武庚을 봉하고 용鄘은 관숙管叔이 맡고 위衛는 채숙蔡叔이 다스려 은나라의 백성을 감독하게 하니 그를 삼감三監이라고 일렀다."고 했다. 《제왕세기》에는 "은나라의 도읍에서 동쪽은 위衛이니 관숙이 감독하고 은나라 도읍에서 서쪽은 용鄘이니 채숙이 감독하고 은나라 도읍에서 북쪽은 패邶이니 곽숙霍叔이 감독했다. 이를 삼감三監이라 했다."고 했다. 상고해보니 두 가지의 설명이 각각 달라서 자세하지가 않다.

【正義】 地理志云河內 殷之舊都 周旣滅殷 分其畿內爲三國 詩邶 鄘 衛是
邶以封紂子武庚 鄘 管叔尹之 衛 蔡叔尹之 以監殷民 謂之三監 帝王世紀云
自殷都以東爲衛 管叔監之 殷都以西爲鄘 蔡叔監之 殷都以北爲邶 霍叔監
之 是爲三監 按 二說各異 未詳也

② 釋箕子석기자

집해  서광은 "석釋은 한 곳에는 '원原'으로 되어 있다."고 했다.
【集解】 徐廣曰 釋 一作原

신주  《사기》〈송미자宋微子 세가〉는 기자箕子에 대해, "이에 무왕이
기자를 조선에 봉했다. 그러나 신하는 아니었다[於是武王乃封箕子於朝鮮
而不臣也]"라고 말했다. 이 구절이 기자가 동쪽 조선으로 갔다는 이른바
'기자동래설箕子東來說'의 근거가 되었다. 주나라 무왕이 기자를 조선의
제후로 봉한 것처럼 썼지만 "신하는 아니었다."는 데서 고조선은 주무왕
의 지배력이 미치지 못하는 나라임을 말해준다. 《한서》〈지리지〉 '연지
燕地'는 "은나라의 도가 쇠퇴하자 기자가 조선으로 갔다[殷道衰, 箕子去
之朝鮮]"고 썼는데, 기자 이전에 조선이란 나라가 이미 있었다는 것으로
단군 조선을 뜻한다.

12세기 이후 고려 유학자들은 중화 사대주의 사관으로 기자가 평양
으로 왔다는 '기자동래설'을 만들어냈다. 고려 유학자들은 평양에 기자
묘를 만들고, 기자궁과 기자가 정전제井田制를 실시했다는 기자전箕子田

# 주나라 영역

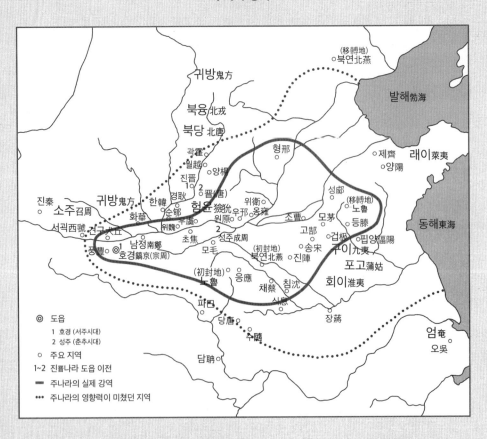

**【참고문헌】**

顧頡剛, 《國史講話: 上古》, 2015, 上海世紀出版股份

司馬遷, 《史記》〈周本紀〉

譚其驤, 《中國歷史地圖集》, 1982, 中國社會科學院

을 만들고 기자가 마셨다는 기자정箕子井이란 우물까지 만들었다. 사대주의 사관이 더욱 심해진 조선 유학자들은 심지어 기자가 사용했다는 지팡이까지 만들어 평양감사가 이임할 때 후임자에게 전해주기도 했다.

그런데 《구당서舊唐書》 〈배구裴矩 열전〉에는 배구가 수隋 양제煬帝에게 "고(구)려 땅은 본래 고죽국孤竹國으로서 주나라 때 기자를 봉한 곳인데 한漢나라 때 3군으로 나누었으며 진晉도 또한 요동遼東에 통속시켰습니다."라고 말하는 구절이 나온다. 고죽국이 기자가 봉함을 받았던 나라라는 뜻인데, 고죽국은 지금의 하북성 노룡현 지역으로 이 지역을 진晉나라가 요동으로 삼았다는 뜻이다. 기자가 간 곳은 평양이 아니라 지금의 하북성 지역이었다. 북한은 1959년 고려 후기 유학자들이 평양에 만든 기자묘를 철거했다.

남궁괄南宮括에게 냉해 녹대鹿臺의 재물을 나누어 수게 하고, 거
교鉅橋의 곡식을 꺼내어 가난하고 허약한 백성을 구제하게 했
다. 남궁괄과 사일史佚에게 명해 구정九鼎과 보옥들을① 진열하
게 했다. 굉요閎夭에게 명해 왕자 비간의 묘지를 높여 봉하도록
했다.② 종축宗祝에게 명해 군軍에서 전사한 자들을 제사 지내게
했다. 이에 군대를 해산시키고 서쪽으로 돌아갔다. 순수巡狩를
행하면서 정사를 기록하게 하고 〈무성武成〉을③ 지었다. 제후들
을 봉하여 종묘의 술잔을 골고루 나누어주고④ 〈분은지기물分殷
之器物〉을⑤ 지었다.

命南宮括散鹿臺之財 發鉅橋之粟 以振貧弱萌隸 命南宮括 史佚展
九鼎保玉① 命閎夭封比干之墓② 命宗祝享祠于軍 乃罷兵西歸 行狩
記政事 作武成③ 封諸侯 班賜宗彝④ 作分殷之器物⑤

① 保玉보옥

집해 서광은 "보保가 다른 본에는 '보寶'로 되어 있다."고 했다.
【集解】 徐廣曰 保 一作寶

② 封比干之墓봉비간지묘

정의 봉封이란 그 토지를 넓혀서 강역의 경계를 그은 것을 이른 것

이다. 《괄지지》에는 "비간묘比干墓는 위주衛州 급현汲縣 북쪽 10리 250
보步에 있다."고 했다.

【正義】 封 謂益其土及畫疆界 括地志云 比干墓在衛州汲縣北十里
二百五十步

③ 武成무성

집해 공안국은 "무공武功이 이루어진 것이다."라고 말했다.

【集解】 孔安國曰 武功成也

④ 宗彝종이

집해 정현은 "종이宗彝는 종묘의 술잔이다. 분기分器를 만들어서 왕
의 명命과 받은 물건들을 드러내는 것이다."라고 했다.

【集解】 鄭玄曰 宗彝 宗廟樽也 作分器 著王之命及受物

⑤ 分殷之器物분은지기물

신주 은나라의 기물을 분배하고 적은 글이다. 지금은 전하지 않는다.

무왕이 선대의 성왕들을 추모해서 이에 신농씨神農氏의 후예를 초焦 땅에① 봉해 기리고, 황제黃帝의 후예를 축祝 땅에② 봉하고, 제요帝堯의 후손을 계薊 땅에③ 봉하고, 제순帝舜의 후예를 진陳 땅에④ 봉하고, 대우大禹의 후예를 기杞 땅에⑤ 봉했다. 이에 공신 인 모사謀士들을 봉했는데 사상보師尙父가 제일 먼저 봉해졌다. 상보尙父를 영구營丘에⑥ 봉하고 제齊라고 했다. 아우인 주공 단 을 곡부曲阜에 봉하고 노魯라고 했다.⑦ 소공 석召公奭을 연燕 땅 에 봉하고⑧ 아우인 숙선叔鮮을 관管 땅에 봉하고,⑨ 아우인 숙도 叔度를 채蔡 땅에 봉했다.⑩ 나머지도 각각 차례대로 봉함을 받 았다.

武王追思先聖王 乃襃封神農之後於焦① 黃帝之後於祝② 帝堯之後 於薊③ 帝舜之後於陳④ 大禹之後於杞⑤ 於是封功臣謀士 而師尙父爲 首封 封尙父於營丘⑥ 曰齊 封弟周公旦於曲阜⑦ 曰魯 封召公奭於燕⑧ 封弟叔鮮於管⑨ 弟叔度於蔡⑩ 餘各以次受封

① 焦초

집해 〈지리지〉에는 "홍농弘農 섬현陝縣에 초성焦城이 있는데 옛 초 국焦國이다."라고 했다.

【集解】 地理志弘農陝縣有焦城 故焦國也

② 祝축

정의 《좌전》에는 "축기祝其인데, 실제는 협곡夾谷이다."라고 했다. 두
예杜預는 "협곡夾谷은 곧 축기祝其이다."라고 했다. 복건服虔은 "동해군
축기현祝其縣이다."라고 했다.

【正義】 左傳云 祝其 實夾谷 杜預云 夾谷卽祝其也 服虔云 東海郡祝其縣也


③ 薊계


집해 〈지리지〉에는 "연나라에 계현薊縣이 있다."고 했다.

【集解】 地理志燕國有薊縣


④ 陳진


정의 《괄지지》에는 "진주陳州 완구현宛丘縣은 진성陳城 안에 있는데
곧 옛 진국陳國이다. 제순帝舜의 후예인 알보遏父가 주무왕周武王의 도
정陶正이 되었는데 무왕이 그의 그릇을 사용한데 힘입어서 그의 아들
규만嬀滿을 진陳에 봉해 완구宛丘의 곁에 도읍했다."고 했다.

【正義】 括地志云 陳州宛丘縣在陳城中 卽古陳國也 帝舜後遏父爲周武王
陶正 武王賴其器用 封其子嬀滿於陳 都宛丘之側


⑤ 杞기

**정의** 《괄지지》에는 "변주汴州 옹구현雍丘縣이 옛 기국杞國이다."라고 했다. 〈지리지〉에는 "옛 기국杞國에서 이 성을 다스렸다. 주무왕이 우禹 임금의 후예를 기杞에 봉하고 동루공東樓公이라고 호칭했는데 21대代에 이르러 초나라에 의해 멸망했다."라고 했다.

**【正義】** 括地志云 汴州雍丘縣 古杞國 地理志云古杞國理此城 周武王封禹後於杞 號東樓公 二十一代爲楚所滅

⑥ 營丘영구

**집해** 《이아》에는 "물이 그 앞에서 나오는데 왼쪽이 영구營丘이다."라고 했다. 곽박은 "지금 제나라의 영구營丘는 치수淄水가 그 남쪽과 동쪽으로 지나간다."고 했다.

**【集解】** 爾雅曰 水出其前而左曰營丘 郭璞曰 今齊之營丘 淄水過其南及東

**정의** 《수경주水經注》에 "지금 임치성臨淄城 안에는 구丘가 있다고 일렀다. 청주靑州 임치현臨淄縣은 옛 영구營丘 땅이고 여망呂望이 봉함을 받은 제나라의 도읍지이다. 영구는 현縣의 북쪽 100보 밖 성안에 있다."《여지지輿地志》에는 "진秦나라에서 세워 현縣을 만들고 성성城이 치수淄水를 바라보고 있기 때문에 임치臨淄라고 한다."고 했다.

**【正義】** 水經注今臨菑城中有丘云 靑州臨淄縣古營丘之地 呂望所封齊之都也 營丘在縣北百步外城中 輿地志云秦立爲縣 城臨淄水故曰臨淄也

⑦ 曲阜曰魯곡부왈로

<u>집해</u>　응소는 "곡부曲阜는 노성魯城 안에 있는데 구불구불한 언덕의 길이가 7~8리가 된다."고 했다.

【集解】　應劭曰 曲阜在魯城中 委曲長七八里

<u>정의</u>　《제왕세기》에는 "염제炎帝는 진陳으로부터 노나라 곡부曲阜로 와서 도읍했다. 황제黃帝는 궁상窮桑에서 제위에 올라 뒤에 곡부로 옮겼다. 소호少昊는 궁상에 도읍하고 제위에 올랐다가 곡부에 도읍했다. 전욱顓頊은 처음 궁상에 도읍하고 상구商丘로 옮겼다."라고 했다. 궁상은 노魯나라의 북쪽에 있는데 어떤 이는 궁상이 곧 곡부라고 말했다. 또한 대정大庭씨의 고국故國인데, 또 이것이 상엄商奄의 땅이다.

　황보밀은 "황제는 수구壽丘에서 태어나 노성魯城 동문의 북쪽에 있다가 헌원軒轅의 언덕 북쪽으로 이사했는데,《산해경》에서 '이 땅은 궁상窮桑의 변두리, 서사西射의 남쪽에 있다'고 한 것이 이것이다."라고 했다.《괄지지》에는 "연주兗州 곡부현 외성은 곧 주공 단周公旦의 아들 백금伯禽이 옛 노성魯城을 쌓은 곳이다."라고 했다.

【正義】　帝王世紀云 炎帝自陳營都於魯曲阜 黃帝自窮桑登帝位 後徙曲阜 少昊邑于窮桑 以登帝位 都曲阜 顓頊始都窮桑 徙商丘 窮桑在魯北 或云窮桑卽曲阜也 又爲大庭氏之故國 又是商奄之地 皇甫謐云 黃帝生於壽丘 在魯城東門之北 居軒轅之丘 (於) 山海經云 此地窮桑之際 西射之南 是也 括地志云 兗州曲阜縣外城卽周公旦子伯禽所築古魯城也

⑧ 召公奭於燕소공석어연

[정의] 제요帝堯의 후손을 계薊에 봉하고 소공召公 석奭을 연燕에 봉했는데, 그 글을 살펴볼수록 점점 (봉한 곳이) 겹쳐 있는 것 같다. 《수경주》에는 "계성薊城 안의 서북쪽 모퉁이에 계구薊丘가 있는데 이를 취해 이름을 삼은 것이다."라고 했다. 《괄지지》에는 "연산燕山은 유주幽州 어양현漁陽縣 동남쪽 60리에 있다." 서재종徐才宗의 《국도성기國都城記》에는 "주무왕이 소공召公 석奭을 연燕에 봉했는데, 그 땅이 연산燕山 들판이므로 이를 취해 나라 이름으로 삼았다."고 했다.

상고해보니 주나라는 5등의 작위로 봉했는데 계薊와 연燕 두 나라를 함께 무왕武王이 세워서 연산燕山과 계구薊丘라고 이름 했으니 그 땅이 스스로 나라를 세우기에 충분했다. 계薊는 미약해지고 연燕은 성대해지면서 이에 계를 겸병해서 계의 이름이 드디어 끊어졌다. 지금 유주幽州 계현薊縣이 옛 연국燕國이다.

【正義】 封帝堯之後於薊 封召公奭於燕 觀其文稍似重也 水經注云薊城內西北隅有薊丘 因取名焉 括地志云 燕山在幽州漁陽縣東南六十里 徐才宗國都城記云周武王封召公奭於燕 地在燕山之野 故國取名焉 按 周封以五等之爵 薊 燕二國俱武王立 因燕山 薊丘爲名 其地足自立國 薊微燕盛 乃并薊居之 薊名逐絕焉 今幽州薊縣 古燕國也


⑨ 叔鮮於管숙선어관


[정의] 《괄지지》에는 '정주鄭州 관성현管城縣의 외성은 옛 관국管國의 성인데, 주무왕이 아우인 숙선叔鮮을 봉한 곳이다."라고 했다.

【正義】 括地志云 鄭州管城縣外城 古管國城也 周武王弟叔鮮所封

⑩ 叔度於菜숙도어채

정의 《괄지지》에는 "예주豫州 북쪽 70리에 위치한 상채현上蔡縣은 옛 채국蔡國으로써 무왕이 아우 숙도叔度를 채에 봉했다는 곳이 이곳이다. 현의 동쪽 10리에 채강蔡岡이 있어서 이에 따라 이름 지었다."라고 했다.

【正義】 括地志云 豫州北七十里上蔡縣 古蔡國 武王封弟叔度於蔡是也 縣東十里有蔡岡 因名也

신주 현재 산동성 곡부 북쪽에는 황제의 탄생지와 소호의 무덤이 함께 있다.

# 무왕이 병으로 죽다

무왕이 구목九牧의 군주들을 불러 빈豳 땅의 언덕에 올라 상읍
商邑을 바라보았다.① 무왕이 주나라에 이르러서도 밤이 늦도록
잠을 이루지 못했다.② 주공 단이 왕의 처소로 나아가 말했다.

"왜 잠을 이루지 못하십니까?"

무왕이 말했다.

"그대에게 말하리라. 오직 하늘이 은나라의 제사를 흠향하지 않
은 것이 내(발發 무왕)가 태어나기 전부터요. 또 지금까지 60년 동
안에 미록麋鹿(이상한 괴물)이 목야牧野에 있고,③ 비홍蜚鴻이 들
판에 가득 차 있소.④ 하늘이 은나라의 제사를 흠향하지 않았기
에 (짐이) 지금의 왕업을 성취한 것이오.⑤ 오직 하늘이 은나라를
세워 줄 때 등용된 이름 있는 백성이 360여 명으로서 (공적을)
드러내지 못했지만 또한 물리쳐 멸망시키지 않고⑥ 지금까지 이
르렀소. 나에게 아직 하늘의 도우심이 정해지지 않았거늘 내가
어느 겨를에 잠을 이룰 수 있겠소?"

武王徵九牧之君 登豳之阜 以望商邑① 武王至于周 自夜不寐② 周公
旦卽王所 曰 曷爲不寐 王曰 告女 維天不饗殷 自發未生 於今六十
年 麋鹿在牧③ 蜚鴻滿野④ 天不享殷 乃今有成⑤ 維天建殷 其登名民
三百六十夫 不顯亦不賓滅⑥ 以至今 我未定天保 何暇寐

① 豳之阜以望商邑빈지부이망상읍

【정의】 《괄지지》에는 "빈주豳州 삼수현三水縣 서쪽 10리에 빈원豳原이
있는데 주나라 선조인 공류公劉가 도읍한 땅이다. 빈성豳城이 이 언덕
위에 있어서 이름으로 삼은 것이다."라고 했다. 상고해보니 대개 무왕이
이 성에 올라서 상읍商邑을 바라본 것이다.
【正義】 括地志云 豳州三水縣西十里有豳原 周先公劉所都之地也 豳城在
此原上 因公爲名 按 蓋武王登此城望商邑

② 武王至于周自夜不寐무왕지우주자야불매

【정의】 주의 수도는 호경鎬京이다. 무왕이 주紂왕을 정벌하고 돌아와
호경에 이르렀지만 하늘의 보안保安이 아직 정해지지 않은 것을 근심해
서 밤에 잠을 자지 못한 것이다.
【正義】 周 鎬京也 武王伐紂 還至鎬京 憂未定天之保安 故自夜不得寐也

③ 麋鹿在牧미록재목

집해 서광은 "이 일은 《주서周書》와 《수소자隨巢子》에 나오는데 '이양재목夷羊在牧(괴물이 교외에 있다)'이라고 일렀다. 목牧은 '교郊'이다. 이양夷羊은 '괴물怪物'이다."라고 했다.

【集解】 徐廣曰 此事出周書及隨巢子 云夷羊在牧 牧 郊也 夷羊 怪物也

④ 蜚鴻滿野비홍만야

색은 상고해보니 고유高誘는 "비홍은 멸몽蠛蠓(진디등에, 눈에놀이)이다."라고 했다. 나는 벌레가 밭을 뒤엎고 들판에 가득한 것을 말한 것이다. 그러므로 재앙이 된 것이지 기러기鴻鴈는 아닌 것이다. 《수소자隨巢子》에는 '비습飛拾'으로 되어 있는데 비습飛拾은 벌레이다.

【索隱】 按 高誘曰 蜚鴻 蠛蠓也 言飛蟲蔽田滿野 故爲災 非是鴻鴈也 隨巢子作飛拾 飛拾 蟲也

정의 蜚는 '비飛'로 발음하는데 옛날에는 '비飛' 자였다. 어금於今은 당금當今이란 말과 같은 것이다. 지금으로부터 60년이라고 한 것은 제을帝乙로부터 무왕 10년에 주紂를 정벌한 해까지이다. 미록재목麋鹿在牧이란 헐뜯고 아첨하는 소인들이 조정의 자리에 있는 것을 비유하고 비홍만야飛鴻滿野는 충성스럽고 어진 군자가 방기放奔된 것을 비유한 것이다. 주紂의 아버지인 제을帝乙이 즉위한 뒤에 은나라가 더욱 쇠약해져서 주紂가 정벌당하기 60년 동안 아첨하는 소인만이 조정의 자리에 있고 충성하고 어진 군자들은 버려져 재야로 옮겨진 것이다. 그래서 《시경》〈소아小雅〉에 "기러기가 날아가네. 훨훨 날개 치며 날아가네. 그분 길 떠나시니, 들판에서 고생하시네."라고 했다. 모장毛萇은 "지자之子는 후侯, 백伯, 경卿, 사士이다."라고 말했다. 정현은 "기러기도 음과 양과 더위와 추위를 피할 줄을 아니, 백성이 무도한 자를 버리고 도道가 있는 자에게로 나아갈 줄 아는 것을 비유한 것이다."라고 했다.

【正義】 裴音飛 古飛字也 於今猶當今 於今六十年 從帝乙十年至伐紂年也 麋鹿在牧 喻讒佞小人在朝位也 飛鴻滿野 喻忠賢君子見放弃也 言紂父帝乙立後 殷國盆衰 至伐紂六十年閒 諂佞小人在於朝位 忠賢君子放遷於野 故詩云 鴻鴈于飛 肅肅其羽 之子于征 劬勞于野 毛萇云 之子 侯伯卿士也 ＞ 鄭玄云 鴻鴈知避陰陽寒暑 喻民知去無道就有道

⑤ 天不享殷乃今有成천불향은내금유성

색은 상천上天(하늘)이 은나라의 제사를 흠향하지 않은 것을 말한다. 그래서 재이災異가 나타났고 우리 주나라에서 지금 왕업을 성취한 자가 있게 되었다고 한 것이다.

【索隱】 言上天不歆享殷家 故見災異 我周今乃有成王業者也

⑥ 不顯亦不賓滅불현역불빈멸

집해 서광은 "다른 판본에서는 '불고역불빈성不顧亦不賓成(돌아보지도 않고 또 물리치지도 않았다)'으로 되어 있고 또 다른 본에는 '불고역불휼不顧

亦不恤(돌아보지도 않고 또 구휼하지도 않았다)'로 되어 있다."고 했다.

【集解】 徐廣曰 一云 不顧亦不賓成 一又云 不顧亦不恤也

색은  하늘이 처음 은나라를 세우고 또한 이름 있는 현자 360명을 등용했으니 이미 대현大賢이 아니라도 교화를 일으키고 다스리지 못할 수가 없었다. 그래서 은나라가 크게 빛나고 밝지는 못했지만 또한 물리쳐 멸망시키지 않고 지금까지 이르렀던 것이다. 또한 《주서周書》와 《수소자隨巢子》에 보이는 것은 자못 없어지거나 착오가 있는 것이 반복된것이다. 유씨劉氏가 말한 음은 부셔져서 육六이 고古가 되니 그 글자의 뜻이 또한 통하는 바가 없다. 서광은 다른 판본에서 '불고역불빈성不顧亦不賓成'이라고 한 것은 대개 학자들이 《주서》와 《수소자》가 같지 않기 때문에 음을 좇아서 바꾸었기 때문이라고 말했다. 《수소자》에는 '천귀불고역불빈성天鬼不顧亦不賓成'이라고 했는데 천귀天鬼는 곧 천신天神이다.

【索隱】 言天初建殷國 亦登進名賢之人三百六十夫 既無非大賢 未能興化致理 故殷家不大光昭 亦不卽擯滅 以至于今也 亦見周書及隨巢子 頗復脫錯 而劉氏音破六爲古 其字義亦無所通 徐廣云一本作不顧亦不賓成 蓋是學者以周書及隨巢不同 逐音改易耳 隨巢子曰 天鬼不顧亦不賓滅 天鬼卽天神也

무왕이 계속 말을 이었다.

"하늘의 도우심이 정해지면 천궁[天室]에 의지하여 악인들을 모두 찾아서 은왕 수受를① 벌한 것처럼 벌할 것이오. 밤낮으로 노력해② 우리의 서토西土를 안정시키고 일을 분명하게 해서 덕을 사방에 밝게 비추겠소.③ 낙수洛水가에서부터 이수伊水가까지는 편안하게 거처할 수 있고 험고하지 않아서 그곳에 유하有夏가 정착했소.④ 내가 남쪽으로 삼도三塗를 바라보고 북쪽으로 악비嶽鄙(태행산의 비읍)를 바라보고 되돌아 하수河水를 살피고⑤ 깊숙이 낙수와 이수를 살펴보니, 천실天室로 삼기에 멀지 않은 곳들이었소."⑥

王曰 定天保 依天室 悉求夫惡 貶從殷王受① 日夜勞來②定我西土 我維顯服 及德方明③ 自洛汭延于伊汭 居易毋固 其有夏之居④ 我南望三塗 北望嶽鄙 顧詹有河⑤ 粵詹雒 伊 毋遠天室⑥

① 殷王受은왕수

색은 지금 무릇 악인과 천명을 알지 못하고 주가周家를 따르지 않는 자들을 모두 찾아내서 다 내쫓거나 꾸짖고 주紂와 죄를 같게 하겠다는 것이다. 그래서 '은왕 수受를 벌한 것처럼 하겠다.'고 말한 것이다.

【索隱】 言今悉求取夫惡人不知天命不順周家者 咸貶責之 與紂同罪 故曰貶從殷王受

은왕 수는 은나라 마지막 왕 주紂이다.

② 勞來노래

집해 서광은 "다른 판본에는 긍래肯來(기꺼이 오다)라고 했다."라고 했다.

【集解】 徐廣曰 一云肯來

③ 我維顯服及德方明아유현복급덕방명

정의 복服은 '사事'이다. 무왕이 대답하면서 주공周公에게 대답하여
이르기를 "하늘의 내 자리를 안보安保하신다는 것을 확실히 알게 되면
하늘의 궁실에 의지할 수 있을 것이니 은나라 주紂의 악한 것을 물리쳐
없애고 밤낮으로 백성을 위로하고 또 나의 서토西土를 안정시킬 것이다.
나는 오직 일을 밝게 해서 나의 덕교德教를 사방에 밝게 베풀어 행하고
나서야 잠을 잘 수 있다."라고 했다. 여기부터 위로 '무왕지우주武王至于
周 자야불매自夜不寐'라고 주공이 물었으므로 먼저 쓴 것이다.

【正義】 服 事也 武王答周公云 定知天之安保我位 得依天之宮室 退除殷
紂之惡 日夜勞民 又安定我之西土 我維明於事 及我之德教施四方明行之
乃可至於寢寐也 自此已上至武王至于周 自夜不寐 周公問之 故先書

④ 洛汭延于伊汭~其有夏之居낙예연우이예~기유하지거

집해 　서광은 "하夏는 하수河水 남쪽에 자리를 잡았는데, 처음에 양성陽城에 있다가 뒤에 양적陽翟에 자리를 잡았다."고 했다.
【集解】 徐廣曰 夏居河南 初在陽城 後居陽翟

색은 　낙예洛汭에서부터 이예伊汭까지 그 땅이 평탄해서 험고한 곳이 없다고 말한 것인데 이곳이 하夏나라가 옛날 정착했던 곳이다.
【索隱】 言自洛汭及伊汭 其地平易無險固 是有夏之舊居

정의 　《괄지지》에는 "우禹로부터 태강太康과 당唐과 우虞는 모두 도성都城을 바꾸지 않았다."라고 했다. 그렇다면 양성陽城에 정착했던 것은 우禹가 상균商均을 피한 때이지 도읍이 아니었다. 《제왕세기》에는 "우禹는 하백夏伯에 봉해졌는데 지금 하남 양적陽翟이 이곳이다."라고 했다. 《급총고문汲冢古門》에는 "태강太康은 짐심斟尋에 정착했는데, 예羿 또한 그곳에 정착했으며 걸桀도 또한 거처했다."라고 했다. 《괄지지》에는 "옛날 심성鄩城은 낙주洛州 공현鞏縣 서남쪽 58리에 있다."고 했다.
【正義】 括地志云 自禹至太康與唐 虞皆不易都城 然則居陽城爲禹避商均時 非都之也 帝王世紀云 禹封夏伯 今河南陽翟是 汲冢古文云 太康居斟尋 羿亦居之 桀又居之 括地志云 故鄩城在洛州鞏縣西南五十八里也

⑤ 我南望三塗北望嶽鄙顧詹有河아남망삼도북망악비고첨유하

집해 서광은 《주서》〈탁읍度邑〉에 "무왕이 태공에게 물어서, '나는 장차 유하有夏의 도읍지를 따르려 한다. 남쪽으로는 삼도三塗를 지나서 바라보고 북쪽으로는 유하有河를 쳐다볼 것이다.'라고 말했다."고 했다.

【集解】 徐廣曰 周書度邑曰 武王問太公曰 吾將因有夏之居也 南望過于三塗 北詹望于有河

색은 두예杜預가 이르기를 "삼도三塗는 육혼현陸渾縣 남쪽에 있다."라고 했다. 악嶽은 아마도 하북河北의 태행산太行山인 것 같다. 비鄙는 도비都鄙로서 악嶽에 가까운 읍을 이른다. 탁읍度邑은 《주서》의 편명篇名이다. 度의 발음은 '닥[徒各反]'이다.

【索隱】 杜預云 三塗在陸渾縣南 嶽 蓋河北太行山 鄙 都鄙 謂近嶽之邑 度邑 周書篇名 度音徒各反

정의 《괄지지》에는 "태행산太行山은 항산恒山으로 연결되어 뻗쳐서 동북쪽으로 갈석산에 접하고 서북쪽으로는 악산嶽山에 접한다."라고 했다. 북쪽으로 태행산과 항산 변방 비鄙의 도읍都邑을 바라보는 것을 말한다. 또 "진주晉州의 곽산霍山이 일명 태악太岳인데, 낙수의 서북쪽에 있고 항산은 낙수의 동북쪽에 있다."라고 했다. 두 가지 설명이 모두 통한다.

【正義】 括地志云 太行 恆山連延 東北接碣石 西北接嶽山 言北望太行 恆山之邊鄙都邑也 又晉州霍山一名太岳 在洛西北 恆山在洛東北 二說皆通

**신주** 《괄지지》에서 태행산과 항산이 연결되어 뻗어 갈석산에 접한 다고 했으므로 이 갈석산은 〈하본기〉에서 본 것처럼 황하에 가까운 내륙 갈석산임을 알 수 있다. 지금 중국에서 말하는 난하 하류의 갈석산은 태행산·항산으로부터 멀리 떨어져 있으니 〈하본기〉에서 말하는 내륙 갈석산이 아니라 그 후 해안가의 산에 붙여진 산명일 것이다. 진·한 시대에는 이 해안 갈석산이 고조선과 국경이었다.

⑥ 粵詹雒伊毋遠天室월첨락이무원천실

**정의** 월粵은 '살피고 삼가는 말'이다. 살피고 삼가서 낙수雒水와 이수伊水의 두 물의 남쪽을 바라보는데, 여기서 멀리 떨어져 있지 않은 곳이 천실天室이 된다고 말한 것이다.

【正義】 粵者 審愼之辭也 言審愼瞻雒 伊二水之陽 無遠離此爲天室也

주周나라가 낙읍雒邑에 도읍을 조성한 뒤에 떠나갔다.① 화산華山의 남쪽에② 말을 놓아기르고 도림桃林의 빈터에③ 소를 풀어놓아 기르고 방패와 창을 거두고 군사를 거두고 군대를 해산시켜④ 천하에 다시 쓰지 않겠다는 뜻을 보였다.

營周居于雒邑而後去① 縱馬於華山之陽② 放牛於桃林之虛③ 偃干戈振兵釋旅④ 示天下不復用也

① 營周居于雒邑而後去영주거우락읍이후거

정의 《괄지지》에는 "옛 왕성이 일명 하남성河南城인데 본래는 겹욕郟鄏이며 주공이 신축했다. 낙주 하남현 북쪽 9리 원苑 내의 동북쪽 모퉁이에 있다. 평왕平王으로부터 아래로 12왕十二王이 모두 이 성에 도읍했는데 경왕敬王에 이르러 성주成周로 도읍을 옮겼다가 난왕赧王에 이르러 다시 왕성王城으로 삼았다."고 했다. 《제왕세기》에는 "왕성王城의 서쪽에 겹욕맥郟鄏陌이 있다."라고 했다. 《좌전》에는 "성왕成王이 겹욕에 도읍했다."라고 했다. 경상번京相璠의 《지명地名》에 "겹郟은 산 이름이고 욕鄏은 읍邑 이름이다."라고 했다.

【正義】 括地志云 故王城一名河南城 本郟鄏 周公新築 在洛州河南縣北九里苑內東北隅 自平王以下十二王皆都此城 至敬王乃遷都成周 至赧王又居王城也 帝王世紀云 王城西有郟鄏陌 左傳云 成王定鼎於郟鄏 京相璠地名云 郟 山名 鄏 邑名

② 華山之陽화산지양

정의 화산華山은 화음현華陰縣 남쪽 8리에 있다. 산의 남쪽을 양陽
이라고 한다.

【正義】 華山在華陰縣南八里 山南曰陽也


③ 桃林之虛도림지허

집해 공안국은 "도림은 화산의 동쪽에 있다."고 했다.

【集解】 孔安國曰 桃林在華山東


정의 《괄지지》에는 "도림은 섬주陝州 도림현 서쪽에 있다."라고 했
다. 《산해경》에는 "과보산夸父山 그 북쪽에 수풀이 있는데 그 이름이 도
림이다. 면적은 300리이고, 가운데는 말이 많고 호수湖水에서 물이 나
와 북쪽 하수河水로 흘러 들어간다."고 했다.

【正義】 括地志云 桃林在陝州桃林縣西 山海經云 夸父之山 其北有林焉
名曰桃林 廣員三百里 中多馬 湖水出焉 北流入河也


④ 振兵釋旅진병석려

집해 《공양전公羊傳》에는 "들어가는 것을 진려振旅라고 한다."고 했다.

【集解】 公羊傳曰 入曰振旅

무왕이 은나라에 이미 승리를 거둔 2년 뒤 기자箕子에게 은나라가 망한 까닭을 물었다. 기자는 차마 은나라의 악행을 말하지 못했으나 나라가 존재하고 멸망하는 마땅한 이치를 고했다.[①] 무왕도 또한 부끄러운 것으로 여기고 천도天道로써 물었다.

武王已克殷 後二年 問箕子殷所以亡 箕子不忍言殷惡 以存亡國宜告[①] 武王亦醜 故問以天道

① 以存亡國宜告이존망국의고

**집해** 서광은 "다른 판본에는 '存이 前'으로 되어 있다."라고 했다.

【集解】 徐廣曰 一作前

**색은** '이전망국의고以前亡國宜告'라는 여섯 글자가 한 구절이 된다.

【索隱】 六字連一句讀

**정의** 기자箕子는 은나라 사람이기에 은나라의 악惡을 차마 말하지 못하고 주나라가 마땅히 해야 할 바를 무왕에게 고하기 위해 《홍범洪範》 구류九類를 만들었고, 무왕이 이 구류로써 천도天道를 물은 것이다.

【正義】 箕子殷人 不忍言殷惡 以周國之所宜言告武王 爲洪範九類 武王以類問天道

무왕이 병이 들었다. 천하가 아직 안정되지 않았기 때문에 여러 공公들이 두려워해서 공경히① 점을 치게 했다. 주공이 재계를 하고② 스스로 인질이 되어③ 무왕의 병을 대신하고자 했다. 그러나 무왕의 병세가 잠깐 좋아졌다가④ 그 뒤 무왕이 붕어하고⑤ 태자인 송誦이 계승하여 즉위하니 이 이가 성왕成王이다.

武王病 天下未集 羣公懼 穆①卜 周公乃祓齋② 自爲質③ 欲代武王 武王有瘳④ 後而崩⑤ 太子誦代立 是爲成王

① 穆목

집해  공안국은 "목穆은 공경하는 것이다."라고 했다.

【集解】 孔安國曰 穆 敬也

② 祓齋불재

정의  祓의 발음은 '폐廢' 또는 '불拂'이다. 불祓은 상서롭지 못한 것을 없애고 복을 구하는 것을 이른다.

【正義】 祓音廢 又音拂 齋音札皆反 祓謂除不祥求福也

③ 質지

정의  質는 '지至'로 발음한다. 주공周公이 불재祓齋하고 스스로 폐백을 가지고 삼왕三王에게 고하고 무왕武王을 대신하기를 청하자 무왕의 병이 이에 나았다.

【正義】 音至 周公祓齋 自以贄幣告三王 請代武王 武王病乃瘳也


④ 武王有瘳무왕유추


신주  추瘳는 '병이 낫다'의 뜻이다. 여기서는 무왕의 병이 완쾌된 것이 아니라 죽기 전 잠깐 좋아지는 현상을 말한 것이다.


⑤ 後而崩후이붕


집해  서광은 〈봉선서封禪書〉에는 "무왕이 은나라를 이긴 지 2년 후에 천하가 아직 편안하지 못했는데 붕어했다."고 했다. 황보밀은 "무왕이 자리를 정한 원년의 해는 을유乙酉년이었고 6년 경인庚寅에 붕어했다."고 했다. 나 배인이 상고해보니 《황람》에는 "문왕과 무왕과 주공의 묘지는 모두 경조京兆 장안長安 호취鎬聚의 동쪽 사社 안에 있다."고 했다.

【集解】 徐廣曰 封禪書曰 武王克殷二年 天下未寧而崩 皇甫謐曰 武王定位元年歲在乙酉 六年庚寅崩 駰按 皇覽曰 文王 武王 周公冢皆在京兆長安 鎬聚東社中也


정의  《괄지지》에는 "무왕의 묘는 옹주雍州 만년현萬年縣 서남쪽 28

리의 필 땅의 언덕 위에 있다."고 했다.

【正義】 括地志云 武王墓在雍州萬年縣西南二十八里畢原上也

---

성왕은 나이가 어리고 주나라가 비로소 천하를 평정했지만 주공은 제후들이 주나라를 배반할까 두려웠다.[1] 주공이 이에 국정을 섭정하고 국사를 담당했다. 관숙管叔, 채숙蔡叔 등 여러 아우들은 주공을 의심해서 무경武庚(주紂왕의 아들)과 난을 일으켜서 주나라를 배반했다. 주공이 성왕成王의 명을 받들어 무경과 관숙을 주벌하고 채숙을 귀양 보냈다. 이에 미자微子 개開를 은나라의 후사에 대신하게 하고 송宋 땅에[2] 국가를 세워 주었다.

成王少 周初定天下 周公恐諸侯畔[1] 周公乃攝行政當國 管叔 蔡叔羣弟疑周公 與武庚作亂 畔周 周公奉成王命 伐誅武庚 管叔 放蔡叔以微子開代殷後 國於宋[2]

---

① 恐諸侯畔공제후반

**신주** 신하인 희발姬發(무왕)이 임금인 은 주왕을 무너뜨린 것을 승복할 수 없다는 여론이 계속되었다는 뜻이다. 은나라 백성들이 무왕의 정벌을 바랐다면 있을 수 없는 일이다.

② 宋송

지금의 송주이다.

【正義】 今宋州也

---

은나라의 나머지 백성을 다 거두어 무왕의 막내 동생 봉封을 봉해 위衛의 강숙康叔으로 삼았다.[1] 진晉의 당숙唐叔이 좋은 곡식을[2] 얻어 성왕에게 바치자 성왕이 주공이 있는 병영兵營으로 보냈다.[3] 주공은 동쪽 땅에서 벼[禾]를 받고 천자[성왕]의 명을 선포했다.[4]

頗收殷餘民 以封武王少弟封爲衛康叔[1] 晉唐叔得嘉穀[2] 獻之成王 成王以歸[3] 周公于兵所 周公受禾東土 魯天子之命[4]

---

① 封爲衛康叔봉위위강숙

정의 《상서》〈낙고洛誥〉에는 "내가 전수瀍水 동쪽에서 점을 쳐보니 오직 낙수 땅만 길해서 패邶와 용鄘과 위衛에 백성을 살게 한다."고 했다. 또 〈다사多士〉편 서문에는 "성주成周가 이미 공업을 완성하고 은나라의 사나운 백성을 옮겼다."고 했다.

상고해보니 이것이 동주東周이니 옛날 낙양성洛陽城이다. 《괄지지》에는 "낙양 옛성은 낙주洛州 낙양현 동북쪽 26리에 있는데 주공이 축조한 것으로 곧 성주성成周城이다."라고 했다.

《여지지輿地志》에는 "주나라 땅은 왕성王城 동쪽에 있으므로 동주東

周라고 했다. 경왕敬王이 자조子朝의 난亂을 피해 낙읍에서 동쪽으로와 이곳에 정착했다. 그곳이 좁아서 왕도王都를 받지 못했다. 그러므로 적천翟泉을 헐고 넓혔다."고 했다.

상고해보니 무왕이 은나라를 멸망시키고는 패邶, 용鄘, 위衛로 나누어 삼감三監으로 다스리게 했다. 무경武庚이 난을 일으키자 주공이 그를 멸하고 삼감三監의 백성을 성주成周로 이주시키고 그 나머지 백성을 다 거두어 강숙康叔을 봉해 위후衛侯로 삼았는데 곧 지금의 위주衛州가 이곳이다. 공안국은 "삼감의 나머지 백성으로서 강숙의 나라로 삼고 위후衛侯라고 했다. 주공은 그들이 자주 반역하는 것을 경계했다. 그러므로 어진 친동생으로 군주를 삼은 것이다."라고 했다.

【正義】 尚書洛誥云 我卜瀍水東 亦惟洛食 以居邶 鄘 衛之眾 又多士篇序云 成周既成 遷殷頑民 按 是爲東周 古洛陽城也 括地志云 洛陽故城在洛州洛陽縣東北二十六里 周公所築 卽成周城也 輿地志云 以周地在王城東 故曰東周 敬王避子朝亂 自洛邑東居此 以其迫陋不受王都 故壞翟泉而廣之 按 武王 滅殷國爲邶 鄘 衛 三監尹之 武庚作亂 周公滅之 徙三監之民於成周 頗收其餘眾 以封康叔爲衛侯 卽今衛州是也 孔安國云 以三監之餘民 國康叔爲衛侯 周公懲其數叛 故使賢母弟主之也

② 嘉穀가곡

[집해] 정현은 "두 개의 모가 하나의 이삭으로 이루어 진 것이다."라고 했다.

【集解】 鄭玄曰 二苗同爲一穗

③ 歸귀

서광은 "귀歸는 다른 본에는 '궤餽'로 되어 있다."고 했다.

【集解】 徐廣曰 歸 一作餽

④ 魯天子之命노천자지명

서광은 《상서서尚書序》에는 '여천자지명旅天子之命'으로 되어 있다."라고 했다.

【集解】 徐廣曰 尚書序云 旅天子之命

처음에 관숙과 채숙이 주나라를 배반하자 주공이 토벌했고[①] 3년이 지나서 모두 안정이 되었다. 그래서 비로소 〈대고大誥〉를 지었고, 다음으로 〈미자지명微子之命〉을[②] 지었고, 그 다음으로 〈귀화歸禾〉를, 그 다음으로 〈가화嘉禾〉를, 그 다음으로 〈강고康誥〉와 〈주고酒誥〉와 〈자재梓材〉[③]를 지었다. 그 일들은 〈주공편周公篇〉에 기록되어 있다. 주공은 정사를 시행한 지 7년 만에 성왕이 장성하자 주공이 정사를 성왕에게 돌려주고 북면하는 군신의 자리로 나아갔다.

初 管 蔡畔周 周公討之[①] 三年而畢定 故初作大誥 次作微子之命[②] 次歸禾 次嘉禾 次康誥 酒誥 梓材[③] 其事在周公之篇 周公行政七年 成王長 周公反政成王 北面就羣臣之位

① 管蔡畔周 周公討之관채반주주공토지

**신주** 삼감三監의 난(삼감지란三監之亂)을 뜻한다. 《여씨춘추》〈고악古樂〉에 "성왕成王이 즉위하자 은나라 유민들이 반란을 일으켰다."라고 기록된 사건이다. 주무왕은 상나라를 멸망시킨 후 주왕의 아들 무경武庚 녹보祿父를 상도商都에 봉해 상나라 왕실의 제사를 관장하게 했다. 또한 상의 왕기王畿 지역을 위衛, 용鄘, 패邶의 3개 지구로 나누어 무왕의 세 동생에게 주었다. 관숙管叔에게는 동쪽의 위를, 채숙蔡叔에게는 남쪽의 용을, 곽숙霍叔에게는 북쪽의 패 지역을 차지하고 무경과 은나라 주민들을 감시하게 했는데, 이를 삼감三監이라고 한다.

부왕이 죽고 성왕成王이 어린 나이에 즉위하고 주공 단이 섭정하자 관숙과 채숙은 동이족과 손잡고 주공에 대항해 봉기했다. 이 봉기에는 무경을 비롯한 상나라 유민뿐만 아니라 동이족인 회이淮夷와 서융徐戎도 가담했다. 주공이 3년 만에 이를 정벌하고 무경과 관숙은 죽이고 채숙은 추방하고, 상나라 유민들이 살던 지역에 위나라를 세워 아우 강숙 봉에게 다스리게 하고, 무경의 숙부 미자를 송宋나라 공작으로 봉해 상나라 왕실의 제사를 이어가게 하고 상나라 유민들을 이주시켰다. 그러나 《사기》나 《상서대전》에 삼감이 누구인지에 대해서 명확하게 서술하지 않아서 논란이 일고 있다. 《사기》는 관숙과 채숙만이 나올 뿐인데 그 외에 《일주서》 주석에 곽숙 처가 등장한다. 공자는 주공이 성왕의 왕위를 뺏지 않았다는 점에서 선양설禪讓說의 연장선상에서 성인으로 추앙했다.

② 微子之命미자지명

집해 공안국은 "봉명지서封命之書"라고 했다.
【集解】 孔安國曰 封命之書

신주 《서경》의 편 이름이다.

③ 康誥酒誥梓材강고주고자재

공안국은 "강숙康叔에게 정사를 다스리는 도리는 또한 마치 목수가 재목을 손질하는 것과 같다고 고한 것이다."라고 했다.

【集解】 孔安國曰 告康叔以爲政之道 亦如梓人之治材也

귀화歸禾, 가화嘉禾, 강고康誥, 주고酒誥, 자재梓材 등은 모두 《서경-상서》의 편 이름이다.

---

성왕이 풍豊 땅에 있으면서 소공召公에게 낙읍洛邑을 다시 경영하게 해서 무왕의 뜻과 같게 했다. 주공이 다시 점을 쳐 거듭 살펴보고 마침내 도읍을 경영해 쌓고 구정九鼎을 그곳에 두고 말했다.

"이곳은 천하의 중심으로 사방에서 공물을 바치러 들어오는 거리가 모두 같다."

이에 〈소고召誥〉와 〈낙고洛誥〉를 지었다. 성왕이 은나라의 유민들을 옮긴 다음 주공이 왕명으로 고해서 〈다사多士〉와 〈무일無佚〉을 지었다. 소공召公이 보보가 되었고 주공周公이 사師가 되어 동쪽으로 회이淮夷를 정벌하고 엄奄을 섬멸하고[1] 그곳의 군주인 박고씨薄姑氏를[2] 이주시켰다.

成王在豐 使召公復營洛邑 如武王之意 周公復卜申視 卒營築 居九鼎焉 曰 此天下之中 四方入貢道里均 作召誥 洛誥 成王既遷殷遺民 周公以王命告 作多士 無佚 召公爲保 周公爲師 東伐淮夷 殘奄[1] 遷其君薄姑[2]

① 淮夷殘奄회이잔엄

[집해] 정현은 "엄국奄國은 회이淮夷 북쪽에 있다."라고 했다.
【集解】 鄭玄曰 奄國在淮夷之北

[정의] 《괄지지》에는 "사주泗州 서성현徐城縣 북쪽 30리의 옛날 서국徐國이 곧 회이淮夷이다. 연주兗州 곡부현曲阜縣 엄리奄里는 곧 엄국奄國의 땅이다."라고 했다.
【正義】 括地志云 泗(水)[州]徐城縣北三十里古徐國 卽淮夷也 兗州曲阜縣 奄里 卽奄國之地也

② 薄姑박고

[집해] 마융은 "제나라 땅이다."라고 했다.
【集解】 馬融曰 齊地

[정의] 《괄지지》에는 "박고薄姑 옛 성은 청주靑州 박창현博昌縣 동북쪽 60리에 있다. 박고씨는 은나라의 제후로서 이곳에 봉해졌는데 주나라에서 멸망시켰다."고 했다.
【正義】 括地志云 薄姑故城在靑州博昌縣東北六十里 薄姑氏 殷諸侯 封於此 周滅之也

성왕이 엄에서 돌아와 종주宗周에서 있으면서① 〈다방多方〉을 지었다.② 이미 은나라의 명령을 물리치게 하고 회이를 습격하고 돌아와 풍豊에서 〈주관周官〉을 지었다.② 음악과 예를 바로잡아 일으키고 제도들을 이에 개혁하니 백성이 화목하고 칭송하는 노래가 일어났다.③ 성왕이 이미 동이東夷를 정벌하니 식신息愼이 와서 하례하자 성왕이 이를 영백榮伯에게 명해서 〈회식신지명賄息愼之命〉을 짓게 했다.④

成王自奄歸 在宗周① 作多方② 既紐殷命 襲淮夷 歸在豊 作周官② 興正禮樂 度制於是改 而民和睦 頌聲興③ 成王既伐東夷 息慎來賀 王賜榮伯作賄息慎之命④

① 自奄歸在宗周자엄귀재종주

[정의] 엄奄나라를 정벌하고 호경鎬京(수도)으로 돌아온 것이다.
【正義】 伐奄歸鎬京也

② 作多方작다방

[집해] 공안국은 "사방의 천하 제후에게 고한 것이다."라고 했다.
【集解】 孔安國曰 告衆方天下諸侯

《서경》의 편 이름이다.


② 周官주관


공안국은 "주가周家(주나라)에서 관직을 설치하고 직책에 사람을 나누어 쓰는 방법을 말한 것이다."라고 했다. 《고문상서서古文尚書序》와 《주관周官》은 《서경》의 편 이름이라고 했다.

**【集解】** 孔安國曰 言周家設官分職用人之法 古文尚書序 周官 書篇名


《주관周官》은 지금의 《주례周禮》이다.


③ 頌聲興송성흥


하휴는 "칭송하는 소리란 태평가송太平歌頌의 노랫소리로서, 제왕의 격조가 높이 이른 것이다."라고 했다.

**【集解】** 何休曰 頌聲者 太平歌頌之聲 帝王之高致也


④ 榮伯作賄息愼之命영백작회식신지명


공안국은 "회賄는 사賜(주다)이다."라고 했다. 마융은 "영백榮伯은 주나라와 동성同姓으로서 기내畿內 제후이기에 경대부卿大夫로 삼았다."고 했다.

**【集解】** 孔安國曰 賄 賜也 馬融曰 榮伯 周同姓 畿內諸侯 爲卿大夫也

**신주** 〈식신지명息愼之命〉은《서경》의 편 이름인데 지금은 전하지 않는다. 성왕이 동이를 정벌했다는 것은 동이족 임금의 국가 은나라를 서이족 제후국인 주나라가 무너뜨린 데 대한 동이 제후국들의 반발이 오래토록 계속되었음을 뜻한다.

숙신肅愼은 조선을 말한다.《시경》〈대아大雅〉 '한혁韓奕'편에는 "저 웅장한 한나라 성이여/ 연나라 군사들이 쌓았네./ 왕은 한후에게/ 추와 맥을 맡기셨네[溥彼韓城/燕師所完/王錫韓侯/其追其貊]"라는 구절이 있다. 숙신과 한은 동이족 국가를 말하는 것인데, 위 본문과《시경》의 한혁 조를 보면 내용이 대조적이다.《사기》는 동이의 정벌을 숙신이 하례했다고 한 반면《시경》은 연나라 병사들이 한후(즉 숙신)의 성을 쌓았다고 말했다. 한韓나라가 연나라 병사들을 시켜 성을 쌓게 할 만큼 강력했다는 뜻이다. 동이를 정벌하자 숙신이 와서 하례했다는 것은 이해하기 쉽지 않다. 여기에서 말하는 동이가 어느 겨레를 뜻하는 것인지 분명하지 않지만 만약 이 구절이 사실이라고 할지라도 여러 동이 겨레 중의 하나를 뜻할 것이다. 숙신 또한 외교관계의 하나로 주나라를 예방한 것이지 상국에 조공한 것이라고 보기는 어렵다.

제2장

# 주나라가 쇠퇴하다

# 성왕이 죽고
# 강왕이 서다

성왕成王이 장차 붕어하려할 때 태자 교釗가 천자의 임무를 제대로 맡지 못할 것을① 두려워했다. 이에 소공召公과 필공畢公에게 제후들을 거느리고 태자를 도와 천자로 세울 것을 명했다. 성왕이 이윽고 붕어하자 두 공[二公]이 제후들을 거느리고 태자 교를 선왕의 사당에서 참배하고 문왕文王과 무왕武王께서 이룬 왕업이 쉽지 않았으니 절약과 검소함에 힘쓰며 욕심을 부리지 말고 돈독한 신념으로 임하라고 고하고 〈고명顧命〉을② 지었다.

成王將崩 懼太子釗之不任① 乃命召公 畢公率諸侯以相太子而立之 成王既崩 二公率諸侯 以太子釗見於先王廟 申告以文王 武王之所 以爲王業之不易 務在節儉 毋多欲 以篤信臨之 作顧命②

① 太子釗之不任태자교지불임

釗는 '초招'로 발음한다. 또 '교[古堯反]'로 발음한다. 任은 '임[而針反]'으로 발음한다.

【正義】 釗音招 又古堯反 任 而針反

② 顧命고명

정현은 "임종臨終할 때 명命을 내리는 것을 '고顧'라고 이른다. 고顧는 '장차 떠난다'는 뜻이다."라고 했다.

【集解】 鄭玄曰 臨終出命 故謂之顧 顧 將去之意也

《서경》에 고명顧命 편을 뜻한다. 현존한다.

태자 교가 마침내 천자의 자리에 올랐는데 이이가 강왕康王이다. 강왕은 즉위하자 두루 제후들에게 고해 문왕과 무왕의 업적을 널리 펼 것을 선고宣告하고 이에 〈강고康誥〉를 지었다. 그래서 성왕成王과 강왕康王 때는 천하가 편안해 형구를 40여 년간 놓아 두고 사용하지 않았다.[①] 강왕康王이 책策을 지으라고 명하자 필공畢公이 백성이 사는 마을을 분리해 성주成周의 교외를 만들고 〈필명畢命〉을 지었다.[②]

太子釗遂立 是爲康王 康王卽位 徧告諸侯 宣告以文武之業以申之 作康誥 故成康之際 天下安寧 刑錯四十餘年不用[①] 康王命作策畢公 分居里 成周郊 作畢命[②]

① 刑錯형조

집해  응소는 "조錯는 '놓다'의 뜻이다. 백성이 법을 범하지 않아서 형구를 둘 곳이 없었다."고 말했다.

【集解】 應劭曰 錯 置也 民不犯法 無所置刑

② 成周郊作畢命성주교작필명

집해  공안국은 "백성이 사는 마을을 분별해서 선하고 악한 것을 다르게 했다. 동주東周 교외에 경계를 정해서 보호하게 했다."고 했다.

【集解】 孔安國曰 分別民之居里 異其善惡也 成定東周郊境 使有保護也

**신주** 선하고 악한 것을 다르게 했다는 것은 주나라를 좇지 않고 은나라에 충성하는 것을 악한 것으로 여겨서 따로 거주하게 했다는 뜻이다. 성주成周의 교외를 만들고 필명畢名을 지었는데 필명은 《서경》의 편명이다.

---

강왕이 죽고 아들 소왕昭王 하瑕가 즉위했다. 소왕 때에는 왕도王道가 쇠약해 이지러졌다. 소왕이 남쪽으로 순수하다가 돌아오지 못하고 강 위에서 죽었다. 그 세상 떠난 것을 부고하지 않고 숨겼다.[1] 소왕의 아들 만滿을 세웠는데 이 이가 목왕穆王이다. 목왕이 즉위했을 때 춘추가 이미 쉰이었다. 왕도가 쇠미해지자 목왕은 문왕과 무왕의 도道가 이지러진 것을 민망하게 여기고 백경伯冏에게[2] 경계를 펴게 하고[3] 태복太僕으로[4] 삼아 나라의 정사를 맡도록 하고 〈경명冏命〉을[5] 지었다. 다시 천하가 안정되었다.

康王卒 子昭王瑕立 昭王之時 王道微缺 昭王南巡狩不返 卒於江上 其卒不赴告 諱之也[1] 立昭王子滿 是爲穆王 穆王卽位 春秋已五十矣 王道衰微 穆王閔文武之道缺 乃命伯冏[2]申誡[3]太僕[4]國之政 作冏命[5]復寧

---

① 不赴告諱之也불부고휘지야

정의 《제왕세기》에 "소왕昭王은 덕이 없었다. 그가 남쪽으로 정벌하러 가서 한수漢水를 건너는데 뱃사람이 소왕을 미워했다. 그래서 아교로 배를 만들어 소왕을 타게 했는데, 왕이 배를 몰아 강 중류에 이르자 아교가 녹아서 배가 해체되었고 왕과 제공祭公이 함께 물속에 빠져 죽었다. 소왕의 우右인 신유미辛游靡가 팔이 길고 또 힘이 세어서 헤엄쳐 왕의 시체를 얻었으나 주나라 사람들이 이 사실을 숨겼다."고 했다.

【正義】 帝王世紀云 昭王德衰 南征 濟于漢 船人惡之 以膠船進王 王御船 至中流 膠液船解 王及祭公俱沒于水中而崩 其右辛游靡長臂且多力 游振 得王 周人諱之

신주 소왕이 남쪽을 순수하다가 죽었음에도 그 죽음을 알리지 못한 까닭은 이때 국세國勢가 약해져서 세상이 혼란해져 변란이 일어날 것을 염두에 두었기 때문이다.

② 伯冏백경

정의 공안국은 "백경伯冏은 신하 이름이다."라고 했다.
【集解】 孔安國曰 伯冏 臣名也

신주 《서경》에 '경명冏命' 편이 있다.

③ 申誡신계

집해 서광은 "다른 판본에는 '부部'로 되어 있다."라고 했다.
【集解】 徐廣曰 一作部


④ 太僕태복

집해 응소는 "태복太僕은 주목왕周穆王이 설치한 관직이다. 대개 태어중복太御衆僕의 우두머리로서 중대부中大夫다."라고 했다.
【集解】 應劭曰 太僕 周穆王所置 蓋太御衆僕之長 中大夫也


⑤ 臩命경명

정의 《상서서尚書序》에는 "목왕穆王이 백경伯臩을 명해서 태복정太僕正으로 삼았다."고 했다. 응소는 "태복太僕은 주목왕周穆王이 설치했다. 대개 태어중복太御衆僕의 우두머리로서 중대부中大夫다."라고 했다.
【正義】 尚書序云 穆王令伯臩爲太僕正 應劭云 太僕 周穆王所置 蓋太御衆僕之長 中大夫也

목왕穆王이 장차 견융犬戎을[1] 정벌하려고 했는데 제공모보祭公
謀父가[2] 간해 말했다.

"불가합니다. 선왕께서는 덕을 밝혔지 병력을 과시하지 않았습
니다. 대저 병력이란 거두어 두었다가 제때 움직이는 것입니다.
제 때 움직여야 위력이 있고 과시하면 장난이 되니 장난이 될 때
에는 진동시킬 수 없습니다.[3] 이런 까닭으로 주문공周文公(주공
단)의[4] 노래에서, '방패와 창을 거두고, 활과 화살을 자루에[5] 넣
었네. 우리의 아름다운 덕을 찾아 온 나라에 고루 펼쳐 진실로
왕의 나라를 보전하겠네.'라고 노래했습니다."

穆王將征犬戎[1] 祭公謀父[2]諫曰 不可 先王燿德不觀兵 夫兵戢而時
動 動則威 觀則玩 玩則無震[3] 是故周文公[4]之頌曰 載戢干戈 載櫜[5]
弓矢 我求懿德 肆于時夏 允王保之

① 犬戎견융

집해　서광은 "견犬자가 한 곳에는 '견畎'으로 되어 있다."고 했다.
【集解】 徐廣曰 一作畎

신주　견융犬戎은 견이犬夷(견이畎夷)로 동이족인데 주나라의 가장 서
쪽에 있었으며 스스로 흰 개를 선조로 여겼다. 《사기》의 이 내용은 《국
어國語》에도 전하는데, 주나라 목왕 때 세력이 강성해져 목왕이 정벌하

려 하자 주공 단旦의 후예인 제공모보祭公謀父가 반대했다. 목왕이 듣지
않고 정벌해 오왕五王을 잡고, 흰 이리[白狼]와 흰 사슴[白鹿]을 얻었다
고 전한다.

② 祭公謀父제공모보

집해 위소韋昭는 "제祭는 주周나라 기내畿內의 나라이다. 그 군주인
제공祭公은 주공周公의 후예이고 당시 왕의 경사卿士였다. 모보謀父는
그의 자字이다."라고 했다.
【集解】 韋昭曰 祭 畿內之國 周公之後 爲王卿士 謀父 字也

정의 《괄지지》에는 "옛 제성祭城은 정주鄭州 관성현管城縣 동북쪽
15리에 있으며 정鄭나라 대부 제중祭仲의 읍이다."라고 했다.《이아》〈석
례〉에는 "제성은 하남에 있고 위에는 오창敖倉이 있는데 주공의 후예
를 봉한 곳이다."라고 했다.
【正義】 括地志云 故祭城在鄭州管城縣東北十五里 鄭大夫祭仲邑也 釋例
云 祭城在河南 上有敖倉 周公後所封也

③ 진震

집해 위소는 "진震은 '두려워하는 것懼'이다."라고 했다.
【集解】 韋昭曰 震 懼也

④ 周文公之頌주문공지송

집해  위소는 "문공文公은 주공 단周公旦의 시호이다."라고 했다.

【集解】 韋昭曰 文公 周公旦之謚

⑤ 橐고

집해  당고唐固는 "고橐는 도韜(활집)이다."라고 했다.

【集解】 唐固曰 橐 韜也

신주  《시경》〈주송周頌〉 시매時邁 편에 나온다.

"선왕께서는 백성에게 힘써 그 덕을 바르게 하고 그의 성性을 온후하게 하며 그 재물을 풍성하게 하고 쓰게 하며 이로움과 해로움의 방향을① 밝히게 했습니다. 문덕으로 그것을 닦아 이로운 것에 힘쓰고 해로운 것들을 피하게 했으며, 덕을 사모하고 위력을 두려워하게 했습니다. 그래서 능히 천하를 보전하고 점점 강대해졌습니다. 옛날 우리의 선왕께서는 대대로 후직后稷이 되어② 우虞와 하夏를 따라 섬겼습니다. 하나라가 쇠약함에 이르러③ 후직의 직책을 없애고 농사에 힘쓰지 않았습니다.④ 우리의 선왕이신 부줄不窋께서는 그 관직을 잃고 스스로 융적戎狄의 사이로 도망쳤습니다."

先王之於民也 茂正其德而厚其性 阜其財求而利其器用 明利害之鄕① 以文脩之 使之務利而辟害 懷德而畏威 故能保世以滋大 昔我先王世后稷②以服事虞 夏 及夏之衰也③ 弃稷不務④ 我先王不窋用失其官 而自竄於戎狄之閒

① 鄕향

집해 위소는 "향鄕은 방향의 뜻이다."라고 했다.
【集解】 韋昭曰 鄕 方也

② 世后稷세후직

위소는 "기棄와 부줄不窋을 가리킨다."라고 했다. 당고는 "부자가 서로 계승하는 것을 '세世'라고 한다."고 했다.

【集解】 韋昭曰 謂弃與不窋也 唐固曰 父子相繼曰世


③ 夏之衰也하지쇠야


정의 태강太康을 이른다.

【正義】 謂太康也


④ 棄稷不務기직불무


정의 하夏의 태강太康이 직관稷官을 버리고 없앤 것을 말한다.

【正義】 言太康棄廢稷官

"그래도 감히 농업에 태만하지 않았고 사시사절 그 덕을 펴서 그 사업을 이어 닦았습니다.[①] 그 선왕의 훈전을 수양하고 조석으로 삼가 근면하며 돈독한 마음으로 지키고 충성과 신뢰로써 봉행했습니다. 전대前代에 쌓은 덕을 계승하고 선대의 사업을 더럽히지도 않았습니다.[②] 문왕과 무왕에 이르러 지난날의 광명을 밝히고 자비와 화합을 더해 신령을 섬기고 백성을 보호하니 기뻐하지 않는 이가 없었습니다. 상왕商王 제신帝辛이 백성에게 크게 악행을 저질러 백성은 참지 못하고 기쁜 마음으로 무왕을 추대해서 군사를 상나라의 목야에[③] 이르게 했습니다. 이런 까닭으로 선왕께서는 무력에 힘쓰지 않고서도 백성의 근심을 힘써 구휼하고 그 해로움을 제거했던 것입니다."

不敢怠業 時序其德 遵[①]脩其緒 脩其訓典 朝夕恪勤 守以敦篤 奉以忠信 奕世載德 不忝前人[②] 至于文王 武王 昭前之光明而加之以慈和 事神保民 無不欣喜 商王帝辛大惡于民 庶民不忍 訢載武王 以致戎于商牧[③] 是故先王非務武也 勸恤民隱而除其害也

① 遵준

집해 서광은 "준遵은 다른 판본에 '선選'으로 되어 있다."고 했다.
【集解】 徐廣曰 遵 一作選

② 不忝前人불첨전인

정의 전인前人은 후직后稷을 이른다. 부줄不窋이 또한 대대로 덕을
쌓아 후직后稷을 더럽히지 않았다고 말한 것이다. 문왕과 무왕에 이르
러서는 농사에 힘쓰지 아니함이 없었다.

【正義】 前人謂后稷也 言不窋亦世載德 不忝后稷 及文王 武王 無不務農事


③ 商牧상목

정의 주紂왕 도읍 근교近郊의 땅으로써 이름이 목야牧野이다.

【正義】 紂近郊地 名牧野

"대저 선왕의 제도에 국가의 안을 전복甸服이라고 히고, 국기의 밖을 후복侯服이라고 하며, 후위侯衛를 빈복賓服이라고 하고,① 이만夷蠻을 요복要服이라고 하고, 융적戎狄을 황복荒服이라고 합니다. 전복甸服은 제祭를 드리고,② 후복侯服은 사祀를 드리고,③ 빈복賓服은 향享을 드리고,④ 요복要服은 해마다 공물을 바치고,⑤ 황복荒服은 왕으로 받들어야 합니다.⑥ 날마다 제祭를 올리고 달마다 사祀를 올리고 계절마다 향享을 올리며 해마다 조공을 바치고 종신토록 왕으로 섬기는 것입니다."

夫先王之制 邦內甸服 邦外侯服 侯衛賓服① 夷蠻要服 戎翟荒服 甸服者祭② 侯服者祀③ 賓服者享⑤ 要服者貢⑤ 荒服者王⑥ 日祭 月祀 時享 歲貢 終王

① 邦內甸服邦外侯服侯衛賓服방내전복방외후복후위빈복

집해  위소는 "이는 모두를 말한 것이다. 후侯는 후기侯圻(후작의 수도지역)이다. 위衛는 위기衛圻이다."라고 했다.

【集解】 韋昭曰 此總言之也 侯 侯圻 衛 衛圻也

② 甸服者祭전복자제

집해  위소는 "일제日祭를 드린다."라고 했다.

【集解】 韋昭曰 供日祭

③ 侯服者祀후복자사

집해 위소는 "월제月祭를 드린다."라고 했다.
【集解】 韋昭曰 供月祀

④ 賓服者享빈복자향

집해 위소는 "시향時享(계절제)을 드린다."라고 했다.
【集解】 韋昭曰 供時享

⑤ 要服者貢요복자공

집해 위소는 "세공歲貢을 바친다."라고 했다.
【集解】 韋昭曰 供歲貢

⑥ 荒服者王황복자왕

집해 위소는 "왕王은 '천자天子를 섬기는 것이다.'《시경》에 '감히 왕을 섬기러 오지 않는 이가 없었다'로 되어 있다."고 했다.
【集解】 韋昭曰 王 王事天子也 詩曰 莫敢不來王

신주 빈복에 해당하는 자들은 시향時享을 드리고, 요복要服에 해당하는 자들은 해마다 조공을 바치고 황복荒服에 해당하는 자들은 왕으로 조공해 섬긴다는 뜻이다.

---

"선왕께서 제사를 시행하실 때① 제祭에 참여하지 않는 자가 있으면 자신의 마음을 닦고,② 사祀에 참여하지 않는 자가 있으면 자신의 언사를 닦고,③ 향享에 참여하지 않는 자가 있으면 전법典法을 닦고,④ 공물을 바치지 않는 자가 있으면 명분을 닦고,⑤ 왕으로 섬기지 않는 자가 있으면 덕을 닦았습니다.⑥ 순서에 따라 반성을 했는데도 이르지 않는 자가 있게 되면 형벌을 닦았습니다.⑦"

先王之順祀也① 有不祭則脩意② 有不祀則脩言③ 有不享則脩文④ 有
不貢則脩名⑤ 有不王則脩德⑥ 序成而有不至則脩刑⑦

---

① 先王之順祀也선왕지순사야

집해 서광은 《외전外傳》에는 '선왕지훈야先王之訓也'로 되어 있다."고 했다.

【集解】 徐廣曰 外傳云 先王之訓

② 脩意수의

집해 위소는 "먼저 뜻志意을 닦아서 스스로를 꾸짖고, 기내畿內의 가까이에서는 왕의 뜻을 아는 것이다."라고 했다.

【集解】 韋昭曰 先脩志意以自責也 畿內近 知王意也

③ 脩言수언

집해 위소는 "호령號令을 말하다."라고 했다.

【集解】 韋昭曰 言號令也

④ 脩文수문

집해 위소는 "문文은 전법典法이다."라고 했다.

【集解】 韋昭曰 文 典法也

⑤ 脩名수명

집해 위소는 "명名이란 높고 낮은 직분에 따라 공납하는 이름을 말하는 것이다."라고 했다.

【集解】 韋昭曰 名謂尊卑職貢之名號也

⑥ 脩德수덕

집해 위소는 "멀리 있는 사람이 복종하지 않을 때 문덕文德을 닦아오게 하는 것이다."라고 했다.

【集解】 韋昭曰 遠人不服 則脩文德以來之

⑦ 脩刑수형

|집해| 위소는 "차례가 이루어졌다는 것은 앞의 등급(전복甸服, 후복侯服, 빈복賓服, 요복要服, 황복荒服)의 차서가 이미 성취되었는데도 이르지 않으면 형벌이 있게 된다."라고 했다.

【集解】 韋昭曰 序成 謂上五者次序已成 有不至則有刑罰也

"이에 제를 드리지 않으면 형벌을 집행하고, 사祀를 드리지 않으면 치고, 향享을 드리지 않으면 정벌을 하고, 공물을 바치지 않으면 꾸짖고, 왕으로 섬기지 않으면 깨우쳐 주었습니다. 이로써 형벌의 법이 있고, 공벌攻伐하는 군사가 있고, 정토征討하는 방비가 있고, 위엄으로 꾸짖는 명령이 있고, 제도로써 깨우쳐주는 언사가 있는 것입니다. 명을 반포하고 사절을 보냈는데도 이르지 않으면 더욱 덕을 닦아서 백성으로 하여금 원정으로 수고하는 일이 없게 했습니다. 이로써 가까운 곳에서는 명령을 듣지 않는 자가 없었고 먼 곳에서도 복종하지 않는 자가 없었습니다."

於是有刑不祭 伐不祀 征不享 讓不貢 告不王 於是有刑罰之辟 有攻伐之兵 有征討之備 有威讓之命 有文告之辭 布令陳辭而有不至 則增脩於德 無勤民於遠 是以近無不聽 遠無不服

"지금 (견융의 군주) 대필大畢과 백사伯士기 없어진 뒤로는 견융씨 犬戎氏가[2] 그의 직분으로 왕을 뵈러 오는데 천자께서 말씀 하시기를[3] '나는 반드시 향제를 드리지 않는 것으로 정벌하고, 또 무력을 보이겠다.'고 하니 선왕의 훈계를 저버리고 왕성의 터를[4] 파괴하는 것이 아니겠습니까? 견융犬戎이 돈독함을 세우고[5] 옛덕을 따라서 끝내 순수하고 견고하게 지키도록 하는 것이 우리를 방어할 수 있는 것이라고 들었습니다."

목왕이 끝내 그들을 정벌하고 네 마리의 흰 이리와 네 마리의 흰 사슴을 얻어 돌아왔다. 이때부터 황복荒服의 국가는 조회에 오지 않았다.

今自大畢 伯士之終也[1] 犬戎氏[2]以其職來王 天子曰[3] 予必以不享征之 且觀之兵 無乃廢先王之訓 而王幾[4]頓乎 吾聞犬戎樹敦[5] 率舊德而守終純固 其有以禦我矣 王遂征之 得四白狼四白鹿以歸 自是荒服者不至

① 大畢伯士之終也대필백사지종야

집해 서광은 "대필大畢과 백사伯士는 견융犬戎의 군주이다."라고 했다.
【集解】 徐廣曰 犬戎之君

② 犬戎氏견융씨

정의 가규는 "대필과 백사는 견융씨의 두 군주이다. 백랑白狼과 백
록白鹿은 견융犬戎이 바치는 공물이다."라고 했다. 대필과 백사에 대해
상고해보니 끝내 뒤에도 견융씨는 항상 그 직분으로 왕에게 왔다.
【正義】 賈逵云 大畢 伯士 犬戎氏之二君也 白狼 白鹿 犬戎之職貢也 按大
畢 伯士 終後 犬戎氏常以其職來王

③ 天子曰천자왈

정의 제공祭公이 목왕穆王의 뜻을 펼친 것이기 때문에 '천자왈天子
曰'이라고 한 것이다.
【正義】 祭公申穆王之意 故云 天子曰

④ 幾기

정의 幾는 '기祈'로 발음한다.
【正義】 幾音祈

⑤ 樹敦수돈

집해 서광은 "수樹가 다른 판본에는 '수楸'로 되어 있다."고 했다. 나
배인이 상고해보니 위소가 "수樹는 세우는 것立이라고 했는데 견융犬戎
이 성품을 돈독하게 세우라고 말한 것이다."라고 했다.
【集解】 徐廣曰 樹 一作楸 駰按 韋昭曰 樹 立也 言犬戎立性敦篤也

# 목왕이 '보형<sub>甫刑</sub>'을 만들다

제후들 중 화목하지 않는 자들이 있자 보후<sub>甫侯</sub>가 경계할 것을 제정해 죄인을 벌하자고 왕에게 말했다.[1] 목왕이 말했다.

"오호라! 오라. 나라가 있고 땅이 있는 자들이여. 그대들에게 형법을 잘 쓰는 법을 알려 주겠노라.[2] 지금 그대들이 백성을 편안하게 해주는데 있어 누구를 선택해야 하는가? 그것은 현인이 아니겠는가.[3] 무엇을 삼가야 하는가? 그것은 오형<sub>五刑</sub>이 아니겠는가. 어디에 살게 해야 하는가? 그들이 살 마땅한 곳이 아니겠는가.[4]

諸侯有不睦者 甫侯言於王 作脩刑辟[1] 王曰 吁 來 有國有土 告汝祥刑[2] 在今爾安百姓 何擇非其人[3] 何敬非其刑 何居非其宜與[4]

① 刑辟형벽

집해 정현은 "《서설書說》에는 주 목왕周穆王이 보후甫侯를 재상宰相으로 삼았다."고 했다.

【集解】 鄭玄曰 書說云周穆王以甫侯爲相


② 告汝祥刑고여상형

집해 공안국은 "그대에게 형벌을 좋게 사용하는 도를 알려주겠다."라고 했다.

【集解】 孔安國曰 告汝善用刑之道也


③ 何擇非其人하택비기인

집해 왕숙王肅은 "백성을 편안하게 하는 방법을 가르치는데 마땅히 누구를 선택해야 하겠는가? 현인賢人을 선택하는 것이 마땅하지 않겠는가?"라고 했다.

【集解】 王肅曰 訓以安百姓之道 當何所選擇乎 非當選擇賢人乎


④ 何敬非其刑何居非其宜與하경비기형하거비기의여

집해 공안국은 "마땅히 삼갈 바가 무엇이겠는가? 오직 오형五刑이 아니겠는가? 마땅히 살게 할 곳이 어디겠는가? 오직 세상의 경중輕重으로 보아 (그들이 살고 싶은) 마땅한 곳이 아니겠는가?"라고 했다.

【集解】 孔安國曰 當何所敬 非唯五刑乎 當何所居 非唯及世輕重所宜乎

양쪽의 증거가 다 깆추어지면 옥관獄官은 오사五辭(나섯 가지 말)를 다 들어보고① 오사五辭가 순박하고 믿을 만하면 오형五刑으로 바로잡고,② 오형에 순박하지 않으면 오벌五罰(다섯 종류 벌금)로 바로잡고,③ 오벌에 굴복하지 않으면 오과五過(다섯 가지 허물)로 바로잡아라.④ 오과五過의 흠은 관옥官獄(관청의 옥)과 내옥內獄(궁중의 옥)이니 그 죄의 실상을 살펴⑤ 그 범법자와 동일한 죄로 다스려야 하리라.⑥

**兩造具備 師聽五辭**① 五辭簡信 正於五刑② 五刑不簡 正於五罰③ 五罰不服 正於五過④ 五過之疵 官獄內獄 閱實其罪⑤ 惟鈞其過⑥

① 兩造具備師聽五辭양조구비사청오사

집해  서광은 "조造는 다른 판본에는 '조遭'로 되어 있다."고 했다. 공안국은 "양兩은 죄수의 증거를 뜻하고, 조造는 이르는 것을 뜻한다. 양쪽의 증거가 갖추어지면 여러 옥관獄官들은 그것이 오형五刑의 어디에 들어가는지 듣는다."라고 했다.

【集解】 徐廣曰 造 一作遭 孔安國曰 兩謂囚證 造 至也 兩至具備 則衆獄官 聽其入五刑辭

정의  《한서》〈형법지刑法志〉에는 "오청五聽(다섯 가지 청취하는 것)은 첫째는 사청辭聽(말하는 것), 둘째는 색청色聽(얼굴빛), 셋째는 기청氣聽(기색), 넷째는 이청耳聽(들은 것), 다섯째는 목청目聽(본 것)이다."라고 했다.

《주례周禮》에는 "말이 곧지 않으면 말이 번잡하고, 눈이 곧지 않으면 보는 것이 흐릿하고, 귀가 곧지 않으면 대답함이 미혹되고, 색이 곧지 않으면 얼굴이 붉어지고貌赧, 기가 곧지 않으면 자주 숨이 차다."라고 했다.

【正義】 漢書刑法志云 五聽 一曰辭聽 二曰色聽 三曰氣聽 四曰耳聽 五曰目聽 周禮云 辭不直則言繁 目不直則視眊 耳不直則對答惑 色不直則貌赧 氣不直則數喘也

② 五辭簡信正於五刑오사간신정어오형

집해 공안국은 "오사五辭가 순박하고 견실해서 죄의 징험이 있다고 믿게 되면 오형五刑으로 바르게 하는 것이다."라고 했다.

【集解】 孔安國曰 五辭簡核 信有罪驗 則正之於五刑矣

③ 五刑不簡正於五罰오형불간정어오벌

집해 공안국은 "순박하고 견실하지 않다[不簡核]는 것은 오형에 불응하면 마땅히 오벌五罰로 바로잡고 돈을 내서 속죄하게 하는 것을 이른다."라고 했다.

【集解】 孔安國曰 不簡核 謂不應五刑 當正五罰 出金贖罪也

④ 五罰不服正於五過오벌불복정어오과

집해 공안국은 "불복不服은 벌에 응하지 않는 것이다. 오과五過(다섯 가지 과실)로 바르게 하고 그에 따라 사면하는 것이다."라고 했다.

【集解】 孔安國曰 不服 不應罰也 正於五過 從赦免之


⑤ 官獄內獄閱實其罪관옥내옥열실기죄


집해 　 공안국은 "벌罰은 그 이름과 서로 맞아야 한다."라고 했다.

【集解】 孔安國曰 使與罰名相當


색은 　 상고해보니 《여형呂刑》에는 "유관惟官, 유반惟反, 유내惟內, 유화惟貨, 유래惟來이다."라고 했다. 지금 이것은 문장을 조금 빠뜨렸거나 혹은 문장을 생략한 것이다.

【索隱】 按 呂刑云 惟官 惟反 惟內 惟貨 惟來 今此似闕少 或從省文


신주 　 배인의 말처럼 일부 문장이 누락된 것 같다. 일본의 농천瀧川 [타키가와]는 《고증考證》에서 청나라 고증학자 손성연孫星衍의 말을 인용해서 "관옥과 내옥은 모두 중요하다. 관옥은 귀관貴官(높은 벼슬아치)의 옥이고, 내옥은 중귀中貴(궁중 귀족)의 옥을 이른다. 혹은 고명의 살핌을 두려워하거나[畏高明], 혹은 투서기기投鼠忌器(돌을 던져 쥐를 잡으려 해도 그릇이 깨질까 두려워한다는 뜻으로 임금에게 피해가 갈 것을 두려워 함)를 말한 것이다. 형벌에 관한 이 부분의 여러 문장들은 글자 그대로 해석하면 설명하기 어렵다. 그래서 청나라 고증학자들을 필두로 현전하는 《사기》가 원래의 《사기》와 다른 것이 아니냐는 의문을 제기했다.

⑥ 惟鈞其過유균기과

<u>집해</u>  마융은 "이 다섯 가지 과실을 출입시킨 자의 죄도 범죄자와 동일하게 다룬다."라고 했다.

【集解】  馬融曰 以此五過出入人罪 與犯法者等

---

오형五刑에 의문이 있으면 사면하고, 오벌五罰에 의문이 있으면 사면하고 잘 살펴서 적용해야 한다.① 순박하고 믿을 만해야 백성들이 신임하게 되니 오직 심문할 때는 근거가 있어야 한다.② 순박함이 없다고 해서 의심만 하지 말고 하늘의 위엄에 엄숙하게 따르라.③

五刑之疑有赦 五罰之疑有赦 其審克之① 簡信有衆 惟訊有稽② 無簡不疑 共嚴天威③

---

① 審克之심극지

<u>집해</u>  공안국은 "형刑(오형)에 의심이 있으면 사면해서 벌罰(오벌)에 따르게 하고 벌에 의심이 있으면 사면해서 면하게 하는데, 그것을 마땅히 깨끗하게 살펴야 그 이치를 얻을 수 있다."라고 했다.

【集解】  孔安國曰 刑疑赦從罰 罰疑赦從免 其當清察 能得其理也

② 惟訊有稽유신유계

　　집해　공안국은 "질박하고 견실하면 진실하게 믿고, 여러 사람들의 마음이 합해짐이 있어도 오직 그 용모를 살피고 조사해서 부합되는 바가 있을 때까지 거듭 이르러야 한다."라고 했다.

【集解】　孔安國曰 簡核誠信 有合衆心 惟察其貌 有所考合 重之至也

　　색은　신訊자는《상서》에 의하면 발음이 '모貌'이다.

【索隱】　訊 依尚書音貌也

③ 無簡不疑共嚴天威무간불의공엄천위

　　집해　공안국은 "순박하고 견실하지 않거나 진실로 믿을 바가 없으면 그의 옥사를 다스려 듣지 말고 마땅히 하늘의 위세를 엄숙하게 공경해서 가볍게 형벌을 사용하지 않아야 한다."라고 했다.

【集解】　孔安國曰 無簡核誠信 不聽治其獄 當嚴敬天威 無輕用刑

경형黥刑에 해당하지만 의문이 있어서 용서할 때는 그 벌금이 백률百率(백환)이니① 그 죄의 사실을 잘 살펴보라. 의형劓刑에 해당하지만 의문이 있어서 용서할 때는 그 벌금이 배시倍灑(200환鍰)이니② 그 죄의 사실을 잘 살펴보라. 빈형臏刑에 해당하지만 의문이 있어 용서할 때는 그 벌금이 배차倍差(300~500환)이니③ 그 죄의 사실을 잘 살펴보라. 궁형宮刑에 해당하지만 의문이 있어서 용서할 때는 그 벌금이 오백률이니④ 그 죄의 사실을 잘 살펴보라. 사형에 해당하지만 의문이 있어서 용서할 때는 그 벌금이 1,000률(1,000환)이니 그 죄를 잘 살펴보라. 묵형에 해당하는 것이 1,000가지이고, 의형에 해당하는 것이 1,000가지이고, 빈형에 해당하는 것이 500가지이고, 궁형에 해당하는 것이 300가지이고, 사형에 해당하는 것이 200가지이니 다섯 가지의 형벌에 해당하는 것은 모두 3,000가지이다."

이를 '보형甫刑(여형呂刑)'이라고⑤ 명했다.

黥辟疑赦 其罰百率① 閱實其罪 劓辟疑赦 其罰倍灑② 閱實其罪 臏辟疑赦 其罰倍差③ 閱實其罪 宮辟疑赦 其罰五④百率 閱實其罪 大辟疑赦 其罰千率 閱實其罪 墨罰之屬千 劓罰之屬千 臏罰之屬五百 宮罰之屬三百 大辟之罰其屬二百 五刑之屬三千 命曰甫刑⑤

① 黥辟疑赦其罰百率경벽의사기벌백률

서광은 "율率은 곧 환鍰(여섯 냥쭝)이다."라고 했다. '쇄刷'로 발음
한다. 공안국은 "여섯 냥이 환鍰이다. 환鍰은 황철黃鐵이다."라고 했다.

【集解】 徐廣曰 率卽鍰也 音刷 孔安國曰 六兩曰鍰 鍰 黃鐵也

색은 환鍰은 황철黃鐵이다. 열鋝은 또한 여섯 냥이다. 그러므로 마융
은 "열鋝은 양量의 명칭이고 여형呂刑의 환鍰과 동일하다."라고 했다. 구
본舊本에는 '율率'은 또한 '선巽'으로 되어 있다.

【索隱】 鍰 黃鐵 鋝亦六兩 故馬融曰 鋝 量名 與呂刑鍰同 舊本率 亦作選

신주 경형黥刑은 오형 중 이마나 팔뚝에 먹으로 형벌을 쓰던 형벌이
다. 오형五刑은 이마에 자자刺字하는 묵형墨刑, 코를 베는 의형劓刑, 발
꿈치를 자르는 월형刖刑, 생식기를 제거하는 궁형宮刑, 사형死刑인 대벽
大辟을 뜻한다. 조선시대의 오형은 태형笞刑, 장형杖刑, 도형徒刑, 유형流
刑, 사형死刑이었다.

② 劓辟疑赦其罰倍灑의벽의사기벌배시

집해 서광은 "배倍는 한 곳에는 '사蓰'로 되어 있다. 다섯 갑절을 사
蓰라고 한다."라고 했다. 공안국은 "배倍의 백百이니 200환鍰이다."라
고 했다.

【集解】 徐廣曰 一作蓰 五倍曰蓰 孔安國曰 倍百爲二百鍰也

색은 灑는 '려戾'로 발음하고 蓰는 '새[所解反]'로 발음한다.

【索隱】 灑音戾 菙音所解反

③ 臏辟疑赦其罰倍差빈벽의사기벌배차

집해  마융은 "200의 갑절은 400환四百鍰이 된다. 차差는 또 400에 3분의 1을 더하는 것이니 모두 533과 3분의 1이다."라고 했다.
【集解】 馬融曰 倍二百爲四百鍰也 差者 又加四百之三分一 凡五百三十三三分一也

정의  갑절 속의 차이[倍中之差]는 200에서 3분의 1을 제거하니 합이 333환 두 냥이다. 궁형宮刑은 그 벌이 500이고 빈형臏刑은 이미 가벼운 데 그 수를 어찌 더하겠는가? 그러므로 공안국과 마융의 설명이 그르다는 것을 알 수 있다.
【正義】 倍中之差 二百去三分一 合三百三十三鍰二兩也 宮刑 其罰五百 臏刑既輕 其數豈加 故孔 馬之說非也

신주  빈형臏刑은 월형刖刑과 같다.

④ 五오

집해  서광은 "다른 본에는 '육六'으로 되어 있다."고 했다.
【集解】 徐廣曰 一作六

⑤ 甫刑보형

신주 주나라 때 오형五刑은 대단히 가혹한 형벌이었다. 또한 오형에 해당하는 죄가 3,000가지나 된다는 것은 주나라 사회가 가혹한 형벌이 아니면 유지하기 어려운 사회였다는 뜻도 된다. 반면 《한서》〈지리지〉 연지燕地에는 "은殷나라의 도가 쇠퇴하자 기자가 조선으로 가서 그 백성들에게 예의를 가르치고, 농사와 양잠과 옷감 짜는 것을 가르쳤는데, 낙랑 조선 백성에게는 여덟 조의 금법이 있었다[殷道衰, 箕子去之朝鮮, 教其民以禮義, 田蠶織作, 樂浪朝鮮民犯禁八條]"고 전하고 있다. 주나라의 3,000여 금법과 낙랑 조선의 8조 금법은 두 사회의 성격이 근본적으로 다르다는 사실을 말해준다.

목왕이 천자의 자리에 오른 지 55년 만에 붕어하고 아들 공왕共王 예호緊扈가① 천자의 자리에 올랐다. 공왕이 경수涇水 가에서 유람할 때, 밀국密國의 강공康公이② 모시고 있었다. (한 집안 자매) 3명의 여인이 있어 (강공에게) 의탁하니 강공의 어머니가③ 말했다. "반드시 왕에게 바쳐 대저 짐승이 세 마리이면 군羣이라고 하고, 사람이 셋이면 중衆이라고 하고, 여자가 셋이면 찬粲이라고 한다. 왕은 사냥 가서 군羣을 잡지 않는 것이고④ 제후가 행하는 바는 중衆을 하대하지 않는 것이며⑤ 왕이 여관女官을 취하는데 한 집안에서 3명을 취하지 않는 법이다.⑥ 대저 찬粲이란 세 명의 미려한 여자인데, 중衆이 미인을 귀의하게 한들 무슨 덕으로 감당하겠느냐? 왕도 오히려 감당하지 못하거늘 하물며 너와 같은 소인에 있어서랴. 소인이 미인을 탐한다면 마침내 반드시 망할 것이다."

穆王立五十五年 崩 子共王緊扈①立 共王游於涇上 密康公②從 有三女犇之 其母③曰 必致之王 夫獸三爲羣 人三爲衆 女三爲粲 王田不取羣④ 公行不下衆⑤ 王御不參一族⑥ 夫粲 美之物也 衆以美物歸女 而何德以堪之 王猶不堪 況爾之小醜乎 小醜備物 終必亡

① 緊扈예호

색은 《계본》에는 '이호伊扈'로 되어 있다.

【索隱】 系本作伊扈

② 密康公밀강공

집해 위소는 "강공康公은 밀국密國의 군주이고 희성姬姓이다."라고
했다.
【集解】 韋昭曰 康公 密國之君 姬姓也

정의 《괄지지》에는 "음밀陰密의 고성故城은 경주涇州 순고현鶉觚縣 서
쪽에 있는데 동쪽으로 현성縣城과 이어졌으니 옛 밀국이다."라고 했다.
【正義】 括地志云 陰密故城在涇州鶉觚縣西 東接縣城 故密國也

③ 其母기모

집해 《열녀전》에는 "강공의 어머니는 성姓이 외씨隗氏이다."라고 했다.
【集解】 列女傳曰 康公母 姓隗氏

④ 取群취군

정의 조대가가 이르기를 "군羣, 중衆, 찬粲은 모두 많다는 것의 이름
이다. 사냥에서 세 짐승을 얻으면 왕은 다 거두지 않는데 그것은 해치
는 것이 심하기 때문이다."라고 했다.
【正義】 曹大家云 羣 衆 粲 皆多之名也 田獵得三獸 王不盡收 以其害深也

⑤ 公行不下衆공행불하중

조대가가 이르기를 "공公은 제후이다. 공公이 행하는 바는 백성과 함께 의논하는 것이다."라고 했다.

【正義】 曹大家云 公 諸侯也 公之所行與衆人共議也


⑥ 王御不參一族왕어불삼일족


위소는 "어御는 부관婦官(女官)이다. 삼參은 삼三이다. 일족一族은 아버지와 아들이다. 그러므로 질제姪娣를 취하는데 3명을 갖추지만 한 가족의 여인 3명으로 하지 않는다."라고 했다.

【集解】 韋昭云 御 婦官也 參 三也 一族 一父子也 故取姪娣以備三 不參一族之女也


---

강공이 왕에게 바치지 않자 1년 후에 공왕이 밀국密國을 멸망시켰다. 공왕이 붕어하자 아들 의왕懿王 간囏이① 즉위했다. 의왕 때에는 왕실이 마침내 쇠약해져 시인詩人들이 풍자하는 시를 지었다.②

康公不獻 一年 共王滅密 共王崩 子懿王囏①立 懿王之時 王室遂衰
詩人作刺②

---

① 囏간

색은 《계본》에는 견堅으로 되어 있다.

【索隱】 系本作堅


② 懿王之時王室遂衰詩人作刺의왕지시왕실수쇠시인작자


색은　송충은 "의왕이 호鎬로부터 도읍을 견구犬丘로 옮겼는데 폐구廢丘라고도 한다. 지금의 괴리槐里가 이곳이다. 이때 왕실이 쇠약해졌기 때문에 처음으로 시詩가 지어졌다."라고 했다.

【索隱】 宋衷曰懿王自鎬徙都犬丘 一曰廢丘 今槐里是也 時王室衰 始作詩也


---

의왕이 붕어하고 공왕의 아우 벽방辟方이 즉위했는데 이 이가 효왕孝王이다. 효왕이 붕어하자 제후들이 다시 의왕의 태자 섭燮을 세웠는데 이 이가 이왕夷王이다.①

懿王崩 共王弟辟方立 是爲孝王 孝王崩 諸侯復立懿王太子燮 是爲夷王①

---


① 夷王이왕


정의　《기년紀年》에는 "3년에 제후들을 불러 모아 제애공齊哀公을 솥에 삶았다."라고 했다. 《제왕세기》에는 "16년에 붕어하다."라고 했다.

【正義】 紀年云 三年 致諸侯 烹齊哀公于鼎 帝王世紀云 十六年崩也

이왕이 붕어하고 아들 여왕厲王 호胡가 즉위했다. 여왕이 즉위한 지 30년, 이익만을 좋아하는 영이공榮夷公을 가까이했다. 이에 대부 예량부芮良夫가[①] 여왕에게 간쟁해 말했다.

"왕실을 장차 낮추려는 것입니까? 대저 영이공은 오로지 이익을 독차지하기를 좋아하고 큰 어려움을 알지 못하고 있습니다. 대저 이익이란 온갖 사물에서 생기는 것으로 하늘과 땅이 일구어 내는 것인데, 독차지하면 그 피해가 많게 됩니다. 하늘과 땅의 온갖 사물들은 모두가 취하고 싶은 것인데 어찌 전횡할 수가 있겠습니까? (백성들이) 노여워하는 바가 매우 많아서 큰 어려움에 대비하지 못할 것입니다. 이로써 (그가) 왕을 인도한다면 왕께서 오랫동안 다스릴 수 있겠습니까? 무릇 사람의 왕이 된 자는 장차 이로운 것을 인도해 위와 아래에 베푸는 것입니다. 신과 사람과 백물에게도 고르게[②] 나누지 못한 것이 없는지 오히려 날마다 걱정하고 원망이 미칠까 두려워해야 합니다. 그러므로《시경》〈주송周頌〉에 이르기를 '문덕이 빛나는 후직은 능히 저 하늘과 짝하셨네. 백성을 편안히 먹게 하셨으니 그분의 은덕 아님이 없네.'라고 했고 〈대아大雅〉 문왕文王편의 시에 이르기를 '큰 덕을 주周나라에 주셨네.'[③]라고 했습니다. 이는 이로운 것을 베푼 것이 아니라 어려운 것을 두려워한 것입니다. 그래서 능히 주나라에서 일군 것이 지금까지 이르게 한 것입니다. 지금 왕께서 오로지 이익만을 배우고 계시니 옳은 일입니까?

영이공을 만약 등용하신다면 주나라는 반드시 무너질 것입니다."
여왕이 듣지 않고 마침내 영이공을 경사卿士로 삼아 국사를 맡
게 했다.

夷王崩 子厲王胡立 厲王卽位三十年 好利 近榮夷公大夫芮良夫<sup>①</sup>諫
厲王曰 王室其將卑乎 夫榮公好專利而不知大難 夫利 百物之所生
也 天地之所載也 而有專之 其害多矣 天地百物皆將取焉 何可專也
所怒甚多 不備大難 以是教王 王其能久乎 夫王人者 將導利而布之
上下者也 使神人百物無不得極<sup>②</sup> 猶日怵惕懼怨之來也 故頌曰 思文
后稷 克配彼天 立我蒸民 莫匪爾極 大雅曰 陳錫載周<sup>③</sup> 是不布利而
懼難乎 故能載周以至于今 今王學專利 其可乎 匹夫專利 猶謂之盜
王而行之 其歸鮮矣 榮公若用 周必敗也 厲王不聽 卒以榮公爲卿士
用事

① 芮良夫예량부

정의  예백芮伯이다.
【正義】 芮伯也

② 極극

집해  위소는 "극極은 중中의 뜻이다."라고 했다.

【集解】 韋昭曰 極 中也

즉 과유불급過猶不及을 말한다.《논어》의 〈선진〉 편에 나오며, 과유불급過猶不及을 《중용》에서 '중中'이라고 했다.

③ 陳錫載周진석재주

<u>집해</u> 당고는 "문왕文王이 이로운 것을 베풀어 주어 주나라의 도道를 일구어 완성했다."라고 했다.

【集解】 唐固曰 言文王布錫施利 以載成周道也

# 여왕이 체(彘)로 달아나다

여왕의 행실이 포악스럽고 사치하며 오만해 나라 사람들이 왕을 비방했다. 소공이[①] 간했다.

"백성이 왕의 명령을 감당하지 못하고 있습니다."

왕이 노여워하며 위(衛)나라의 무당을[②] 불러 비방하는 자들을 감시하도록 하고[③] 무당이 누구라고 보고하면 죽였다. 그로부터 비방하는 자들은 적어졌으나 제후들이 조회하러 오지 않았다. 여왕 34년, 왕이 더욱 엄하게 단속하자 나라의 백성은 감히 말하지 못하고 길에서 만나면 눈짓으로 뜻을 통했다.[④] 여왕이 기뻐하며 소공에게 말했다.

"나는 능히 비방을 중지시켰소. 아무도 감히 말하지 못하오."

王行暴虐侈傲 國人謗王 召公[①]諫曰 民不堪命矣 王怒 得衛巫[②] 使監謗者[③] 以告則殺之 其謗鮮矣 諸侯不朝 三十四年 王益嚴 國人莫敢言 道路以目[④] 厲王喜 告召公曰 吾能弭謗矣 乃不敢言

① 召公소공

집해  위소는 "소강공小康公의 후예인 목공穆公 호虎이며 왕王의 경사卿士가 되었다."라고 했다.

【集解】 韋昭曰 召康公之後穆公虎 爲王卿士也

② 衛巫위무

집해  위소는 "위국衛國의 무巫(무당)이다."고 했다.

【集解】 韋昭曰 衛國之巫也

③ 監謗者감방자

정의  監은 '감[口銜反]'으로 발음한다. 감監은 '찰察'이다. 무인巫人(무당)의 신령神靈으로써 비방하고 헐뜯는 자들이 있으면 반드시 살폈다.

【正義】 監音口銜反 監 察也 以巫人神靈 有謗毀必察也

④ 道路以目도로이목

집해  위소는 "눈짓으로 서로를 흘겨본다."라고 했다.

【集解】 韋昭曰 以目相眄而已

소공이 말했다.

"이것은 장벽을 친 것입니다. 백성의 입을 막는 것은 물을 틀어 막는 것보다 심합니다. 물이 막혔다 터지면 사람이 많이 상하는데 백성도 이와 같습니다. 그래서 물을 다스리는 자는 물을 터서 흐르게 하고 백성을 다스리는 자는 베풀어 말을 하게 합니다. 그래서 천자는 정사를 경청하는데 공경公卿으로부터 모든 사士에 이르기까지 시詩를 올리게 하고[1] 맹인瞽(악관)에게는 악곡을 올리게 해야 합니다.[2] 사관史官은 글을 올리게 해야 합니다.[3] 태사太師는 잠언箴言을 올리게 하고[4] 수瞍는 시詩를 읊게 하고[5] 몽矇은 시를 외우게 해야 합니다.[6]

召公曰 是鄣之也 防民之口 甚於防水 水壅而潰 傷人必多 民亦如之 是故爲水者決之使導 爲民者宣之使言 故天子聽政 使公卿至於列士獻詩[1] 瞽獻曲[2] 史獻書[3] 師箴[4] 瞍賦[5] 矇誦[6]

---

① 獻詩헌시

정의　시詩로 풍자한 것을 올리다.
【正義】　上詩風刺

② 瞽獻曲고헌곡

| 집해 | 위소는 "곡曲은 악곡이다."라고 했다.

【集解】 韋昭曰 曲 樂曲

| 신주 | 옛날에는 맹인에게 악관을 시켰다. 눈이 보이지 않은 대신 음 감이 뛰어나서 하늘과 통할 수 있기 때문이다.

③ 史獻書사헌서

| 정의 | 사史는 태사太史이다. 글을 올려서 간하다.

【正義】 史 太史也 上書諫

④ 師箴사잠

| 정의 | 箴은 '침針'으로 발음한다. 사師는 악태사樂太師이다. 잠계箴戒 는 글을 올린다는 뜻이다.

【正義】 音針 師 樂太師也 上箴戒之文

⑤ 瞍賦수부

| 집해 | 위소는 "눈동자가 없는 것을 '수瞍'라고 한다. 공경公卿과 열사 列士들이 바친 시를 읊는 것이다."라고 했다.

【集解】 韋昭曰 無眸子曰瞍 賦公卿列士所獻詩也

⑥ 矇誦몽송

위소는 "눈동자는 있는데 볼 수가 없는 것을 몽矇이라 한다. 《주례》에는 몽矇은 음악을 주관하고 시를 외워서 경계시키고 간하는 말을 한다."라고 했다.
【集解】 韋昭曰 有眸子而無見曰矇 周禮矇主弦歌 諷誦箴諫之語也

온갖 공장工匠들도 간언을 하게하고 서인들은 말로 뜻을 전하게 해야 합니다.① 근신近臣에게는 규범規範을 다하게 하고② 친척들에게는 왕의 과실을 살펴 돕도록 해야 합니다.③ 악태사樂太師와 태사太史에게는 가르침으로 인도하게 하고④ 기애耆艾(노인)에게는 그것들을 닦게 합니다.⑤ 그런 뒤에는 왕께서 대략 헤아리셔도 이로써 사업이 행해지고 어그러지지 않게 되는 것입니다.

百工諫 庶人傳語① 近臣盡規② 親戚補察③ 瞽史教誨④ 耆艾脩之⑤ 而后王斟酌焉 是以事行而不悖

① 庶人傳語서인전어

위소는 "서인庶人이 비천卑賤해서 시대의 득실得失을 보고 통달하지 못하기 때문에 말로써 왕에게 전달한다."라고 했다.
【集解】 韋昭曰 庶人卑賤 見時得失 不得達 傳以語王

정의　傳의 발음은 '천[逐緣反]'이다. 서인은 미천微賤해서 시대의 득실을 보고도 위로 말을 올리지 못하기 때문에 길거리에서 서로 말을 전한다.

【正義】 傳音逐緣反 庶人微賤 見時得失 不得上言 乃在街巷相傳語


② 近臣盡規근신진규


집해　위소는 "근신近臣은 참복驂僕(마차 곁을 따라가는 종)의 무리이다."라고 했다.

【集解】 韋昭曰 近臣 驂僕之屬


③ 親戚補察친척보찰


정의　친척으로 왕의 과실을 보완해 주고 옳고 그른 것까지 살피는데 이르는 것을 말한 것이다.

【正義】 言親戚補王過失 及察是非也


④ 瞽史敎誨고사교회


집해　위소는 "고瞽는 악태사樂太師이다. 사史는 태사太史이다."라고 했다.

【集解】 韋昭曰 瞽 樂太師 史 太史也

⑤ 耆艾脩之기애수지

집해　위소는 "기애耆艾는 사부師傅이다. 고瞽와 사史의 가르침을 닦고 다스려서 왕에게 알려주는 것이다."라고 했다.
【集解】 韋昭曰 耆艾 師傅也 脩理瞽史之教 以聞於王

백성에게 입이 있는 것은 땅에 산과 시내가 있기에 재용財用이 여기에서 나는 것과 같습니다. 그곳은 언덕과 습지와 평지와 옥토가 있기에① 의복과 음식이 여기에서 나는 것과 같습니다. 백성에게 말을 할 수 있게 베풀면 선과 악이 여기에서 일어나는데, 선을 행해서 재난을 대비한다면 재용財用과 의식衣食을 생산하는 방법이 됩니다. 대저 백성이 마음으로 생각해서 입으로 말하는 것이 이루어지고 행해져야 합니다. 만약 그들의 입을 막는다면 그들과 더불어 무엇을 가까이할 수 있겠습니까?"

여왕이 듣지 않았다. 이에 국가에서는 감히 말을 하는 자가 없었다. 3년이 되어 그들이 서로 더불어 배반해 여왕을 습격하자 여왕이 체彘 땅②으로 달아났다.

民之有口也 猶土之有山川也 財用於是乎出 猶其有原隰衍沃也① 衣食於是乎生 口之宣言也 善敗於是乎興 行善而備敗 所以產財用衣食者也 夫民慮之於心而宣之於口 成而行之 若壅其口 其與能幾何 王不聽 於是國莫敢出言 三年 乃相與畔 襲厲王 厲王出奔於彘②

① 原隰衍沃원습연옥

집해 당고는 "아래가 평평한 것을 연衍이라 하고 물을 대주는 것을 옥沃이라 한다."라고 했다.

【集解】 唐固曰 下平曰衍 有漑曰沃

신주 원原은 언덕이다. 습隰은 낮은 늪지대이다. 연衍은 평지, 옥沃은 관개할 수 있는 토지이다.

② 彘체

집해 위소는 "체彘는 진晉나라 땅이고 한漢나라에서 현縣으로 삼아 하동河東에 소속시켰는데 지금의 영안永安이다."라고 했다.

【集解】 韋昭曰 彘 晉地 漢爲縣 屬河東 今曰永安

정의 《괄지지》에는 "진주晉州 곽읍현霍邑縣은 본래 한漢나라의 체현彘縣인데 뒤에 체를 고쳐서 영안永安이라 했다. 호鄗를 따라서 진晉으로 달아났다."라고 했다.

【正義】 括地志云 晉州霍邑縣本漢彘縣 後改彘曰永安 從鄗犇晉也

여왕의 태자 정靜이 소공의 집안에 숨어 있었는데 나라 사람들이 듣고 소공의 집을 포위했다. 소공이 말했다.

"지난날 나는 자주 왕에게 간언을 올렸는데 왕께서 따르지 않아 이와 같은 어려움에 이르렀소. 지금 왕태자를 죽인다면 왕께서는 나를 원수로 여기고 원망하고 노여워할 것이오. 대저 군주를 섬기는 자는 위험하다고 군주를 원망하지 않고[1] 원망을 해도 노여워하지 않는 것인데 하물며 왕을 섬김에 있어서겠습니까?"

이에 그의 아들로 왕태자 대신 죽게 하니 태자는 마침내 벗어날 수가 있었다.

厲王太子靜匿召公之家 國人聞之 乃圍之 召公曰 昔吾驟諫王 王不從 以及此難也 今殺王太子 王其以我爲讎而懟怒乎 夫事君者 險而不讎懟[1] 怨而不怒 況事王乎 乃以其子代王太子 太子竟得脫

① 險而不讎對험이불수대

| 집해 | 위소는 "위험한 가운데 있다."라고 했다.

【集解】 韋昭曰 在危險之中

| 신주 | 위험에 처해도 원수가 되거나 원망하지 않는다는 뜻이다.

소공과 주공 두 재상이 정사를 행한 것을 '공화共和'라고① 호칭
했다. 공화 14년, 여왕이 체 땅에서 죽었다. 태자 정은 소공의 집
안에서 성장했다. 두 재상이 이에 함께 세워 왕으로 삼았으니 이
이가 선왕宣王이다. 선왕宣王이 즉위하자 소공과 주공이 보좌해
정사를 닦고 문왕, 무왕, 성왕, 강왕의 유풍을 닦으니 제후들이
다시 주나라를 높였다. 12년, 노魯나라 무공武公이 조회에 들어
왔다.

召公 周公二相行政 號曰 共和① 共和十四年 厲王死于彘 太子靜長
於召公家 二相乃共立之爲王 是爲宣王 宣王卽位 二相輔之 脩政 法
文 武 成 康之遺風 諸侯復宗周 十二年 魯武公來朝

① 共和공화

[색은] 공共은 글자대로 발음한다. 《급총기년》에 "공백화共伯和가 왕
위를 범했다."하고 한 것과 같다. 共의 발음은 '공恭'이다. 공共은 나라
이다. 백伯은 작위이다. 화和는 그의 이름이다. 간干은 '찬탈하다'의 뜻
이다. 공백共伯이 왕정王政을 섭정했기 때문에 '간왕위干王位'라고 이른
것이다.

【索隱】 共音如字 若汲冢紀年則云 共伯和干王位 共音恭 共 國 伯 爵 和
其名 干 篡也 言共伯攝王政 故云 干王位也

共은 '공[巨用反]'으로 발음한다. 위소는 "체彘의 난亂 때 공경
이 서로 화和와 함께 정사를 닦았으므로 그 호칭을 '공화共和'라고 했
다."고 했다. 《노연자魯連子》는 "위주衛州 공성현共城縣은 본래 주周 공
백共伯의 나라이다. 공백의 이름은 화和이고 인의仁義를 행하기 좋아해
서 제후들이 어질게 여겼다. 주나라 여왕厲王이 무도無道하자 나라 사
람들이 난難을 일으켜 여왕이 체彘로 달아났고, 제후들이 화和를 받들
어 천자의 일을 행하게 하고 호칭을 '공화' 원년이라고 했다. 14년에 여
왕이 체 땅에서 죽자 공백이 제후를 시켜 왕자 정靖을 받들어 선왕宣王
으로 삼았다. 공백은 다시 위衛나라로 귀국했다."라고 했다.

〈위세가〉에는 "희후釐侯 13년 주나라 여왕이 체 땅으로 달아나자 공
화가 정사를 행했다. 28년 주周 선왕宣王이 섰다. 42년 희후가 졸하자
태자 공백여共伯餘를 세워 군주가 되었다. 공백의 아우 화和가 공백을
묘지 위에서 기습하자 공백이 희후의 무덤길로 들어가 자살했다. 위衛
나라 사람이 이에 희후 곁에 장례를 치르고 시호를 공백이라고 하고 화
和를 세워 위후衛侯로 삼았는데 이 이가 무공武公이다."라고 했다.

윗글을 상고해보니 공백은 군주가 되지 못하고 화和가 즉위해 무공
이 되었다. 무공이 즉위한 것은 공백이 죽은 뒤에 있었고 연세年歲는 서
로 합당하지 않으나 〈연표〉는 또한 동일하니 《죽서기년》이나 《노연자》
가 잘못된 것이 명백하다.

【正義】 共音巨用反 韋昭云 彘之亂 公卿相與和而脩政事 號曰共和也 魯
連子云 衞州共城縣本周共伯之國也 共伯名和 好行仁義 諸侯賢之 周厲王
無道 國人作難 王犇于彘 諸侯奉和以行天子事 號曰共和元年 十四年 厲
王死於彘 共伯使諸侯奉王子靖爲宣王 而共伯復歸國于衞也 世家云 釐侯

十三年 周厲王出犇于彘 共和行政焉 二十八年 周宣王立 四十二年 釐侯卒
太子共伯餘立爲君 共伯弟和襲攻共伯於墓上 共伯入釐侯羨自殺 衛人因葬
釐侯旁 謚曰共伯 而立和爲衛侯 是爲武公 按此文 共伯不得立 而和立爲武
公 武公之立在共伯卒後 年歲又不相當 年表亦同 明紀年及魯連子非也

---

선왕이 천묘千畝의 적전籍田을 경작하지 않자① 괵문공虢文公이② 
간해 말했다. "옳지 않습니다."③ 선왕이 들어주지 않았다. 39년, 
천묘에서④ 전투가 있었는데 왕의 군대가 '강씨지융姜氏之戎'에게 
패배했다.⑤

선왕이 천묘에서 왕의 군대가

宣王不脩籍於千畝① 虢文公②諫曰不可③ 王弗聽 三十九年 戰于千畝④ 
王師敗績于姜氏之戎⑤

---

① 千畝천묘

정의 응소는 "옛날에 천자는 적전籍田 천묘를 경작해서 천하에 솔선
수범한다."라고 했다. 신찬은 "적籍은 밟는 것이다."라고 했다. 상고해보
니 선왕宣王은 몸소 밭을 가는 예를 닦지 않았다.
【正義】 應劭云 古者天子耕籍田千畝 爲天下先 瓚曰 籍 蹈籍也 按 宣王不
脩親耕之禮也

② 虢文公괵문공

가규는 "문공文公은 문왕과 어머니가 같은 동생 괵중虢仲의 후예로서 왕의 경사卿士가 되었다."라고 했다. 위소는 "문공은 괵숙虢叔의 후예로서 서괵西虢이다. 선왕이 호鎬 땅에 도읍했을 때 기내畿內에 있었다."고 했다.

【集解】 賈逵曰 文公 文王母弟虢仲之後 爲王卿士也 韋昭曰 文公 虢叔之後 西虢也 宣王都鎬 在畿內也

정의 《괄지지》에는 "괵고성虢故城은 기주岐州 진창현陳倉縣 동쪽 40리에 있다.'고 했다. 또 이르기를 '천묘원千畝原은 진주晉州 악양현岳陽縣 북쪽 90리에 있다."고 했다.

【正義】 括地志云 虢故城在岐州陳倉縣東(西)[四]十里 又云 千畝原在晉州 岳陽縣北九十里也

③ 不可불가

색은 《국어國語》에는 "괵문공虢文公이 간쟁해서 이르기를 '대저 사람의 대사大事는 농사에 있으니 상제上帝의 자성粢盛-제수이 여기에서 나오며, 사람이 번성하고 많아지는 것도 여기에서 나오며, 사업을 넉넉하게 공급하는 것도 여기에서 나온다.'고 한다."고 했다. 이 사실은《국어》에 갖추어 실려 있다.

【索隱】 國語曰 虢文公諫曰 夫人之大事在農 上帝之粢盛於是乎出 人之繁 庶於是乎生 事之共給於是乎在 事具載國語

④ 千畝천묘

색은 지명地名이다. 서하西河의 개휴현介休縣에 있다.
【索隱】 地名也 在西河介休縣


⑤ 姜氏之戎강씨지융

집해 위소는 "서이西夷의 또 다른 종족으로 사악四嶽의 후예이다."라
고 했다.
【集解】 韋昭曰 西夷別種 四嶽之後也


---

선왕이 이미 남국南國의 군사를 잃고 이에 태원太原에서 백성의
숫자를 계산하려 하니① 중산보仲山甫가 간해 말했다.
"백성의 인구를 헤아리는 것은 옳지 않습니다."
선왕이 듣지 않고 마침내 백성의 수를 조사했다.
宣王既亡南國之師 乃料民於太原① 仲山甫諫曰 民不可料也 宣王不
聽 卒料民

---

① 料民於太原요민어태원

집해 위소는 "강융姜戎에게 무너져서 멸망한 곳이다. 남국南國은 강

수강水와 한수漢水 사이이다. 요料는 수數(세다)이다."라고 했다. 당고는
"남국은 남양南陽이다."라고 했다.

【集解】 韋昭曰 敗於姜戎時所亡也 南國 江漢之閒 料 數也 唐固曰 南國 南
陽也


② 仲山甫중산보

정의 모장은 "중산보仲山甫는 번목중樊穆仲이다."라고 했다.《괄지
지》에는 "한漢의 번현성樊縣城은 연주兗州 하구현瑕丘縣 서남쪽 35리에
있고 옛날 번국樊國이며 중산보를 봉한 곳이다."라고 했다.

【正義】 毛萇云 仲山甫 樊穆仲也 括地志云 漢樊縣城在兗州瑕丘縣西南
三十五里 古樊國 仲山甫所封也


> 46년, 선왕이 붕어하고① 아들 유왕幽王 궁생宮涅이② 즉위했다.
> 유왕 2년에 서주西周의 위수渭水, 경수涇水, 낙수洛水 등 세 곳
> 의 하천에서 모두 지진이 발생했다.
>
> 四十六年 宣王崩① 子幽王宮涅② 立 幽王二年 西周三川皆震


① 宣王崩선왕붕

정의 《주춘추周春秋》에는 "선왕이 두백杜伯을 죽였는데 죄가 없었

다. 3년 뒤 선왕이 제후들을 포圃에 모이게 해서 사냥을 하는데 한낮에 두백이 길의 왼쪽에서 일어났다. 붉은 옷에 관을 쓰고 붉은 활과 화살로 선왕을 쏘아 심장에 맞아서 척추가 꺾이어 죽었다.”라고 했다.《국어》에서는 “두백이 왕을 호鄗에서 쏘았다.”고 했다.

【正義】 周春秋云 宣王殺杜伯而無辜 後三年 宣王會諸侯田于圃 日中 杜伯起於道左 衣朱衣冠 操朱弓矢 射宣王 中心折脊而死 國語云 杜伯射王於鄗


② 宮湦궁생


집해 서광은 “다른 판본에는 ‘궁생宮生’으로 되어 있다.”고 했다.

【集解】 徐廣曰 一作生


③ 西周三川서주삼천


집해 서광은 “삼천三川은 경수涇水, 위수渭水, 낙수洛水이다.”고 했다. 나 배인裴駰이 상고해보니 위소는 “서주西周 호경鎬京의 땅이 진동했다. 그러므로 삼천三川이 또한 진동했다.”고 말했다.

【集解】 徐廣曰 涇 渭 洛也 駰按 韋昭云 西周鎬京地震動 故三川亦動


정의 상고해보니 경수와 위수의 두 물은 옹주雍州의 북쪽에 있다. 낙수는 일명 칠저漆沮이며 옹주의 동북쪽에 있어 남쪽으로 흘러 위수로 들어간다. 이때에 왕성이 동주東周로 되었고 호경鎬京이 서주西周가 되었다.

백양보伯陽甫가[1] 말했다.

"주나라는 장차 망할 것이다. 대저 하늘과 땅의 기는 그 차례를
잃지 않아야 한다. 만약 그 차례를 잃게 되면 백성이 어지러워진
다.[2] 양陽은 엎드려서 능히 나오지 못하고 음陰이 눌러서 오르
지 못하니[3] 이에 지진이 있는 것이다. 지금 세 곳의 하천이 실제
로 진동했는데 이것은 양이 제자리를 잃고 음에 눌린 것이다.[4]
양이 제 곳을 잃고 음에 있게 되면[5] 근원은 반드시 막히게 된다.
근원이 막히면 국가는 반드시 망하는 것이다. 대저 수水가 토土
를 적셔야 백성들이 쓸 수 있는 것이다.[6]

伯陽甫[1]曰 周將亡矣 夫天地之氣 不失其序 若過其序 民亂之也[2] 陽
伏而不能出 陰迫而不能蒸[3] 於是有地震 今三川實震 是陽失其所而
填陰也[4] 陽失而在陰[5] 原必塞 原塞 國必亡 夫水土演而民用也[6]

① 伯陽甫백양보

집해 위소는 "백양보는 주나라의 대부이다."라고 했다. 당고는 "백양
보는 주나라 주하사柱下史인 노자老子다."라고 했다.

【集解】 韋昭曰 伯陽父 周大夫也 唐固曰 伯陽父 周柱下史老子也

신주 노자老子의 성姓은 이李이며 자字가 백양伯陽이다. 《사기》 〈노자열전〉에 자세한 기록이 있다.

② 過其序民亂之也과기서민란지야

집해 위소는 "과過는 실失이다. 백성이 감히 왕을 물리치지 못한다는 것을 말한 것이다."라고 했다.
【集解】 韋昭曰 過 失也 言民不敢斥王者也

③ 陽伏而不能出陰迫而不能蒸양복이불능출음박이불능증

집해 위소는 "증蒸은 '오르다.' 양기가 아래에 있으니 음기가 압박해서 능히 오르지 못하게 하는 것이다."라고 말했다.
【集解】 韋昭曰 蒸 升也 陽氣在下 陰氣迫之 使不能升也

④ 塡陰전음

집해 위소는 "음에 눌리는 것이다."라고 했다.
【集解】 韋昭曰 爲陰所鎭笮也

⑤ 陽失而在陰양실이재음

집해 위소는 "음의 아래에 있다."라고 했다.

⑥ 水土演而民用也수토연이민용야

[집해] 위소는 "수토水土의 기가 통해서 흐르게 된다. 연演은 젖은 것
潤과 같다. 젖어 있으면 만물이 살고 백성이 사용할 것을 얻는다."라고
했다.

【集解】 韋昭曰 水土氣通爲演 演猶潤也 演則生物 民得用之

토土가 젖어 있지 않으면 백성의 재용財用이 궁핍하게 되는데 어찌 망하지 않기를 바라겠는가? 옛날 이수伊水와 낙수洛水가 고갈되자 하나라가 멸망했고,[①] 하수河水가 고갈되자 상나라가 멸망했다.[②] 지금 주나라는 덕德이 하나라나 상나라의 말기와 같아 그 천川의 근원이 또한 막혔으니 막히면 반드시 말라붙을 것이다. 무릇 나라는 반드시 산이나 강에 의지하는데 산이 무너지고 강이 마르면 나라가 망한다는 징조이다. 강이 마르면 반드시 산은 무너질 것이다.[③] 만약 나라가 망한다면 10년을 넘지는 않을 것인데 이것은 숫자가 끝나는 법칙이기 때문이다.[④] 하늘이 버리는 것은 그 법칙을 벗어나지 않을 것이다." 이 해에 경수, 위수, 낙수가 고갈되고 기산岐山이 무너졌다.

土無所演 民乏財用 不亡何待 昔伊 洛竭而夏亡[①] 河竭而商亡[②] 今周德若二代之季矣 其川原又塞 塞必竭 夫國必依山川 山崩川竭 亡國之徵也 川竭必山崩[③] 若國亡不過十年 數之紀也[④] 天之所棄 不過其紀 是歲也 三川竭 岐山崩

① 伊洛竭而夏亡이락갈이하망

집해 위소는 "우禹는 양성陽城에 도읍했는데 이수伊水와 낙수洛水에서 가까운 곳이다."라고 했다.

【集解】 韋昭曰 禹都陽城 伊 洛所近也

② 河竭而商亡하갈이상망

[집해] 위소는 "상商나라 사람은 위衛에 도읍했는데 하수河水가 지나
가는 곳이다."라고 했다.
【集解】 韋昭曰 商人都衞 河水所經也


③ 川竭必山崩천갈필산붕

[집해] 위소는 "물과 샘이 윤택하지 않으면 마르고 썩어서 무너진다."
라고 했다.
【集解】 韋昭曰 水泉不潤 枯朽而崩也


④ 數之紀也수지기야

[집해] 위소는 "수數는 일一에서 시작하여 십十에서 끝난다. 십十에서
다시 바뀌는 것이므로 기紀이다."라고 했다.
【集解】 韋昭曰 數起於一 終於十 十則更 故曰紀也

# 웃지 않는 포사

3년, 유왕幽王이 포사褒姒를[①] 총애했다. 포사가 아들 백복伯服을 낳자 유왕이 태자를 폐하고자 했다. 태자의 어머니는 신후申侯의 딸로 왕후王后가 되었다. 그 뒤 유왕이 포사를 얻어 사랑했다. 이에 신후申后를 왕후에서 폐하면서 아울러 태자 의구宜臼도 내쫓고 포사를 왕후로 삼으면서 백복을 태자로 삼고자 했다. 주나라 태사太史인 백양보伯陽甫가 역사서歷史書를[②] 읽고 말했다.

"주나라는 망할 것이다."

옛날 하후씨夏后氏가 쇠약할 때부터 두 마리의 신룡神龍이 하나라 임금의 조정에 머물러서 말했다.

"우리는 포褒의 선왕들이다."[③]

三年 幽王嬖愛褒姒[①] 褒姒生子伯服 幽王欲廢太子 太子母申侯女
而爲后 後幽王得褒姒 愛之 欲廢申后 并去太子宜臼 以褒姒爲后 以
伯服爲太子 周太史伯陽讀史記[②]曰 周亡矣 昔自夏后氏之衰也 有二
神龍止於夏帝庭而言曰 余 褒之二君[③]

① 褒姒포사

포褒는 나라 이름이다. 하夏나라와 동성으로 사씨姒氏이다. 예禮에는 부인婦人은 국가와 성姓을 일컫는 것이라고 했다. 포사는 용龍의 침으로 임신해 낳은 요상한 딸로 버려졌는데 포褒나라 사람이 거두어 길러 왕에게 들여보냈다. 그러므로 포사褒姒라고 했다.

【索隱】 褒 國名 夏同姓 姓姒氏 禮婦人稱國及姓 其女是龍漦妖子 爲人所收 褒人納之于王 故曰褒姒

《괄지지》에는 "포국褒國 고성故城은 양주梁州 포성현褒城縣 동쪽 200보에 있으며 옛날 포국褒國이다."라고 했다.

【正義】 括地志云 褒國故城在梁州褒城縣東二百步 古褒國也

포사褒姒는 성姓이 사姒로써 지금 섬서성 한중漢中에 있던 포국褒国 출신으로 주 유왕幽王의 두 번째 왕비이다. 서기전 779년 주 유왕이 포국을 공격해 무너뜨리자 포국에서 포사를 바쳤다. 이듬해 포사가 백복伯服을 낳자 무왕이 첫 번째 왕비인 신후申后와 그 소생의 태자 희의구姬宜臼를 폐하고, 포사를 왕비로 삼고 희백복을 태자로 삼았다. 서기전 771년 신후의 부친 신후申侯가 증국鄫國과 견융犬戎을 끌어들여 주 유왕을 공격해서 여산驪山 아래에서 유왕과 백복을 살해했다. 이로써 서주西周가 멸망하고 동주東周시대가 시작되었는데, 이것이 곧 춘추시대의 시작이다.

② 史記사기

모든 나라가 다 사관史을 두고서 사건을 기록했다. 그러므로 '사기史記'라고 했다.

【正義】 諸國皆有史以記事 故曰 史記

③ 褒之二君포지이군

우번은 "용龍이 스스로 포褒나라 2명의 '선군先君'이라고 호칭했다."고 했다.

【集解】 虞翻曰 龍自號褒之二先君也

하나라의 임금이 점을 쳤는데 두 마리 용을 죽이거나 쫓아버리거나 머무르게 하는 것이 모두 길한 것이 없다고 했다. 다시 점을 치니 용의 침漦을① 받아 간직하면 이에 길할 것이라고 했다. 이에 폐백을 펼치고 침의 거품을 청하는 책策(글)을 써서 고하자② 용은 사라졌지만 침은 남아서 독櫝③ 속에 넣었다. 하나라가 망할 때 이 기물은 은殷나라에 전해졌다. 은나라가 망하자 또 이 기물은 주周나라에 전해졌다. 3대에 이르도록 전해졌지만 감히 열어 보지 못했다.

夏帝卜殺之與去之與止之 莫吉 卜請其漦①而藏之 乃吉 於是布幣而策告之② 龍亡而漦在 櫝③而去之 夏亡 傳此器殷 殷亡 又傳此器周 比三代 莫敢發之

① 漦시

집해  위소는 "시漦는 용龍이 토해내는 거품[沫]이다. 이 거품은 용의 정기精氣이다."라고 했다.

【集解】 韋昭曰 漦 龍所吐沫 沫 龍之精氣也

② 策告之책고지

집해  위소는 "간책簡策의 글을 써서 용龍에게 고해 그 거품을 청했다."라고 했다.

【集解】 韋昭曰 以簡策之書告龍 而請其漦也


③ 櫝독


集해 위소는 "독櫝은 궤匱이다."라고 했다.

【集解】 韋昭曰 櫝 匱也


여왕厲王 말기에① 이르러 열어 보았는데 용의 침이 뜰에 흘러 제거할 수가 없었다. 여왕이 여자들을 시켜 발가벗고 떠들게 했다.② 이에 용의 거품이 검은 자라로③ 변화해 왕의 후궁 안으로 들어갔다. 후궁에는 일곱 살 정도의④ 어린 첩이 있어서 검은 자라를 만났다. 그녀가 비녀를 꽂는 성년이 되자 임신을 했는데⑤ 사내와 접촉하지 않았는데 아이를 낳았으므로 두려워서 아이를 버렸다.

至厲王之末① 發而觀之 漦流于庭 不可除 厲王使婦人裸而譟之② 漦化爲玄黿③ 以入王後宮 後宮之童妾既齓④而遭之 既笄而孕⑤ 無夫而生子 懼而棄之


① 末말


집해 우번은 "말년末年은 왕이 체彘로 유배된 해이다."라고 했다.

② 譟之조지

│ 집해 │ 위소는 "조조는 시끄럽게 떠드는 소리이다."라고 했다. 당고는
"여럿이 부르짖는 것이 조조이다."라고 했다.
【集解】 韋昭曰 譟 讙呼也 唐固曰 羣呼曰譟

③ 玄黿현원

│ 색은 │ 黿은 또한 '蚖(영원)'으로 되어 있는데 발음은 '元'이다. 현원玄
黿은 도마뱀이다.
【索隱】 亦作蚖 音元 玄蚖 蚖蜴也

④ 齔츤

│ 집해 │ 위소는 "아이가 이를 가는 것을 '츤齔'이라고 한다. 여자는 7세
에 이를 간다."라고 했다.
【集解】 韋昭曰 毀齒曰齔 女七歲而毀齒也

⑤ 笄而孕계이잉

│ 정의 │ 笄의 발음은 '계雞'이다. 《예기》에는 '여자가 시집가는 것을 허

락하면 비녀를 꽂는다.'라고 했다. 정현은 "계笄는 지금의 잠簪(비녀)이다."라고 했다.

【正義】 笄音雞 禮記云 女子許嫁而笄 鄭玄云 笄 今簪

---

선왕宣王 때에 어린 여자아이들이 노래를 불렀다.

"산뽕나무 활과 기箕나무 화살주머니가[1] 진실로 주나라를 망하게 하겠네."

선왕이 듣고 이런 활과 화살주머니를 파는 부부가 있다면 잡아 죽이라고 시켰다. 이 부부는 도피하다가 시골에서 후궁의 어린 첩이 버린 요상한 아기가[2] 길에 있는 것을 보았다.[3] 밤에 아이 우는 소리를 듣고 애처로워 아이를 거두어 부부가 마침내 포褒 땅으로 달아났다. 포나라 사람이 (유왕에게) 죄를 지었는데[4] 어린 첩이 낳은 아이를 바쳐 속죄를 청했다. 버려진 어린아이는 포 땅에서 왔으므로 포사褒姒라고 했다.

宣王之時童女謠曰 檿弧箕服[1] 實亡周國 於是宣王聞之 有夫婦賣是器者 宣王使執而戮之 逃於道 而見鄉者後宮童妾所棄妖子[2]出於路者[3] 聞其夜啼 哀而收之 夫婦遂亡 犇於褒 褒人有罪[4] 請入童妾所棄女子者於王以贖罪 棄女子出於褒 是爲褒姒

---

① 檿弧箕服염호기복

집해  위소는 "산뽕나무를 염檿이라고 한다. 호弧는 활이다. 기箕는 나무 이름이다. 복服은 화살집이다."라고 했다.

【集解】 韋昭曰 山桑曰檿 弧 弓也 箕 木名 服 矢房也


② 妖子요자

집해  서광은 "妖는 다른 판본에는 '夭'로 되어 있다. 夭는 어리다는 뜻이다."라고 했다.

【集解】 徐廣曰 妖 一作夭 夭 幼少也


③ 出於路者출어로자

정의  산뽕나무 활을 파는 부부를 선왕宣王이 잡아 죽이려고 하자 드디어 길로 도망쳤는데 이 요상한 아이를 만나자 애처로워 거두었다.

【正義】 夫婦賣檿弧者 宣王欲執戮之 遂逃于路 遇此妖子 哀而收之


④ 褒人有罪포인유죄

정의  《국어》에는 "주나라 유왕이 유포有褒를 정벌하자 포나라 사람이 포사褒姒를 딸로 여기고, 괵석보虢石甫와 가까이하게 했다."고 했다.

【正義】 國語云 周幽王伐有褒 褒人以褒姒女焉 與虢石甫比也

유왕 3년에 왕이 후궁에 갔다가 포사를 보고 총애하여 아들 백
복伯服을 낳았다. 마침내 유왕은 신후와 태자를 폐하고 포사를
왕후로 삼고 백복을 태자로 삼았다.[①] 태사 백양보가 말했다.
"재앙이 이루어졌다. 어쩔 수가 없구나!"
當幽王三年 王之後宮見而愛之 生子伯服 竟廢申后及太子 以褒姒
爲后 伯服爲太子[①] 太史伯陽曰 禍成矣 無可奈何

① 伯服爲太子백복위태자

색은 《좌전左傳》에서 이른바 '휴왕간명攜王奸命(휴왕이 아버지 명을 따르
지 않다)'고 한 뜻이 이것이다.
【索隱】 左傳所謂攜王奸命 是也

신주 《춘추좌전》 소공昭公 26년(서기전 516) 12월 조에 왕자 조朝가
제후들에게 경계한 말 중에 "하늘이 주나라에 은혜를 내리지 않았는데
왕은 우매해서 도리를 좇지 않아 왕위를 잃었고, 휴왕도 아버지의 명을
따르지 않으니 제후들이 왕을 바꾸었다.[天不弔周, 王昏不若, 用愆厥位, 攜王
奸命, 諸侯替之]"라고 한 것을 말한다.

포사는 웃는 것을 좋아하지 않았다. 유왕은 포사를 웃게 하려고 갖가지 방법을 동원했으나 그래도 웃지 않았다. 유왕은 봉화와<sup>①</sup> 큰 북을 만들어 도적이 쳐들어오면 봉화를 올리게 했는데, 제후들이 다 이르렀지만 도적은 없었다. 포사가 이에 크게 웃었다. 유왕이 이를 기뻐해서 여러 번 봉화를 올리게 하니 그 후로는 믿지 않았고 제후들도 더는 도달하지 않았다.

褒姒不好笑 幽王欲其笑萬方 故不笑 幽王爲燧燧<sup>①</sup>大鼓 有寇至則擧燧火 諸侯悉至 至而無寇 褒姒乃大笑 幽王說之 爲數擧燧火 其後不信 諸侯益亦不至

① 烽燧봉수

**정의** '봉수峯逯'로 발음한다. 낮에는 연기를 날려서 불의 연기를 바라보게 하고 밤에는 봉홧불을 들어서 불빛을 바라보게 하는 것이다. 봉燧은 토로土魯이다. 수燧는 횃불이다. 모두 산위에서 설치했다가 적이 쳐들어오면 들어 올리는 것이다.

【正義】 峯逯二音 晝日燃燧以望火煙 夜擧燧以望火光也 燧 土魯也 燧 炬火也 皆山上安之 有寇擧之

유왕이 괵석보虢石父를 경卿으로 삼고 정사를 맡겼는데 나라 사람들이 모두 원망했다. 괵석보의 사람됨이 말재주가 좋고 간교하여① 아첨하면서 이익만을 좇았는데도 왕이 이를 임용한 것이다. 또 신후申后를 폐하고 태자도 내쫓았다. 이에 신후申侯는 화가 나서 증繒나라와② 서이西夷 견융犬戎과 함께 유왕을 공격했다. 유왕은 봉화를 올려 군사들을 불렀으나 군사들이 이르지 않았다. 드디어 유왕을 여산驪山 아래에서③ 죽이고 포사를 포로로 잡고서 주나라의 재물을 모두 빼앗아 갔다.④ 이에 제후들이 신후申侯에게 나아가 함께 유왕의 옛 태자 의구를 세웠는데 이 이가 평왕平王으로 주나라의 제사를 받들었다.

幽王以虢石父爲卿 用事 國人皆怨 石父爲人佞巧①善諛好利 王用之 又廢申后 去太子也 申侯怒 與繒② 西夷犬戎攻幽王 幽王舉燧火徵 兵 兵莫至 遂殺幽王驪山下③ 虜褒姒 盡取周賂而去④ 於是諸侯乃卽 申侯而共立故幽王太子宜臼 是爲平王 以奉周祀

① 佞巧영교

집해 서광은 "영佞은 한 본에는 첨諂으로 되어 있다."라고 했다.

【集解】 徐廣曰 佞 一作諂

② 繒증

색은 증繪은 나라 이름이고 하夏나라와 동성이다.

【索隱】 繪 國名 夏同姓

정의 繪은 '증[自陵反]'으로 발음한다. 《국어》에는 "증繪나라는 사성姒姓이고 하夏나라 우禹임금의 후예이다."라고 했다. 《괄지지》에는 "증현繪縣은 기주沂州 승현承縣에 있는데 옛 제후국으로서 우임금의 후손이다."라고 했다.

【正義】 繪 自陵反 國語云 繪 姒姓 夏禹後 括地志云 繪縣在沂州承縣 古侯國 禹後

③ 驪山여산

색은 신풍현新豐縣 남쪽에 있으며 옛날 여융국驪戎國이다. 옛 발음은 '여黎'이다. 서광은 '리[力知反]'로 발음한다고 했다.

【索隱】 在新豐縣南 故驪戎國也 舊音黎 徐廣音力知反

정의 《괄지지》에는 "여산驪山은 옹주雍州 신풍현 남쪽 16리에 있다. 《토지기土地記》에는 여산은 곧 남전산藍田山이다."라고 했다. 상고해보니 여산 남쪽이 곧 남전산이다.

【正義】 括地志云 驪山在雍州新豐縣南十六里 土地記云驪山卽藍田山 按 驪山之陽卽藍田山

④ 周照而去주뢰이거

　　<u>집해</u>　《급총기년》에는 "무왕이 은나라를 멸망시킨 때부터 유왕幽王에 이르기까지 무릇 257년이다."라고 했다.

【集解】　汲冢紀年曰 自武王滅殷以至幽王 凡二百五十七年也


　　<u>정의</u>　상고해보니 《급총서》는 진晉나라 함화咸和 5년에 급군汲郡 급현汲縣에서 위魏나라 양왕襄王의 무덤을 발굴해서 고서책古書冊 75권을 얻은 것이다.

【正義】　按 汲冢書 晉咸和五年汲郡汲縣發魏襄王冢 得古書冊七十五卷


---

평왕이 즉위해서 동쪽 낙읍雒邑으로[1] 천도遷都하여 융戎의 침범을 피했다. 평왕 때에 주나라의 왕실이 쇠미해져서 제후들 중 강한 나라가 약한 나라들을 겸병했는데 제齊, 초楚, 진秦, 진晉이 커지기 시작했으며 정사가 방백方伯에게서[2] 나왔다.

平王立 東遷于雒邑[1] 辟戎寇 平王之時 周室衰微 諸侯彊并弱 齊 楚 秦 晉始大 政由方伯[2]

---

① 雒邑낙읍


　　<u>정의</u>　곧 왕성王城이다. 평왕 이전까지를 동도東都라고 부르고, 경왕敬王 때 이후의 전국시대를 서주西周라고 한다.

【正義】　卽王城也 平王以前號東都 至敬王以後及戰國爲西周也

② 方伯방백

집해 《주례》에는 "구명九命을 받으면 백작伯爵이 된다."고 했다. 정중은 "제후의 우두머리를 방백方伯이라 한다."라고 했다.

【集解】 周禮曰 九命作伯 鄭衆云 長諸侯爲方伯

---

49년, 노魯나라 은공隱公이 즉위했다.

51년, 평왕이 붕어했다. 태자 예보洩父①가 일찍 죽어 그의 아들 임林이 즉위했는데 이 이가 환왕桓王이다. 환왕은 평왕의 손자이다.

四十九年 魯隱公卽位

五十一年 平王崩 太子洩父 蚤死 立其子林 是爲桓王 桓王 平王孫也

---

① 洩父예보

정의 父의 발음은 '보甫'이다.

환왕 3년에 정鄭나라 장공莊公이 조회했는데 환왕이 예로써 대하지 않았다.① 5년, 정나라에서 원망하고 노魯나라와 허전許田을 바꾸었다. 허전許田은 천자가 태산에 제사를 지낼 때 비용으로 쓰는 밭이었다. 8년, 노魯나라에서 은공隱公을③ 살해하고 환공桓公이 임금의 자리에 올랐다. 13년, 정鄭나라를 정벌했는데 정나라에서 환왕桓王에게 활을 쏘아 환왕을 다치게 하자 환왕이 되돌아갔다.⑤

桓王三年 鄭莊公朝 桓王不禮① 五年 鄭怨 與魯易許田 許田 天子之用事太山田也 八年 魯殺隱公③ 立桓公 十三年 伐鄭④ 鄭射傷桓王 桓王去歸⑤

① 桓王不禮환왕불례

색은  이는 노魯 은공隱公 6년 조에 있었다.
【索隱】 在魯隱公六年

② 許田허전

색은  《좌전左傳》에 정鄭나라 백작이 옥구슬로써 허許 땅의 전지田地를 빌렸다가 마침내 팽祊 땅과 바꾸었다. 팽땅은 정나라가 태산泰山에 제사를 지내는 밭이고 허땅은 노나라가 경사京師에 조회하러 갈 때 묵어가던 탕목읍湯沐邑으로 주공묘周公廟가 있고 정나라가 가까운 까닭에 바꾸어서 취한 것이다. 여기에서 허전許田은 "천자가 태산에 용사用事하는 전지이다."라고 한 것은 그릇된 것이다.

【索隱】 左傳鄭伯以璧假許田 卒易祊 祊是鄭祀太山之田 許是魯朝京師之湯沐邑 有周公廟 鄭以其近 故易取之 此云 許田天子用事太山田 誤

정의 두예杜預는 "성왕成王이 왕성王城을 경영하면서 도읍을 옮길 뜻이 있었다. 그러므로 주공에게 허許 땅의 전지를 주어서 노국魯國이 조회에 들어 숙박하는 읍으로 삼게 했는데 후세에 이 때문에 주공의 별도 사당을 세웠다고 했다. 정鄭 환공桓公 우友는 주선왕周宣王과 어머니가 같은 아우로서 정나라에 봉해 태산에 제사할 때 팽祊 땅에 있는 탕목읍으로 돕게 했다. 정나라는 천자가 다시는 순수하지 못할 것으로 여겨서 팽祊 땅과 허전을 바꾸려고 했는데 각각 본국과 가까운 땅이니 마땅하다고 따랐다. 노魯나라에서는 주공의 별도 사당別廟을 의심해서 태산의 제사를 폐지하고 노나라에서 주공의 제사를 지내려고 겸손한 말로 구한 것이다."고 했다. 《괄지지》에는 "허전은 허주許州 허창현許昌縣 남쪽 40리에 있는데, 노성魯城이 있고 주공묘周公廟가 성안에 있다. 팽전祊田은 기주沂州 비현費縣 동남쪽에 있다."고 했다. 상고해보니 완宛은 정나라 대부였다.

【正義】 杜預云 成王營王城 有遷都之志 故賜周公許田 以爲魯國朝宿之邑 後世因而立周公別廟焉 鄭桓公友 周宣王之母弟 封鄭 有助祭泰山湯沐邑 在祊 鄭以天子不能復巡狩 故欲以祊易許田 各從本國所近之宜也 恐魯以周公別廟爲疑 故云已廢泰山之祀 而欲爲魯祀周公 遜辭以求也 括地志云

許田在許州許昌縣南四十里 有魯城 周公廟在城中 祊田在沂州費縣東南
按 宛 鄭大夫

③ 隱公은공

정의　자윤子允이 공자 휘翬를 시켜 은공隱公을 죽이게 했다.
【正義】　子允令公子翬殺隱公也

④ 伐鄭벌정

색은　노환공魯桓公 5년(서기전 707)에 있었던 사건이다.
【索隱】　在魯桓五年

⑤ 桓王去歸환왕거귀

색은　《좌전》에 수갈繻葛의 전쟁에서 축염祝聃이 왕을 쏘아서 어깨에
적중시켰다는 것이 이를 말한다.
【索隱】　左傳繻葛之役 祝聃射王中肩是也。

23년, 환왕이 붕어하고 아들 장왕莊王 디佗기 왕위에 올랐다. 장왕 4년, 주공周公 흑견黑肩이 장왕을 살해하고 왕자 극克을① 세우고자 했다. 신백辛伯이② 왕에게 알리니 왕이 주공周公(흑견)을③ 죽였다. 왕자 극이 연나라로 달아났다.④

15년, 장왕이 붕어하고 아들 희왕釐王⑤ 호제胡齊가 즉위했다. 제나라 환공桓公이 처음으로 패자覇者가 되었다.

二十三年 桓王崩 子莊王佗立 莊王四年 周公黑肩欲殺莊王而立王子克① 辛伯②告王 王殺周公③ 王子克犇燕④

十五年 莊王崩 子釐王⑤胡齊立 釐王三年 齊桓公始霸

① 王子克왕자극

[집해] 가규는 "장왕의 아우 자의子儀이다."라고 했다.

【集解】 賈逵曰 莊王弟子儀也

② 辛伯신백

[집해] 가규는 "신백은 주나라 대부이다."라고 했다.

【集解】 賈逵曰 辛伯 周大夫也

③ 周公주공

《좌전》에는 "처음에 자의子儀(왕자 극)는 환왕의 총애를 받았다. 환왕이 주공에게 그를 맡겼는데 신백이 간해서 말하기를 '후궁을 왕후와 동등하게 하고 두 사람이 국정을 나란히 맡은 것은 어지러움의 근본입니다.'라고 했다. 그러나 주공周公은 따르지 않아서 난리를 당했다."라고 했다. 그리하여 주공은 선왕의 뜻에 아첨해서 스스로 주벌을 당청했고 신백은 군주와 신하의 의리를 바르게 해서 마침내 왕업을 편안하게 했으니 두 재상[卿]의 우열을 진실로 알 만할 것이다.

【索隱】 左傳曰 初 子儀有寵於桓王 桓王屬諸周公 辛伯諫曰 並后匹嫡 兩政耦國 亂之本也 周公不從 故及於難 然周公阿先王旨 自取誅夷 辛伯正君臣之義 卒安王業 二卿優劣誠可識也

④ 犇燕분연

정의 두예는 "연은 남연南燕이고 길성姞姓이다."라고 했다.

【正義】 杜預云 南燕 姞姓也

⑤ 釐王희왕

정의 釐의 발음은 '희僖'이다.

【正義】 釐音僖

제3장

# 동주와 서주가
# 나뉘다

# 제환공이 패자가 되다

5년, 희왕釐王이 붕어하고 아들 혜왕惠王 낭閬이[1] 즉위했다. 혜왕 2년, 당초에 장왕이 총애하던 요姚가[2] 아들 퇴頹를[3] 낳았는데 퇴도 장왕의 총애를 받았다. 혜왕이 즉위하자 대신大臣의[4] 정원을 빼앗아 원유苑囿(왕의 사냥터)를 만들었다. 그러자 대부 변백邊伯 등 5명이 난을 일으켰다.[5] 서로 모의해서 연나라와 위衛나라의[6] 군사들을 불러서 혜왕을 공격했다.

五年 釐王崩 子惠王閬[1]立 惠王二年 初 莊王嬖姬姚[2] 生子頹[3] 頹有寵 及惠王卽位 奪其大臣[4]園以爲囿 故大夫邊伯等五人作亂[5] 謀召燕 衛師[6] 伐惠王

① 閬랑

색은 《계본》에는 이름이 무량毋涼이라 했다.

【索隱】 系本名毋涼


정의 황보밀은 "무량毋涼이다."라고 했다.

【正義】 謐作毋涼也


② 姚요


정의 두예는 "요姚는 성姓이다."라고 했다.

【正義】 杜預云 姚姓也


③ 頹퇴


색은 장왕의 아들이고 희왕의 아우이고 혜왕의 숙부이다.

【索隱】 莊王子 釐王弟 惠王之叔父也


④ 大臣대신


집해 《좌전》에는 대신大臣을 위국蒍國이라고 했다.

【集解】 左傳曰大臣 蒍國也


⑤ 五人作亂오인작란

**집해** 《좌전》에 "오인五人은 위국蔿國, 변백邊伯, 첨보詹父, 자금子禽, 축궤祝跪이다."라고 말했다.

**【集解】** 左傳曰五人者 蔿國 邊伯 詹父 子禽 祝跪也

⑥ 燕衛연위

**정의** 남연南燕은 활주滑州 조성胙城이다. 위衛는 전주澶州 위남衛南이다.

**【正義】** 南燕 滑州胙城 衛 澶州衛南也

---

이에 혜왕이 온溫 땅으로 달아났다가① 얼마 후에 정나라의 역櫟 땅으로② 옮겨 살았다. 희왕의 아우인 왕자 퇴를 세워 왕으로 삼았다. 음악이 편무偏舞에③ 이르자 정나라와 괵나라의 군주가 노여워했다. 4년, 정나라와 괵나라의 군주가④ 왕퇴王頹를 공격해 죽이고 다시 혜왕을 들어오게 했다. 혜왕 10년, 제환공齊桓公에게 백伯이란 지위를 내렸다.

惠王犇溫① 已居鄭之櫟② 立釐王弟穨爲王 樂及徧舞③ 鄭 虢君怒 四年 鄭與虢君④伐殺王穨 復入惠王 惠王十年 賜齊桓公爲伯

① 伐惠王惠王犇溫벌혜왕혜왕분온

《좌전》에는 천자가 소분생蘇忿生의 12개 읍, 즉 환왕桓王이 소자蘇子(소분생)의 12개 읍을 빼앗아 정鄭나라에 주었다. 그래서 소자蘇子가 오대부五大夫와 함께 혜왕을 정벌했다. 온溫은 12개 읍의 하나이다. 두예는 "하내河內의 온현溫縣이다."라고 했다.

【正義】 左傳云蘇忿生十二邑 桓王奪蘇子十二邑與鄭 故蘇子同五大夫伐惠王 溫 十二邑之一也 杜預云河內溫縣也


② 櫟역


집해 복건服虔은 "역櫟은 정나라의 큰 도시이다."라고 했다.

【集解】 服虔曰 櫟 鄭大都


정의 두예는 "역櫟은 지금의 하남河南 양적현陽翟縣이다."라고 했다.

【正義】 杜預云 櫟 今河南陽翟縣也


③ 徧舞편무


집해 가규는 "편무徧舞는 대개 6대六代의 음악으로 추는 춤이다."라고 했다.

【集解】 賈逵曰 徧舞 皆舞六代之樂也


④ 鄭與虢君정여괵군

가규는 "정나라의 여공厲公 돌突과 괵공虢公 임보林父이다."라고 했다.

**【正義】** 賈逵云 鄭厲公突 虢公林父也

---

25년, 혜왕이 붕어하고 아들 양왕襄王 정鄭이 즉위했다. 양왕의 어머니는 일찍 죽었고 후모後母를 혜후惠后라고[1] 했다. 혜후는 숙대叔帶를[2] 낳았는데 혜왕의 총애를 받자 양왕이 두려워했다. 3년, 숙대는 융戎, 적翟과 함께 양왕 정벌을 모의했다. 양왕이 숙대를 죽이려 하자 숙대는 제齊나라로 달아났다. 제나라 환공이 관중管仲을 시켜 주나라에서 융戎을 평정하게 하고 습붕隰朋을 시켜 진晉나라에서 융戎을 평정하게 했다.[3] 이에 주 양왕이 관중을 상경上卿의 예로 대접했다.

二十五年 惠王崩 子襄王鄭立 襄王母蚤死 後母曰惠后[1] 惠后生叔帶[2] 有寵於惠王 襄王畏之 三年 叔帶與戎 翟謀伐襄王 襄王欲誅叔帶 叔帶犇齊 齊桓公使管仲平戎于周 使隰朋平戎于晉[3] 王以上卿禮管仲

---

① 惠后혜후

《좌전》에 "진규陳嬀가 경사京師로 돌아갔다고 했으니 바로 혜후惠后이다."라고 했다.

【集解】 左傳曰 陳嬀歸于京師 實惠后也


정의 상고해보니 진국陳國은 순임금의 후예이고 규성嬀姓이다.
【正義】 按 陳國 舜後 嬀姓也


② 叔帶숙대


색은 숙대叔帶는 혜왕惠王의 아들이고 양왕襄王의 아우인데 감甘에 봉해졌다. 그래서《좌전》에서 감소공甘昭公이라고 칭했다.
【索隱】 惠王子 襄王弟 封於甘 故左傳稱甘昭公


정의 혜왕의 아들이자 양왕의 아우로서 감 땅에 봉해졌다.《괄지지》에는 "옛 감성甘城은 낙주洛州 하남현河南縣 서남쪽 25리에 있다."고 했다.《좌전》에는 "감소공甘昭公은 왕자 숙대叔帶이다."라고 했다.《낙양기洛陽記》에는 "하남현河南縣 서남쪽 25리에서 감수甘水가 나오는데 북쪽으로 흘러 낙수洛水로 들어간다. 산상山上에는 감성甘城이 있는데 곧 감공甘公의 채읍菜邑이다."라고 했다.
【正義】 惠王子 襄王弟 封之於甘 括地志云 故甘城在洛州河南縣西南二十五里 左傳云甘昭公 王子叔帶也 洛陽記云河南縣西南二十五里 甘水出焉 北流入洛 山上有甘城 卽甘公菜邑也


③ 隰朋平戎于晉습붕평융우진

**집해** 복건은 "융戎이 주周나라를 정벌하자 진晉나라에서 융戎을 정벌해 주나라를 구제했다. 그러므로 화평했다."고 했다.

**【集解】** 服虔曰 戎伐周 晉伐戎救周 故和也

**신주** 습붕은 제환공齊桓公의 신하이다.

---

관중이 사양하며 말했다.

"신은 지위가 낮은 관리입니다. 제나라에는 천자께서 임명한 국씨國氏와 고씨高氏가 있습니다.① 만약 때맞추어 봄과 가을에② 조회에 들어 왕명을 받들게 된다면 무슨 예로 대하시겠습니까? 제후의 신하인③ 저는 감히 사양하겠습니다."

왕이 말했다.

"구씨舅氏,④ 나는 그대의 공로를 아름답게 여기니 나의 명을 거역하지 말라."

관중이 마침내 하경下卿의 예를 받아들이고 돌아왔다.⑤ 9년, 제나라 환공이 죽었다. 12년, 숙대叔帶가 다시 주周로 돌아갔다.⑥

管仲辭曰 臣賤有司也 有天子之二守國 高在① 若節春秋②來承王命 何以禮焉 陪臣③敢辭 王曰 舅氏④ 余嘉乃勳 毋逆朕命 管仲卒受下卿 之禮而還⑤ 九年 齊桓公卒 十二年 叔帶復歸于周⑥

---

① 天子之二守國高在천자지이수국고재

두예杜預는 "국자國子와 고자高子는 천자天子가 명한 제齊나라의 수신守臣으로 모두 상경上卿이다."라고 했다.

【集解】 杜預曰 國子 高子 天子所命爲齊守臣 皆上卿也

② 節春秋절춘추

집해 가규는 절節은 시時(계절)라고 했다. 왕숙은 "봄과 가을은 방문해서 제사를 올리는 계절이다."라고 했다.

【集解】 賈逵曰 節 時也 王肅曰 春秋聘享之節也

③ 陪臣배신

집해 "배陪는 '거듭하다.'의 뜻이다. 천자에게는 제후의 신하이므로 배신陪臣이라고 한 것이다."라고 했다.

【集解】 服虔曰 陪 重也 諸侯之臣於天子 故曰陪臣

④ 舅氏구씨

집해 가규는 "구씨舅氏는 백구伯舅의 사신을 말한다."고 했다.

【集解】 賈逵曰 舅氏 言伯舅之使也

정의 무왕이 태공太公의 딸을 취해 후后로 삼았으므로 구씨舅氏로 호칭한 것이다. 에둘러 말하자면 '나는 그대가 융戎을 평정한 공훈을 좋게 여긴다'고 한 것이다.

【正義】 武王娶太公女爲后 故呼舅氏 遠言之 我善汝有平戎之功勳

신주　舅氏구씨라는 호칭은 제후가 성이 다른 대부를, 천자가 성이 다른 제후[伯舅]를 지칭할 때 사용하는 호칭이기도 하다. 《국어》〈진어晉語〉에 "혜공이 말하기를 저것이 구舅의 단점인가? 우군右軍(병거의 오른쪽에서 군주를 보호하는 무사)을 맡을 자를 점치게 했는데 경정慶鄭이 길하다고 나왔다[公曰 舅所病也, 卜右, 慶鄭吉]"라고 한 것이 이를 말해준다. 《정의》에서처럼 舅氏구씨에 대해 무왕과 태공의 관계로써 풀이한 것은 어색한 감이 든다. 따라서 제 환공의 재상인 관중을 극도로 존칭한 것이다.

⑤ 管仲卒受下卿之禮而還관중졸수하경지례이환

정의　두예는 "관중管仲이 감히 스스로 높은 자리를 받지 않고 마침내 본래 자리의 예를 받았다."고 했다.

【正義】 杜預云 管仲不敢以職自高 卒受本位之禮也

⑥ 叔帶復歸于周숙대복귀우주

집해　《좌전》에는 '왕이 불렀다'고 말했다.

【集解】 左傳曰 王召之

13년, 징나라에서 활滑을 징벌하자[1] 양왕이 유손游孫과 백복伯服을[2] 시켜 활을 구하려고 했는데 정나라 사람이 감금했다. 정문공鄭文公은 혜왕이 왕으로 복위한 후 여공厲公에게 옥 술잔을 주지 않은 것을 원망하고 있었는데[3] 또 양왕이 함께 활을 비호하자[4] 원망했다. 그러므로 백복을 잡아 가두었다. 양왕이 노여워하고 장차 적翟으로 하여금 정나라를 공격하려 했다.

十三年 鄭伐滑[1] 王使游孫 伯服[2]請滑 鄭人囚之 鄭文公怨惠王之入不與厲公爵[3] 又怨襄王之與衛滑[4] 故囚伯服 王怒 將以翟伐鄭

① 鄭伐滑정벌활

집해  가규는 "활滑은 희성姬姓의 나라이다."라고 했다. 나 배인裴駰이 상고해보니 《좌전》에는 '활인滑人이 정나라를 배반하고 위衛나라에 복종했다.'라고 했다.

【集解】 賈逵曰 滑 姬姓之國 駰按 左傳曰 滑人叛鄭而服於衛也

정의  두예는 "활국滑國이 비費 땅에 도읍했다. 하남河南의 구지현緱氏縣은 진秦나라에 멸망했는데 당시에는 정나라와 진晉나라에 소속되었다가 뒤에는 주나라에 소속되었다. 이 사실은 노희공魯釐公 20년에 있었다."라고 했다. 《괄지지》에는 "구씨緱氏는 고성故城으로 본래 비성費城이며 낙주洛州 구지현緱氏縣 남동쪽 25리에 있다."고 했다.

【正義】 杜預云滑國都費 河南緱氏縣 爲秦所滅 時屬鄭 晉 後屬周 事在魯

釐公二十年 括地志云 緱氏故城本費城也 在洛州緱氏縣(南)東二十五里也


② 游孫伯服유손백복


집해 가규는 "두 공자[유손, 백복]는 주周나라 대부이다."라고 했다.

【集解】 賈逵曰 二子 周大夫


③ 鄭文公怨惠王之入不與厲公爵정문공원혜왕지입불여공작


집해 복건은 "혜왕惠王이 왕후의 반감鞶鑒(옥을 매단 띠)을 정려공鄭厲

公에게 주고 따로 괵공虢公에게는 옥작玉爵(옥 술잔)을 주었다."고 했다.

【集解】 服虔曰 惠王以后之鞶鑒與鄭厲公 而獨與虢公玉爵


정의 《좌전》에 "노魯나라 장공莊公 21년에 왕이 순수하면서 괵虢에

서 사냥을 했는데 괵공이 (천자의) 왕궁을 방蚌 땅에 짓자 왕[천자]은 괵

공에게 주천酒泉 땅을 주었다. 정백鄭伯이 천자에게 잔치를 베풀어 대접

하자 왕후가 쓰던 거울이 달린 띠를 주었다. 이에 괵공이 천자에게 그

릇을 청하자 천자는 옥 술잔을 주었다. 정백鄭伯이 이 때문에 천자를

원망했다."고 했다. 두예가 이르기를 "왕후가 쓰던 반대鞶帶는 거울로써

장식을 한 것이다. 작爵은 술을 마시는 그릇이다. 방蚌은 땅이다. 주천酒

泉은 주周나라의 읍이다."라고 했다.

【正義】 左傳云 莊公二十一年 王巡虢狩 虢公爲王宮于蚌 王與之酒泉 鄭

伯之享王 王以后之鞶鑒與之 虢公請器 王與之爵 鄭伯由是怨王也 杜預云
后鞶帶而以鏡爲飾也 爵 飲酒器也 蚌 地 酒泉 周邑


④ 衛滑위활


[집해] 복건은 "활滑은 작은 나라이고 정鄭나라에 가까워 대대로 정나
라에 복종했는데 다시 반역했다. 정나라에서 정벌하자 명령을 들었는데
뒤에 스스로 왕[천자]에게 하소연하자 천자가 비호한 것이다."고 했다.
【集解】 服虔曰 滑 小國 近鄭 世世服從 而更違叛 鄭師伐之 聽命 後自愬於
王 王以與衛

부진富辰이① 간해 말했다.

"무릇 우리 주나라가 동쪽으로 천도할 때 진晉나라와 정나라에 의지했습니다. 자퇴의 난리도 정나라 때문에 안정되었는데 지금 작은 원한으로 때문에 버리시려 합니까?"

왕이 듣지 않았다. 15년, 왕이 적翟의 군사들을 내려오게 해 정나라를 정벌했다. 이에 양왕이 적翟나라 덕분이라고 여기고 적나라 딸을 왕후로 삼으려고 했다. 부진이 간해 말했다.

"평왕, 환왕桓王, 장왕莊王, 혜왕惠王이 모두 정나라의 노고를 입었는데 왕께서 친한 이를 버리시고 적을 가까이 하신다면 따르지 못하겠습니다."

양왕이 듣지 않았다. 16년, 왕이 적후翟后를 내쫓자 적인들이 와서 꾸짖고 담백譚伯을② 살해했다. 부진이 말했다.

"나는 임금께 자주 간언했지만 따르지 않으셨다. 일이 이렇게 되었는데도 나가지 않는다면 임금께서는 내가 원망이 있어 그렇다고 여기리라."

이에 부하들을 이끌고 싸우다 전사했다.

富辰①諫曰 凡我周之東徙 晉 鄭焉依 子穨之亂 又鄭之由定 今以小怨棄之 王不聽 十五年 王降翟師以伐鄭 王德翟人 將以其女爲后 富辰諫曰 平 桓 莊 惠皆受鄭勞 王棄親親翟 不可從 王不聽 十六年 王絀翟后 翟人來誅 殺譚伯② 富辰曰 吾數諫不從 如是不出 王以我爲懟乎 乃以其屬死之

① 富辰부진

집해　복건은 "부진富辰은 주나라 대부이다"라고 했다.

【集解】　服虔曰 富辰 周大夫

② 譚伯담백

집해　당고는 "담백譚伯은 주나라 대부 원백原伯과 모백毛伯이다."라고 했다.

【集解】　唐固曰 譚伯 周大夫原伯 毛伯也

색은　상고해보니 《국어》에도 '살담백殺譚伯'이라고 일렀다. 《좌전》에 태숙太叔의 난難에 주공周公 기보忌父와 원백原伯, 모백毛伯을 포로로 잡았다고 했는데 당고는 전문傳文에 의거해 '담譚'을 '원原'으로 읽었다. 그러나 《춘추》에 담譚이 있는데 이때 또한 왕조王朝에 벼슬하는 것이 무엇이 방해가 되어 두예는 포로가 되었거나 피살되었다고 말했는가? 《국어》에 이미 '담백을 죽였다殺譚伯'라고 했으니 태사공이 이에 의거해서 《좌전》의 설을 따르지 않은 것이리라.

【索隱】　按 國語亦云 殺譚伯 而左傳太叔之難 獲周公忌父 原伯 毛伯 唐固 據傳文讀譚爲原 然春秋有譚 何妨此時亦仕王朝 預獲被殺 國語旣云 殺譚 伯 故太史公依之 不從左傳說也

처음에 혜후惠后는 왕자王子 숙대叔帶를 세우고자 했다. 그래서 무리를 만들어 적인翟人들에게 문을 열어주어 적인들이 마침내 주나라로 쳐들어왔다. 양왕이 정나라로 달아나자[1] 정나라에서는 왕을 범氾 땅에[2] 살게 했다. 왕자 숙대가 즉위하여 왕이 되자 양왕이 내쫓았던 적후翟后를 취해서 함께 온溫 땅에서[3] 살았다.

初 惠后欲立王子帶 故以黨開翟人 翟人遂入周 襄王出犇鄭[1] 鄭居王于氾[2] 子帶立爲王 取襄王所絀翟后與居溫[3]

① 襄王出犇鄭양왕출분정

[정의] 《공양전公羊傳》에는 "왕자王者는 밖이 없는데 여기에서 출出이라고 말한 것은 무엇 때문인가? 어머니를 섬기지 않았기 때문이다."라고 했다.

【正義】 公羊傳云 王者無外 此其言出 何 不能事母也

[신주] 공자가 쓴 《춘추春秋》는 임금에게 출出자를 쓰지 않는 것이 원칙이었다. 《춘추》 노소공 25년(서기전 517) 조에 "9월 기해일에 소공이 제나라로 가서 양주에 머물렀다. 제나라 군주 후작이 야정野井에서 공을 위로했다[九月, 巳月己亥. 公孫于齊, 次于陽州, 齊侯唁公于野井]"고 쓰고 있다. 노소공이 망명하거나 나갔다고 쓰지 않고 제나라에 머물렀다고 쓴 것이다. 그래서 위에서 출出자를 쓴 것은 양왕이 어머니를 모시지 않았

기 때문에 임금의 예로 대하지 않겠다는 의미이다.

② 氾범

집해 두예는 "정나라의 남범南氾은 양성현襄城縣 남쪽에 있다."고 했다.
【集解】 杜預曰鄭南氾在襄城縣南

정의 氾은 '범凡'으로 발음한다. 《괄지지》에는 "옛 범성氾城은 허주
許州 양성현襄城縣 1리에 있다." 《좌전》에 "천왕天王이 나가 정鄭나라에
서 살았는데 범氾 땅에 거처했다."고 한 것이 이것이다.
【正義】 氾音凡 括地志云 故氾城在許州襄城縣一里 左傳云 天王出居於鄭
處於氾 是

③ 溫온

정의 《괄지지》에 "옛날 온성溫城은 회주현懷州縣 서쪽 30리에 있으며
한漢과 진晉이 현縣으로 삼았다. 본래 주나라 사구司寇 소분생蘇忿生의
읍이다."라고 했다. 《좌전》에는 "주나라에서 정나라 사람에게 소분생의
12개 읍을 주었는데 온溫이 그 하나이다."라고 했다. 〈지리지〉에는 "온현
溫縣은 옛 나라이고 기성己姓이며 소분생을 봉한 곳이다."라고 했다.
【正義】 括地志云 故溫城在懷州溫縣西三十里 漢 晉爲縣 本周司寇蘇忿生
之邑 左傳云周與鄭人蘇忿生十二邑 溫其一也 地理志云溫縣 故國 己姓 蘇
忿生所封也

17년, 양왕이 진晉나라에 도움을 요청하자 진문공晉文公이 양왕을 다시 들어오게 하고 숙대叔帶를 죽였다. 양왕이 이에 규珪와 울창주와 활과 화살을 하사하고 제후들의 백伯(제후들의 우두머리)으로 삼고 하내河內 땅을 진晉나라에[1] 내렸다. 20년, 진문공晉文公이 양왕을 부르니 양왕이 하양河陽과 천토踐土에서[2] 회맹會盟했고 제후들도 모두 조회하게 했다. 역사서는 이를 숨겨 '천왕天王(천자)이 하양 河陽을 순수했다.'[3]라고 기록했다.

十七年 襄王告急于晉 晉文公納王而誅叔帶 襄王乃賜晉文公珪鬯弓矢 爲伯 以河內地與晉[1] 二十年 晉文公召襄王 襄王會之河陽 踐土[2] 諸侯畢朝 書諱曰 天王狩于河陽[3]

① 晉진

**정의** 가규는 "진晉이 공로가 있어서 땅으로써 상을 주었는데 양번楊樊, 온溫, 원原, 찬모攢茅 등지의 전田이다."라고 했다.
**【正義】** 賈逵云 晉有功 賞之以地 楊樊 溫 原 攢茅之田也

② 河陽踐土하양천토

**집해** 가규는 "하양河陽은 진晉나라의 온溫 땅이다. 천토踐土는 정나라의 지명이며 하내河內에 있다."라고 했다.

【集解】 賈逵曰 河陽 晉之溫也 踐土 鄭地名 在河內


정의 《괄지지》에는 "옛 왕궁王宮은 정주鄭州 형택현榮澤縣 서북쪽 15리 왕궁성王宮城 안에 있다."고 했다. 《좌전》에는 "진문공晉文公이 초나라를 복양濮陽에서 무너뜨리고 형옹衡雍에 이르러 왕궁을 천토踐土에 지었다."라고 했다. 상고해보니 왕성은 즉 천토성 내에 지은 것이 있다. 성안의 동북쪽 모퉁이에는 천토대踐土臺가 있는데 동쪽으로 형옹衡雍까지 30여 리가 된다.

【正義】 括地志云 故王宮在鄭州榮澤縣西北十五里王宮城中 左傳云晉文公敗楚于城濮 至于衡雍 作王宮于踐土也 按王城 則所作在踐土 城內東北隅有踐土臺 東去衡雍三十餘里也


③ 天子狩于河陽천자수우하양


집해 《좌전》에는 "중니仲尼(공자)가 말하기를 '신하가 군주를 부르는 것은 교훈이 될 수가 없다.'고 했다. 그래서 '수수狩(제후를 살피고 강역를 지키는 일)'라고 쓴 것이다."라고 했다.

【集解】 左傳曰 仲尼曰 以臣召君 不可以訓 故書曰 狩

24년, 진문공晉文公이 죽었다. 31년, 진목공秦穆公이 죽었다. 32
년, 양왕이 붕어하고 아들인 경왕頃王 임신壬臣이 즉위했다. 경
왕頃王이 6년 만에 붕어하고 아들 광왕匡王 반班이 제위에 올랐
다. 광왕이 6년 만에 붕어하고 아우인 유瑜가 즉위했는데 이 이
가 정왕定王이다.

二十四年 晉文公卒

三十一年 秦穆公卒

三十二年 襄王崩 子頃王壬臣立 頃王六年 崩 子匡王班立 匡王六年

崩 弟瑜立 是爲定王

---

정왕定王 원년, 초나라의 장왕莊王이 육혼陸渾의 오랑캐를 정벌
한[1] 다음 낙洛에서 사람을 보내 구정九鼎에[2] 대해 물었다. 정왕
이 왕손만王孫滿을[3] 시켜서 화답하게 하고 주연을 베풀어 사례
하자 초나라의 군사들이 이에 떠나갔다. 10년, 초나라 장왕이
정鄭나라를 포위했는데 정백鄭伯이 항복하자 얼마 있다가 정나
라를 복귀시켜 주었다. 16년, 초나라 장왕이 죽었다.

定王元年 楚莊王伐陸渾之戎[1] 次洛 使人問九鼎[2] 王使王孫滿[3]應設

以辭 楚兵乃去 十年 楚莊王圍鄭 鄭伯降 已而復之 十六年 楚莊王卒

① 陸渾之戎육혼지융

**집해** 〈지리지〉에 "육혼현陸渾縣은 홍농군弘農郡에 속한다."고 했다.
**【集解】** 地理志陸渾縣屬弘農郡


**정의** 渾의 발음은 '혼魂'이다. 두예杜預는 "윤성지융允姓之戎이 육혼에 살았는데 진秦과 진晉의 서북쪽에 있었다. 두 나라가 유인해서 옮기게 하니 이천伊川으로 가서 마침내 호칭을 융戎이라고 했다. 지금의 낙주洛州 육혼현陸渾縣은 그 호칭을 취한 것이다."라고 했다. 《후한서後漢書》는 육혼융陸渾戎은 과주瓜州에서 이천伊川으로 옮겼다고 했다. 《좌전》에는 "처음 평왕平王이 동쪽으로 천도했을 때 신유辛有가 이천伊川으로 가서 머리를 풀어헤치고 들에서 제사하는 것을 보고는 "백년도 이르지 못했는데 이들이 그 융戎인가? 그 예가 먼저 없어졌구나."라고 했다. 상고해보니 희공僖公 22년 가을에 이르러 진秦과 진晉이 육혼의 융戎을 이천으로 이사시켰는데 신유辛有의 말을 계산해보니 마침 100년이었다. 《괄지지》에는 "옛 마성麻城은 만중蠻中이라고 이르는데 여주汝州 양현梁縣 경계에 있다."고 했다. 《좌전》에는 "선부여單浮餘가 만씨蠻氏를 포위했다."라고 했는데 두예는 "성城은 하남河南 신성新城 동남쪽에 있는데 이락지융伊洛之戎과 육혼만씨陸渾蠻氏의 성이다. 세속에서는 마麻와 만蠻의 소리가 가깝기 때문이다."라고 했다. 상고해보니 신성新城은 지금의 이궐현伊闕縣이다.
**【正義】** 渾音魂 杜預云 允姓之戎居陸渾 在秦 晉西北 二國誘而徙之伊川 遂從戎號 今洛州陸渾縣 取其號也 後漢書云陸渾戎自瓜州遷於伊川 左傳

云 初 平王之東遷也 辛有適伊川 見被髮而祭於野者 曰 不及百年 此其戎乎

其禮先亡矣 按 至僖公二十二年秋 秦 晉遷陸渾之戎於伊川 計至辛有言 適

百年也 括地志云 故麻城謂之蠻中 在汝州梁縣界 左傳單浮餘圍蠻氏 杜預

云城在河南新城東南 伊洛之戎陸渾蠻氏城也 俗以爲麻蠻聲相近故耳 按

新城 今伊闕縣是也


② 九鼎구정


**신주** 하夏, 은殷, 주周 3대에 걸쳐 전해진 보정寶鼎으로 9정이 있

었다.


③ 王孫滿왕손만


집해 가규는 "왕손만王孫滿은 주나라 대부이다."라고 했다.

【集解】 賈逵曰 王孫滿 周大夫也

21년, 징왕이 붕어하고 아들 간왕簡王 이夷가 제위에 올랐다. 간왕 13년 진晉나라에서 그의 군주인 여공厲公을 죽이고 자주子周를 주나라에서 맞이해 도공悼公으로 세웠다.

14년, 간왕이 붕어하고 아들 영왕靈王 설심泄心이 제위에 올랐다. 영왕 24년, 제나라에서는 최저崔杼(제나라 대부)가 그 군주인 장공莊公을 시해했다.

二十一年 定王崩 子簡王夷立 簡王十三年 晉殺其君厲公 迎子周於周 立爲悼公

十四年 簡王崩 子靈王泄心立 靈王二十四年 齊崔杼弑其君莊公

27년, 영왕이[1] 붕어하자 아들 경왕景王 귀貴가[2] 제위에 올랐다. 경왕 18년, 왕후와 태자는 지혜가 있었으나 일찍 죽었다.[3] 20년, 경왕이 자조子朝(왕자)를[4] 사랑해 태자로 세우고자 했는데[5] 때마침 붕어하자[6] 왕자개丐의 무리가 왕위를 놓고 다투었다. 나라 사람들이 장자長子인 맹猛을 세워 왕으로 삼자 왕자 조朝가 공격해서 맹을 살해했다. 맹을 도왕悼王이라고 했다. 진晉나라 사람들이 조朝를 공격하고 개丐를 세웠는데 이 이가 경왕敬王이다.[7]

二十七年 靈王[1]崩 子景王貴[2]立 景王十八年 后太子聖而蚤卒[3] 二十年 景王愛子朝[4] 欲立之[5] 會崩[6] 子丐之黨與爭立 國人立長子猛爲王 子朝攻殺猛 猛爲悼王 晉人攻子朝而立丐 是爲敬王[7]

① 靈王영왕

집해 《황람》에는 "영왕총靈王冢은 하남성河南城 서남쪽 백정柏亭의 서쪽 주산周山 위에 있다. 아마 영왕靈王은 날 때부터 콧수염이 있어서 신령스러웠다. 그래서 시호를 영왕이라 했다. 그 무덤에는 백성의 제사가 그치지 않는다."고 했다.

【集解】 皇覽曰 靈王冢在河南城西南柏亭西周山上 蓋以靈王生而有髭 而神 故諡靈王 其冢 民祀之不絕

② 景王歸경왕귀

색은 이름은 귀貴이다. 상고해보니《국어》에 경왕景王 21년에 대전大錢과 무역無射(큰 편종)을 주조하자 선목공單穆公과 영주구泠州鳩가 각각 말로써 간했다. 지금 이러한 것을 말하지 않은 것은 또한 소략한 것이다.

【索隱】 名貴 按國語景王二十一年鑄大錢及無射 單穆公及泠州鳩各設辭以諫 今此不言 亦其疏略耳

③ 后太子聖而蚤卒후태자성이조졸

신주 후는 목후穆后이고 태자는 수壽를 가리킨다. 목후는 태자 수의 모친으로 경왕 18년(서기전 527년) 8월 무인戊寅일에, 태자 수는 같은 해 6월 을축乙丑일에 세상을 떠났다.

④ 子朝자조

집해 가규는 "경왕景王의 장서자長庶子이다."라고 했다.

【集解】 賈逵曰 景王之長庶子

⑤ 欲立之욕립지

정의 《좌전》에는 "자조子朝가 성주成周의 보배인 규珪를 사용하다 하수河水에 빠뜨렸는데 나루 사람이 하수 위에서 얻었다."라고 했다. 두예는 "하수에 빌어서 복을 구하자 규가 하수에서 나왔다."라고 했다. 상고해보니 하수의 신神이 감히 받지 않았기 때문이었다.

【正義】 左傳云 子朝用成周之寶珪沈於河 津人得諸河上 杜預云 禱河求福也 珪自出水也 按 河神不敢受故

⑥ 會崩회붕

집해 《황람》에는 "경왕총景王冢은 낙양洛陽 태창太倉 속에 있다. 진秦에서 여불위呂不韋를 낙양 십만 호에 봉했다. 그러므로 그 성을 크게 하려고 경왕총을 메웠다."고 했다.

【集解】 皇覽曰 景王冢在洛陽太倉中 秦封呂不韋洛陽十萬戶 故大其城并圍景王冢也

⑦ 敬王경왕

집해 가규는 "경왕敬王은 맹猛과 어머니가 같은 아우이다."라고 했다.

【集解】 賈逵曰 敬王 猛母弟

# 동주와 서주로 나뉘다

경왕敬王 원년, 진晉나라 사람들이 경왕을 들여보냈는데 자조子朝가 스스로 즉위하니 경왕이 왕성으로 들어가지 못하고 택澤에서[1] 거처했다. 4년, 진晉나라에서 제후들을 인솔하고 경왕을 주나라로 들여보내니 자조는 신하가 되고[2] 제후들이 주나라의 성城을 쌓게 했다. 16년, 자조의 무리들이 다시 난을 일으켜 경왕이 진晉으로 달아났다. 17년, 진晉나라 정공定公이 마침내 경왕을 주나라로 들어가게 했다.

敬王元年 晉人入敬王 子朝自立 敬王不得入 居澤[1] 四年 晉率諸侯入敬王于周 子朝爲臣[2] 諸侯城周 十六年 子朝之徒復作亂 敬王犇于晉 十七 晉定公遂入敬王于周

① 澤택

**집해** 가규는 "택읍澤邑은 주나라 땅이다."라고 했다.

**【集解】** 賈逵曰 澤邑 周地也

② 子朝爲臣자조위신

**집해** 《춘추》에는 "자조가 초나라로 달아났다."고 했다. 《황람》에는 "자조총子朝冢은 남양南陽 서악현西鄂縣에 있다. 지금 서악西鄂의 조씨晁氏는 스스로 자조의 후손이라고 이른다."고 했다.

**【集解】** 春秋曰 子朝犇楚 皇覽曰 子朝冢在南陽西鄂縣 今西鄂晁氏自謂子朝後也

---

39년, 제나라 전상田常이 그의 군주인 간공簡公을 죽였다.

41년, 초나라가 진陳을 멸망시켰다. 그 해 공자가 졸했다.

42년, 경왕이 붕어했다.① 아들인 원왕元王 인仁이② 제위에 올랐다. 원왕이 8년 만에 붕어하고 아들 정왕定王 개介가③ 제위에 올랐다.

三十九年 齊田常殺其君簡公

四十一年 楚滅陳 孔子卒

四十二年 敬王崩① 子元王仁②立 元王八年 崩 子定王介③立

---

① 敬王崩경왕붕

서광은 "황보밀이 이르기를 경왕敬王은 44년을 재위했는데 원년은 기유己酉년이고 붕어는 임술년이다."라고 했다.

【集解】 徐廣曰 皇甫謐曰敬王四十四年 元己卯 崩壬戌也


② 元王仁원왕인


집해 서광은 《세본》에는 정왕貞王 개介라고 일렀다."고 했다.

【集解】 徐廣曰 世本云貞王介也


③ 定王介정왕개


집해 서광은 《세본》에는 원왕元王 적赤이라고 일렀다."고 했다. 황보밀은 "원왕 11년 계미癸未에 삼진三晉(한·조·위韓魏趙)이 지백智伯을 멸하고 28년에 붕어하자 세 아들이 즉위를 다투었는데 응應을 세워 정정왕貞定王으로 삼았다."고 했다.

【集解】 徐廣曰 世本云元王赤也 皇甫謐曰 元王十一年癸未 三晉滅智伯 二十八年崩 三子爭立 立應爲貞定王


색은 《계본》에는 원왕 적이라고 하고, 황보밀은 정정왕이라고 했다. 이 두 문장을 근거로 상고하니 이는 원래 이름이 둘인데 한 가지 이름이 인仁이고, 또 한 가지 이름이 적赤이다.《사기》와 같다면 원왕은 정왕定王의 아버지가 된다. 정왕은 곧 정왕貞王이다.《계본》에 의거하면 원왕은 이 정왕貞王의 아들이다. 반드시 한 곳이 잘못이다. 그러니 여기에서 '정定' 자가 '정貞' 자가 된 것은 잘못된 것이다. 어찌 주나라에 정왕定王이 두 사람이 있을 것이며 대수가 또 멀지도 않겠는가? 황보밀이 이를 보고 의심했지만 결정하지 못하고 드디어 《사기》와 《계본》의 착오를 미봉彌縫시키고 따라서 정정왕이라고 이른 것은 (사실을) 얻지 못한 것이다.

【索隱】 系本云元王赤 皇甫謐云貞定王 考據二文 則是元有兩名 一名仁 一名赤 如史記 則元王爲定王父 定王卽貞王也 依系本 則元王是貞王子 必有一乖誤 然此定當爲貞 字誤耳 豈周家有兩定王 代數又非遠乎 皇甫謐見此 疑而不決 逐彌縫史記 系本之錯謬 因謂爲貞定王 未爲得也

정왕定王 16년, 삼진三晉(한韓, 위魏, 조趙)이 지백智伯①을 멸망시키고 그 땅을 나누어 가졌다.

28년, 정왕이 붕어하고② 장자인 거질去疾이 제위에 올랐는데 이이가 애왕哀王이다. 애왕이 즉위한 지 석 달 만에 아우 숙叔이 애왕을 습격해 죽이고 스스로 즉위하니 이이가 사왕思王이다. 사왕이 즉위한 지 다섯 달 만에 막내 동생 외嵬가 사왕을 공격해 죽이고 스스로 즉위하니 이이가 고왕考王이다. 애왕哀王과 사왕과 고왕 세 사람은 모두 정왕定王의 아들이었다.

고왕이 15년 만에 붕어하고③ 아들 위열왕威烈王 오午가 즉위했다.

定王十六年 三晉滅智伯① 分有其地

二十八年 定王崩② 長子去疾立 是爲哀王 哀王立三月 弟叔襲殺哀王而自立 是爲思王 思王立五月 少弟嵬攻殺思王而自立 是爲考王 此三王皆定王之子

考王十五年 崩③ 子威烈王午立

① 三晉滅智伯삼진멸지백

**신주** 지백은 성이 희姬, 씨가 지智, 이름이 요瑤로서 지요智瑤, 지백이라고도 하는데, 시호가 양襄이어서 사서에서는 지양자智襄子라고 칭한다. 지백은 진국晉國의 패업霸業을 회복시키기 위해서 자신의 만호萬戶 봉읍封邑을 임금에게 바치고, 한씨韓氏, 위씨魏氏, 조씨趙氏에게도 봉읍을 바쳐 진국을 패자로 만들자고 제안했다. 조씨가 불응하자 한·위씨와 연합해 조씨를 공격했는데, 도중에 한·위씨가 거꾸로 조씨와 손잡고 지백을 공격해 진 애공哀公 4년(서기전 453) 지백이 전사했다. 지백의 봉토는 한·위·조가 나누어 가졌고, 진국은 셋으로 나누어 지는데 이를 삼진三晉이라고 한다. 서기전 403년 주나라에서 이 삼가三家가 제후가 되는 것을 승인했는데, 이를 '삼가분진三家分晉'이라고 한다. 지금의 산서성 일대이다.

② 定王崩정왕붕

집해  서광은 "황보밀이 말하기를 정정왕은 원년이 계해년癸亥年이고 붕어는 임신년壬申年이다."라고 했다.

【集解】 徐廣曰 皇甫謐曰貞定王十年 元癸亥 崩壬申

③ 考王十五年崩고왕십오년붕

집해  서광은 "황보밀은 고철왕考哲王 원년은 신축년辛丑年이고 을묘년乙卯年에 붕어했다."라고 했다.

【集解】 徐廣曰 皇甫謐曰考哲王元辛丑 崩乙卯

고왕이 그의 아우를 하남河南 땅에 봉했는데[1] 이이가 환공桓公으로서 주공周公의 관직을 계승했다. 환공이 죽고 아들 위공威公이 계승했다. 위공이 죽고 아들 혜공惠公이 계승했는데, 그의 막내아들을 공鞏 땅에 봉해[2] 왕을 받들게 하고 동주 혜공東周惠公이라고 호칭했다.[3]

위열왕威烈王 23년에 구정九鼎이 흔들렸다. 이 해에 한韓·위魏·조趙를 명해 제후로 삼았다.

24년, 위열왕이 붕어하고[4] 아들 안왕安王 교驕가 제위에 올랐다. 이 해에 도적이 초성왕楚聲王을 살해했다.

考王封其弟于河南[1] 是爲桓公 以續周公之官職 桓公卒 子威公代立

威公卒 子惠公代立 乃封其少子於鞏[2]以奉王 號東周惠公[3]

威烈王二十三年 九鼎震 命韓 魏 趙爲諸侯

二十四年 崩[4] 子安王驕立 是歲盜殺楚聲王

① 封其弟于河南봉기제우하남

[정의] 《제왕세기帝王世紀》에는 "고철왕考哲王이 아우 게게揭를 하남에 봉하고 주공의 관직을 계승하게 했는데 이이가 서주西周 환공桓公이다."라고 했다. 상고해보니 경왕敬王으로부터 성주成周로 도읍을 옮기고 동주東周라고 호칭했다. 환공桓公이 왕성王城에 도읍하고 서주西周 환공桓公이라고 호칭했다.

**【正義】** 帝王世紀云 考哲王封弟揭於河南 續周公之官 是爲西周桓公 按 自敬王遷都成周 號東周也 桓公都王城 號西周桓公

② 封其少子於鞏봉기소자어공

신주  춘추시대(서기전 770~476)는 서기전 770년 제후들이 주周의 폐세자 희의구姬宜臼를 왕으로 추대하면서 시작되었다. 그가 동주東周의 초대 군주 주평왕周平王으로서 낙읍洛邑(현 낙양)에 도읍해 서주와 동주로 나뉘었다.

전국시대(서기전 475~221)는 주경왕周敬王의 뒤를 이어 주원왕周元王 희인姬仁이 즉위한 서기전 476년 이듬해부터 시작한다. 서기전 453년 진晉의 대부들이었던 한·조·위韓魏趙 삼가三家가 지씨智氏(지백)를 무너뜨리고 진晉 국을 셋으로 나누었는데 이 한·조·위와 연·진·제·초燕秦齊楚의 일곱 나라를 전국칠웅戰國七雄이라고 칭한다. 서기전 221년 진秦이 제齊를 멸망시키고 전국을 통일했다.

집해  서광은 "혜공惠公의 아들이다."라고 했다.
**【集解】** 徐廣曰 惠公之子也

정의  鞏은 '공拱'으로 발음한다. 곽연생郭緣生의 《술정기述征記》에는 공현鞏縣은 주나라 땅으로서 공백鞏伯읍이라고 했다. 《사기》에는 주현왕周顯王 2년 서주西周 혜공惠公이 막내아들 반班을 공鞏에 봉하고 왕실을 받들게 해서 동주東周 혜공惠公으로 삼았다고 했다. 그 아들 무공

武公이 진秦나라에게 멸망당했다.

【正義】 鞏音拱 郭緣生述征記鞏縣 周地 鞏伯邑 史記周顯王二年西周惠公
封少子班於鞏 以奉王室 爲東周惠公也 子武公 爲秦所滅

③ 東周惠公동주혜공

색은 고왕考王이 그의 아우를 하남河南에 봉해서 환공桓公으로 삼
았다고 했다. 환공이 죽자 아들 위공威公이 섰다. 위공이 죽자 아들 혜
공이 섰다. 장자長子를 서주공西周公이라고 했다. 또 막내아들을 공鞏
땅에 봉해서 아버지의 호칭을 물려받게 해서 '동주혜공東周惠公'이라
고 했다. 이에 동주東周와 서주西周가 있게 되었다. 상고해보니 《계본》
에 "서주환공西周桓公의 이름은 게揭이고 하남河南에 살았다. 동주혜공
의 이름은 반班이며 낙양洛陽에 살았다."고 한 것이 이것이다.

【索隱】 考王封其弟于河南 爲桓公 卒 子威公立 卒 子惠公立 長子曰西周
公 又封少子於鞏 乃襲父號曰東周惠公 於是有東西二周也 按 系本 西周桓
公名揭 居河南 東周惠公名班 居洛陽 是也

④ 二十四年崩이십사년붕

집해 서광은 "황보밀이 이르기를 위열왕 원년은 병진년丙辰年이고 기
묘년己卯年에 붕어했다."고 했다. 나 배인이 상고해보니 송충이 이르기를
"위열왕의 장례는 낙양 성안의 동북쪽 모퉁이에서 치렀다."고 했다.

【集解】 徐廣曰 皇甫謐曰元丙辰 崩己卯 駰案 宋衷曰 威烈王葬洛陽城中

東北隅也

安왕安王이 재위한 지 26년 만에 붕어하고[1] 아들 열왕烈王 희喜
가 제위에 올랐다. 열왕 2년, 주 태사周太史 담儋이[2] 진헌공秦獻
公을[3] 배알하고 말했다.

"처음에 주나라와 진秦나라는 합했다가 나누어졌는데 나누어진
지 500년이면 다시 합해지고[4] 합해진 지 17년이면 패왕자霸王
者가 나올 것입니다."[5]

安王立二十六年 崩[1] 子烈王喜立 烈王二年 周太史儋[2]見秦獻公[3]曰
始周與秦國合而別 別五百載復合[4] 合十七歲而霸王者出焉[5]

① 崩봉

집해 황보밀은 "안왕 원년은 경진庚辰년이고 을사乙巳년에 붕어했
다."라고 했다.
【集解】 皇甫謐曰 安王元庚辰 崩乙巳

② 周太史儋주태사담

색은 〈노자열전〉에는 "담儋은 노자 이耳다."라고 했다. 또 이르기를
"아니다. 그 연대를 검증해보니 다른 사람이다."라고 했다.

【索隱】 老子列傳曰 儋卽老子耳 又曰 非也 驗其年代是別人

【정의】 유왕幽王 때에 백양보伯陽甫가 있었다. 당고는 "백양보는 노자老子이다."라고 했다. 상고해보니 유왕 원년에서 공자孔子가 졸할 때까지는 300여 년에 이르는데 공자가 졸한 후 129년에 뒤 진헌공秦獻公 때 담儋이 나타났다. 그러나 노자는 공자와 같은 때 사람이므로 당고의 설명이 틀린 것이다.

【正義】 幽王時有伯陽甫 唐固曰 伯陽甫 老子也 按 幽王元年至孔子卒三百餘年 孔子卒後一百二十九年 儋見秦獻公 然老子當孔子時 唐固說非也

③ 秦獻公진헌공

【정의】 〈진본기〉에는 "헌공 11년 조에 만나는데 만난 후 15년에 주현왕周顯王이 문왕과 무왕의 제사를 지내고 그 제육을 진효공秦孝公에게 보냈다."고 했으니 이 때가 다시 합쳐진 때이다.

【正義】 秦本紀云獻公十一年見 見後十五年 周顯王致文武胙於秦孝公 是復合時也

④ 始周與秦國合而別五百載復合시주여진국합이별오백재부합

【집해】 응소는 "주효왕周孝王이 백예伯翳의 후예를 봉해 후백侯伯으로 삼은 이후 주나라와 나누어 진 것이 500년이었다. 소왕昭王 때에 이르러 서주의 군신들이 스스로 돌아와 죄를 받고 그 읍邑의 36개의 성을

바치고 합했다."라고 했다. 위소는 "주나라에서 진秦을 봉해서 처음으로 갈라졌다는 것은 진중秦仲을 이른 것이다. 500년은 진중으로부터 효공孝公이 강대해져서 현왕顯王이 백伯으로 삼아 함께 친하게 합한 때까지를 이른 것이다."라고 했다.

【集解】 應劭曰 周孝王封伯翳之後爲侯伯 與周別五百載 至昭王時 西周君臣自歸受罪 獻其邑三十六城 合也 韋昭曰 周封秦爲始別 謂秦仲也 五百歲 謂從秦仲至孝公彊大 顯王致伯 與之親合也

색은 상고해보니 주나라에서 비자非子를 봉해서 부용附庸으로 삼고 진秦의 채읍으로 삼아 진영秦嬴이라고 호칭했는데, 이것이 처음 합한 것이다. 진양공秦襄公이 처음으로 제후의 반열에 들어갔으니 이것이 나누어진 것이다. 진秦이 제후의 반열에 들어간 때로부터 소왕昭王 52년에 서주의 군신들이 읍의 36개 성을 바치고 진秦에 들어간 것까지가 무릇 516년이니 이것이 합해진 것이다. '오백五百'이라고 이른 것은 그 큰 숫자를 거론한 것이다.

【索隱】 按 周封非子爲附庸 邑之秦 號曰秦嬴 是始合也 及秦襄公始列爲諸侯 是別之也 自秦列爲諸侯 至昭王五十二年 西周君臣獻邑三十六城以入於秦 凡五百一十六年 是合也 云五百 舉其大數

신주 진양공(재위 서기전 778~766)이 서기전 778년 정식으로 제후가 되어 진秦의 초대 군주가 되었다. 진소왕秦昭王 51년(서기전 256년)에 서주를 공격하자 서주의 36개 성이 진에 항복했다. 이로서 동주가 멸망했다.

⑤ 霸王出焉패왕출언

서광은 "이때부터 17년 후에 진소왕秦昭王이 즉위했다."라고 했다. 나 배인이 상고해보니, 위소는 "무왕武王과 소왕昭王이 모두 백伯(제후의 우두머리 곧 패霸)이었는데 시황始皇에 이르러 천하의 왕王이 되었다."고 말했다.

**【集解】** 徐廣曰 從此後十七年而秦昭王立 駰案 韋昭曰 武王 昭王皆伯 至始皇而王天下

패왕은 시황始皇을 이른 것이다. 주나라가 진秦에 읍을 바칠 때부터 시황이 처음 즉위했을 때 정사가 태후太后와 노애嫪毐에서 나왔는데 9년에 이르러 노애를 처단한 때까지가 바로 17년이었다.

**【索隱】** 霸王 謂始皇也 自周以邑入秦 至始皇初立 政由太后 嫪毐 至九年 誅毐 正十七年

주나라가 처음 진국秦國과 합했는데 주와 진은 함께 황제黃帝의 후예라고 일렀다. 비자를 아직 별도로 봉하지 않았을 때까지가 합해진 때요, 나누어졌다는 말은 비자의 말년에 주나라에서 비자를 봉해 부용附庸으로 삼고 진에 채읍을 주었는데 그 후 29명의 군주가 나와서 진효공秦孝公 2년에 이르기까지 500년간을 말한다. 주현왕이 문왕과 무왕의 제사를 지내고 그 제육을 진효공에게 이르게 해서 다시 친하게 된 것이 다시 합한 것이다. 합한 지 17년에 패왕霸王이 나왔다는 말은 진효공 3년부터 19년에 주 현왕이 진효공에게 제육을 이르게 한 때까지

이니 이것이 패자霸者가 된 것이다. 효공孝公의 아들 혜왕惠王이 왕이라 칭하니 이때부터 왕자王者가 나온 것이다. 그러나 500년이란 비자가 진후秦侯를 낳은 뒤로 28명의 군주인데 효공 2년에 이르러 도합 486년이지만 비자가 진秦에 도읍한 뒤의 14년까지 합하면 500년이 된다.

【正義】 周始與秦國合者 謂周 秦俱黃帝之後 至非子未別封 是合也 而別者 謂非子末年 周封非子爲附庸 邑之秦 後二十九君 至秦孝公二年五百載 周顯王致文武胙於秦孝公 復與之親 是復合也 合十七歲而霸王者出 謂從秦孝公三年至十九年周顯王致胙於秦孝公 是霸也 孝公子惠王稱王 是王者出也 然五百載者 非子生秦侯已下二十八君 至孝公二年 都合四百八十六年 兼非子邑秦之後十四年 則成五百

10년, 열왕烈王이 붕어하고 아우 편扁이① 제위에 올랐다. 이이가 현왕顯王이다. 현왕 5년, 진헌공秦獻公을 치하하고 헌공을 방백 方伯이라고 칭했다. 9년, 문왕과 무왕의 제사에 올린 제육을 진 효공秦孝公에게 보냈다.② 25년, 진秦나라가 제후들을 주나라에 모이게 했다. 26년, 주나라에서 진효공에게 방백의 칭호를 내렸다. 33년, 진혜왕秦惠王을 치하했다. 35년, 문왕과 무왕의 사당에 제사를 올리고 제육을 진나라 혜왕에게 보냈다. 44년, 진나라 혜왕이 왕王이라고 칭했다.③ 그 뒤 제후들이 모두 왕이라고 자칭했다.④

十年 烈王崩 弟扁①立 是爲顯王 顯王五年 賀秦獻公 獻公稱伯 九年 致文武胙於秦孝公② 二十五年 秦會諸侯於周 二十六年 周致伯於秦 孝公 三十三年 賀秦惠王 三十五年 致文武胙於秦惠王 四十四年 秦 惠王稱王③ 其後諸侯皆爲王④

① 扁변

정의  扁은 '변扁'으로 발음한다.

【正義】 扁 邊典反

② 胙於秦孝公조어진효공

**집해** 조胙는 번육膰肉(제육)이다. 《좌전》에는 "왕이 재공宰孔을 시켜서 제후齊侯에 제육을 하사하고, 천자가 문왕과 무왕에게 제사를 드렸다고 말했다."고 했다.

**【集解】** 胙 膰肉也 左傳曰 王使宰孔賜齊侯胙 曰天子有事于文武


③ 秦惠王稱王진혜왕칭왕


**정의** 〈진본기〉에는 "혜왕 13년 한韓, 위魏, 조趙가 아울러 왕을 칭했다."고 했다.

**【正義】** 秦本紀云惠王十三年 與韓 魏 趙並稱王


④ 諸侯皆爲王제후개위왕


**색은** 한韓, 위魏, 제齊, 조趙를 이른다.

**【索隱】** 謂韓 魏 齊 趙也

48년, 현왕이 붕어하고 아들 신정왕愼靚王이 세위에 올랐나. 신정왕이 제위에 오른 지 6년 만에 붕어하고 아들 난왕赧王 연延이[1] 제위에 올랐다. 난왕 때는 주나라가 동쪽과 서쪽으로 분리되어 다스려졌다.[2] 난왕이 도읍을 서주로 옮겼다.[3]

四十八年 顯王崩 子愼靚王定立 愼靚王立六年 崩 子赧王延[1]立 王赧時東西周分治[2] 王赧徙都西周[3]

① 赧王延난왕연

색은 황보밀은 "난왕은 이름이 탄誕이다. 난赧은 시호가 아니다.《시법》에는 난赧(얼굴 붉힘)이 없다. 바른 것이 미약해지면 의심을 받아서 빚을 지고 도망치는 것처럼 얼굴색이 붉어져 부끄러워한다. 그래서 '난赧'이라고 일컬었을 뿐이다."라고 했다. 또 상고해보니《상서중후尙書中候》에는 '난赧'을 '연然'이라 했는데 정현은 "然은 난赧이라고 읽는다."라고 했다. 왕소가 상고해보니 옛날 음은 '언[人扇反]'이었는데 지금은 '난[奴板反]'으로 발음한다고 했다.《이아》에는 "얼굴에 부끄러워하는 것이 난赧이다."라고 했다.

【索隱】 皇甫謐云名誕 赧非諡 諡法無赧 正以微弱 竊鈇逃債 赧然慙愧 故號曰赧耳 又按 尙書中候以赧爲然 鄭玄云然讀曰赧 王劭按 古音人扇反 今音奴板反 爾雅曰面慙曰赧

② 東西周分治동서주분치

서주는 하남河南이고 동주는 공鞏이다. 왕난王赧이 미약해져서 서주와 동주로 갈라져서 군주가 정치를 주관하면서 각각 한 도시에 살았다. 그러므로 동주와 서주라고 했다. 상고해보니 고유가 이르기를 "서주는 왕성王城이며 지금의 하남河南이다. 동주는 성주成周이며 옛 낙양洛陽 땅이다."라고 했다.

【索隱】 西周 河南也 東周 鞏也 王赧微弱 西周與東分主政理 各居一都 故曰東西周 按 高誘曰西周王城 今河南 東周成周 故洛陽之地

③ 西周서주

정의 경왕敬王이 왕성王城에서 동쪽 성주成周로 이사했는데 10세世 왕난王赧에 이르러 성주 서쪽에서 왕성을 옮겨 서주 무공西周武公이 거처했다.

【正義】 敬王從王城東徙成周 十世至王赧 從成周西徙王城 西周武公居焉。

서주 무공의[1] 공태자共太子가 죽고 5명의 서자庶子가 있었을 뿐 세울 만한 적자가 없었다. 사마전司馬翦이[2] 초왕에게 일러 말했다.

"공자 구公子咎에게 땅을 자산으로 주면서 태자로 청하는 것만 같지 못할 것입니다."

좌성左成이[3] 말했다.

"불가합니다. 주나라에서 듣지 않는다면 이것은 공公의 지혜가 곤궁해지고 주나라와 교류하는 것이 더욱 멀어지게 될 것입니다.[4] 주왕이 누구를 세우고자 하는지 청해서 은밀하게 사마전에게 알리고 사마전이 초나라로 하여금 (태자에게) 땅을 주어 청하는 것만 못할 것입니다."

과연 공자 구公子咎를[5] 세워 태자로 삼았다.

西周武公[1]之共太子死 有五庶子 母適立 司馬翦[2]謂楚王曰 不如以地資公子咎 爲請太子 左成[3]曰 不可 周不聽 是公之知困而交疏於周也[4] 不如請周君孰欲立 以微告翦 翦請令楚(賀)[資]之以地 果立公子咎[5]爲太子

① 西周武公서주무공

집해 서광은 "혜공惠公의 장자이다."라고 했다.

【集解】 徐廣曰 惠公之長子

| 색은 | 상고해보니 《전국책戰國策》에는 '동주무공東周武公'이라고 했다. |

**【索隱】** 按 戰國策作東周武公

② 司馬翦사마전

| 정의 | 翦의 발음은 '전[子踐反]'이다. 초楚나라의 신하이다. |

**【正義】** 翦音子踐反 楚臣也

③ 左成좌성

| 정의 | 초나라의 신하이다. |

**【正義】** 楚臣也

④ 交疏於周也교소어주야

| 정의 | 땅을 자산으로 삼아 공자 구를 태자로 삼고자 청했는데 주나라에서 만약 허락하지 않는다면 이는 초나라와 주나라의 교제가 더욱 소원해진다는 것을 말한 것이다. |

**【正義】** 言以地資公子咎請爲太子 周若不許 是楚於周交益疏

⑤ 公子咎공자구

| 정의 | 초나라에서 사마전에게 주나라로 가라고 명해서 주나라 군주

에게 누구를 세우겠느냐고 넌지시 물어서 은밀하게 사마전에게 알렸다. 사마전이 초나라로 하여금 땅을 주어서 돕도록 하겠다고 하자 주나라는 과연 공자 구를 세워서 태자로 삼았다. 이 위로부터 '서주무공西周武公'에 이르는 문장은 초나라에서 주나라로 하여금 공자 구를 태자로 삼게 한 내용이다.

【正義】 楚命翦適周 諷周君欲立誰 以微言告於翦 翦令楚(賀)[資]之以地 周果立咎爲太子也 此以上至西周武公 是楚令周立公子咎爲太子也

8년, 진秦나라에서 의양宜陽을① 공격하자 초나라에서 구원했다. 초나라에서는 주나라가 진나라를 위하는 것으로 여겨 장차 정벌하려고 했다.② 소대蘇代가 주나라를 위해 초왕을 설득하며 말했다. "어찌해서 주나라가 진나라를 위한다고 해서 재앙을 부르십니까?③ 주나라가 진나라를 위하는 것이 초나라보다 심하다고 말하는 것은 주나라를 진나라로 들어가게 하는 것입니다. 그래서 '주진周秦'이라고④ 이르는 것입니다. 주나라는 스스로 해결할 수 없다고 여기면 반드시 진나라에 들어갈 것이니 이것은 진나라가 주나라를 취하는 좋은 방책이 될 것입니다.⑤ 임금을 위한 계책은 주나라가 진나라와 잘 지내도 잘 대하시고 진나라와 잘 지내지 못해도 또한 잘 대하신다면 진나라와 소원하게 될 것입니다.⑥ 그러면 주나라가 진나라와 단절하고 반드시 영郢으로⑦ 들어올 것입니다."

八年 秦攻宜陽① 楚救之 而楚以周爲秦故 將伐之② 蘇代爲周說楚王曰 何以周爲秦之禍也③ 言周之爲秦甚於楚者 欲令周入秦也 故謂周秦也④ 周知其不可解 必入於秦 此爲秦取周之精者也⑤ 爲王計者 周於秦因善之 不於秦亦言善之 以疏之於秦⑥ 周絕於秦 必入於郢⑦矣

① 宜陽의양

[정의] 《괄지지》에는 "옛 한성韓城을 일명 의양성宜陽城이라고 했는데

낙주洛州 복창현福昌縣 동쪽 14리가 곧 한韓의 의양현성宜陽縣城이다."
라고 했다.

【正義】 括地志云 故韓城一名宜陽城 在洛州福昌縣東十四里 卽韓宜陽縣
城也


② 楚以周爲秦故將伐之초이주위진고장벌지


[색은] 의양宜陽은 한韓나라의 땅인데 진秦나라에서 공격하자 초나라
에서 구하려 했다. 주나라가 한나라를 위해 출병하자 초나라에서는 주
나라가 진나라를 위하는 것으로 의심하고 군사를 더해 주나라를 정벌
했다.

【索隱】 宜陽 韓地 秦攻而楚救之 周爲韓出兵 而楚疑周爲秦 因加兵伐周


③ 秦之禍也진지화야


[색은] 소대蘇代가 주나라를 위해 초왕을 설득해 말하기를 "왕께서는
어찌 주나라가 진나라를 위한다고 하십니까? 주나라는 실제로는 진나
라를 위하지 않는 것입니다. 지금 왕께서 주나라가 진나라를 위한다고
책망하면 주나라는 초나라를 두려워해서 반드시 진나라로 들어가게 될
것이니 이것이 재앙이 된다는 것입니다."라고 했다.

【索隱】 蘇代爲周說楚王 王何以道周爲秦 周實不爲秦也 今王責周道爲秦
周懼楚 必入秦 是爲禍也

④ 周秦주진

[색은] 주나라와 진秦나라는 거리가 서로 가까우므로 진나라는 주나라를 합병하려고 하면서 겉으로는 주나라와 화목한 것처럼 보이게 했다. 그래서 당시의 제후들이 모두 '주진周秦'이라고 일컬었다.
【索隱】 周 秦相近 秦欲并周而外睦於周 故當時諸侯咸謂周秦

⑤ 秦取周之精者진취주지정자

[정의] 解의 발음은 '개[紀買反]'이다. 소대가 말하기를 "주나라에서 만약 진秦나라와 친하다고 초나라가 의심한다는 것을 알게 되면 그 계책은 이미 정해져서 풀기 어려워지므로 주나라는 반드시 진나라와 친하게 될 것입니다. 이것이 진나라가 주나라를 취하는 정묘한 계책입니다."라고 했다.
【正義】 解音紀買反 代言周若知楚疑親秦 其計定不可解免 周必親於秦也 是爲秦取周精妙之計

⑥ 以疏之於秦이소지어진

[정의] 소대가 말하기를 "왕을 위해 계책을 말씀드리면 주周나라가 진나라와 친하게 지내면 그에 따라 좋게 지내고, 주나라와 친하지 않아도 역시 좋다고 말하는 것입니다. 초나라가 만약 주나라와 친하게 지내면 주나라는 반드시 진秦나라와 소원할 것입니다."라고 했다.

## 춘추시대(오패)

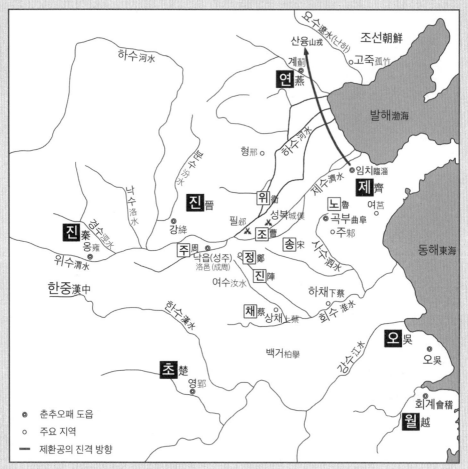

하수河水

요수遼水(난하)

산융山戎

조선朝鮮

계薊

고죽孤竹

연燕

발해渤海

형邢。

하수河水

임치臨淄

위수渭水

제수濟水

제齊

여莒

낙수洛水

진晉

위衛

노魯

곡부曲阜

주邾

진秦

강絳

성복城濮

옹雍

조曹

송宋

위수渭水

주周

낙읍(성주)
洛邑(成周)

정鄭

사수泗水

동해東海

한중漢中

진陳

여수汝水

하채下蔡

한수漢水

채蔡

상채上蔡

회수淮水

오吳

백거柏擧

강수江水

오吳

초楚

영郢

회계會稽

월越

⊚  춘추오패 도읍

○  주요 지역

━  제환공의 진격 방향

※ 주: 춘추오패 중 제환공齊桓公, 진문공晉文公, 초장왕楚莊王은 이견이 없다. 나머지 2명은 오부차吳夫差,
　　월구천越句踐이라는 설과 진목공秦穆公, 송양공宋襄公이라는 설이 있다.

【참고문헌】
島崎晋,《史記》, 2009, PHP
司馬遷,《史記》<齊太公世家>
劉向,《說苑》<辨物>

【正義】 代言爲王計者 周親秦 因而善之 周不親 亦言善之 楚若善周 周必
疏於秦也

⑦ 郢영

정의  영郢은 초나라의 도읍이다. 초나라가 주나라와 친하게 되면 진
나라는 반드시 주나라와 단절하고 초나라와 친하게 될 것이다. 이상에
서 8년에 이르기까지는 소대가 초나라에서 주를 합병하는 것을 설명한
것이다.
【正義】 郢 楚都也 楚既親周 秦必絕周親楚矣 以上至八年 蘇代說楚合周

제三장 · 다

# 동주와 서주가 충돌하다

진秦나라에서 동주東周와 서주西周 사이 길을 빌려 한韓나라를 공격하려고 했다. 주나라는 진나라에 길을 빌려 주자니 한나라가 두렵고 빌려 주지 않자니 진나라가 두려웠다. 사염史厭이[1] 주나라 군주에게[2] 말했다.

"왜 사람을 보내서 한공숙韓公叔에게[3] 말하지 않으십니까? '진나라가 감히 주나라를 건너서 한나라를 정벌하려는 것은 동주東周를 믿기 때문입니다. 공公께서는 어찌해서 주나라에 땅을 주지 않고 인질이 될 사신을[4] 초나라에 보내지 않소?'라고 하십시오. 그러면 진나라는 반드시 초나라를 의심하고 주나라를 믿지 않을 것이니 한나라가 정벌당하지 않을 것입니다. 또 진秦나라에는 '한나라에서 억지로 주周나라에 땅을 주는 것은 진나라로 하여금 주나라를 의심하게 하려는 계책이오. 그러니 주나라는 감히 받지 않을 수 없소.'라고 하십시오. 그러면 진나라는 반드시 주나라에 땅을 받지 말라고 할 말이 없게 될 것이니[5] 이것이 한나라의 땅도 받고 진나라의 요청도 들어주는 것입니다."[6]

秦借道兩周之閒 將以伐韓 周恐借之畏於韓 不借畏於秦 史厭<sup>①</sup>謂周
君<sup>②</sup>曰 何不令人謂韓<sup>③</sup>公叔曰 秦之敢絕周而伐韓者 信東周也 公何
不與周地 發質使<sup>④</sup>之楚 秦必疑楚不信周 是韓不伐也 又謂秦曰 韓
彊與周地 將以疑周於秦也 周不敢不受 秦必無辭而令周不受<sup>⑤</sup> 是受
地於韓而聽於秦<sup>⑥</sup>

① 史厭사염

정의 厭은 '암[烏減反]'으로 발음한다. 또 '엄[於點反]'으로도 발음한다.
【正義】 烏減反 又於點反

② 周君주군

색은 주군周君은 서주의 무공武公이다. 당시의 난왕赧王이 미약해서
맹회盟會(會盟)를 주관하지 못하고 서주에 의지해 살았다.
【索隱】 周君 西周武公也 時王赧微弱 不主盟會 寄居西周耳

③ 韓한

집해 서광은 "다른 판본에는 '하何'로 되어 있다."라고 했다. 응소는
"씨성氏姓의 주석에 따르면 하성何姓은 한韓의 후예가 된다."라고 했다.

【集解】 徐廣曰 一作何 應劭(曰) 氏姓注云以何姓爲韓後

④ 質使지사

정의 質의 발음은 '지[竹利反]'이고 使는 '시[所吏反]'로 발음한다. 지사質使는 공자公子 및 중신들을 초나라에 인질로 보내 진나라로 하여금 초나라를 의심하게 하고, 또 주나라를 믿지 못하게 만드는 것이다. 인질이 적과 동등해지면 서로 부담이 되지 않는다.

【正義】 質音竹利反 使音所吏反 質使 令公子及重臣等往楚爲質 使秦疑楚又得不信周也 質平敵不相負也

⑤ 秦必無辭而令周不受진필무사이영주불수

정의 또 진秦나라에 대해 (대책을) 말하기를 "한韓나라에서 억지로 주周나라에 땅을 주는 것은 진나라로 하여금 주나라가 한나라와 친하다고 의심하게 만드는 것입니다. 그런즉 주나라는 감히 받지 않을 수 없다고 하면 진나라는 틀림없이 교묘한 말을 꾸며서 주나라에게 감히 한나라의 땅을 받지 말라고 할 리는 없을 것입니다."라는 주장이다.

【正義】 又謂秦曰 韓強與周地 令秦疑周親韓 則周不敢不受 秦必無巧辭而令周不敢(不)受韓地也

⑥ 受地於韓而聽於秦수지어한이청어진

색은 이는 사염史厭이 한韓나라를 설득해 주나라에 땅을 주게 하고 인질을 초나라에 보내면 진秦나라는 초나라를 의심하고 주周나라를 믿지 않을 것이니 길을 빌려 한나라를 정벌할 수 없게 되므로 오히려 진나라의 명령을 듣게 되는 것과 같게 된다는 뜻이다.

【索隱】 此史厭說韓 令與周地 使質於楚 令秦疑楚不信周 得不假道伐韓 而猶聽命於秦

---

진秦나라에서 서주西周의 군주를 불렀는데 서주의 군주는 가는 것을 꺼려서 사신을 보내 한왕韓王에게[1] 말하게 했다.

"진나라에서 서주의 군주를 부르는 것은 장차 한나라의 남양南陽을 공격하려는 것인데 왕께서는 왜 남양에 군사를 출동시키지 않는 것입니까?[2] 그러면 주군周君은 이를 구실로 진나라에 들어가지 않게 될 것입니다. 주군이 진나라로 들어가지 않으면 진나라는 반드시 하수河水를 넘어 남양을[3] 공격하지는 못할 것입니다."

秦召西周君 西周君惡往 故令人謂韓王[1]曰 秦召西周君 將以使攻王之南陽也 王何不出兵於南陽 周君將以爲辭於秦[2] 周君不入秦 秦必不敢踰河而攻南陽[3]矣

---

① 韓王한왕

　　색은　상고해보니《전국책戰國策》에는 어떤 사람이 주나라 군주를 위해 위왕魏王에게 말했다고 했다.

【索隱】　按 戰國策云或人爲周君謂魏王云者也

② 周君將以爲辭於秦주군장이위사어진

　　색은　고유는《전국책》의 주석에서 "위魏나라 군사가 하남河南에 있다는 핑계를 대면 주군이 진나라에 조회하러 가지 않아도 될 것이다."라고 했다.

【索隱】　高誘注戰國策曰 以魏兵在河南爲辭 周君不往朝秦也

③ 南陽남양

　　정의　남양南陽은 지금의 회주懷州이다. 두예杜預는 "진산晉山 남쪽 하수河水 북쪽에 있다고 했다. 이상에서 '진소서주군秦召西周君'의 문장에 이르기까지는 서주의 군주가 한나라를 설득해 하남河南으로 출병시켜서 진秦나라에 가지 않으려 도모한 것이다."라고 했다.

【正義】　南陽 今懷州也 杜預云在晉山南河北 以上至秦召西周君 是西周君說韓令出兵河南謀秦也

동주東周와 서주가 전쟁을 하자 한韓나라는 서주西周를 구원했
다. 어떤 이가 동주를 위해 한왕韓王을 설득해 말했다.[①]

"서주는 본디 천자의 나라로 이름난 기물과 보배로운 기물들이
많은데 왕께서 군사를 어루만지면서도 출동하지 않으시면 동주
는 덕으로 여길 것이고[②] 서주의 보배들은 다 가질 수 있을 것입
니다."[③]

東周與西周戰 韓救西周 或爲東周說韓王[①]曰 西周故天子之國 多名
器重寶 王案兵毋出 可以德東周[②] 而西周之寶必可以盡矣[③]

① 東周說韓王동주설한왕

**정의** 爲는 '위[于僞反]'로 발음한다. 어떤 사람이 동주東周를 위해서
한왕韓王을 설득하기를 군사를 멈추고 출병하지 않으면 주周(동주)나라
는 한韓나라의 덕德으로 여길 것이라고 했다.

【正義】 爲音于僞反 乃或人爲東周說韓王 令按兵無出 則周德韓矣

② 德東周덕동주

**정의** 한韓나라에서 군사를 멈추고 동주東周의 정벌에 나가지 않는
다면 동주에서는 한나라의 은덕을 매우 부끄럽게 여길 것이라고 생각
한 것이다.

【正義】 韓按兵不出伐東周 而東周甚媿韓之恩德也

③ 西周之寶必可以盡矣 서주지보필가이진의

[정의] 한韓나라에서 출병해 서주西周를 돕지만 동주東周를 공격하지
않으면 서주에서는 도와주는 것을 부끄럽게 여겨서 보기寶器를 다 한나
라로 보낼 것이다. 이상에서 '동주여서주전東周與西周戰'에 이르기까지는
어떤 사람이 한나라를 설득해서 서주를 구원하지 말라고 한 것이다.

【正義】 韓出兵助西周 雖不攻東周 西周媿其佐助 寶器必盡歸於韓 以上至
東周與西周戰 是或人說韓令無救西周也

왕王 난赧은 성군成君이라고 일렀다. 초나라에서 옹씨雍氏를[①] 포위하자 한韓나라에서는 갑옷과 식량을 동주에서 징발했다. 동주의 임금이 두려워 소대蘇代를 불러서 알리자 소대가 말했다.

"군주께서는 왜 이를 근심하십니까? 신이 한나라에서 갑옷과 곡식을 주에서 징발하지 못하게 할 수 있습니다. 또 군주를 위해 고도高都 땅을[②] 얻을 수 있습니다."

주군이 말했다.

"그대가 진실로 그렇게 한다면 그대의 말에 따라 국사를 처리하겠소."

소대가 한나라의 상국相國을[③] 만나보고 말했다.

"초나라에서 옹씨雍氏 성을 포위할 때 석 달을 기약했는데 지금 다섯 달이 되었는데도 함락시키지 못해서 초나라 군사[④]들이 지쳤습니다. 지금 상국께서 갑옷과 곡식을 주나라에서 징발하는 것은 초나라가 지쳤다는 것을 한나라에 알려주는 것입니다."

王赧謂成君 楚圍雍氏[①] 韓徵甲與粟於東周 東周君恐 召蘇代而告之 代曰 君何患於是 臣能使韓毋徵甲與粟於周 又能爲君得高都[②] 周君曰 子苟能 請以國聽子 代見韓相國[③]曰 楚圍雍氏 期三月也 今五月不能拔 是楚病[④]也 今相國乃徵甲與粟於周 是告楚病也

① 雍氏옹씨

서광은 "양적陽翟은 옹씨성雍氏城이다."라고 말했다. 《전국책》에는 "한韓나라 군사가 서주로 쳐들어오자 서주는 성군成君을 시켜 진秦나라에 구원해달라고 설득했다. 마땅히 이로써 이 사건을 설명해야 하는 데 벗어났으니 잘못된 것이다."라고 했다.

【集解】 徐廣曰 陽翟雍氏城也 戰國策曰 韓兵入西周 西周令成君辯說秦求救 當是說此事而脫誤也

색은 서광의 이 설명과 같다면 그 스스로 합당하게 고쳐서 주석으로 결론을 내야 하는데 '초어옹씨楚圍雍氏'의 연이은 주석과는 맞지 않는다.

【索隱】 如徐此說 自合當改而注結之 不合與楚圍雍氏連注

정의 雍은 '옹[於恭反]'으로 발음한다. 《괄지지》는 "옛 옹성雍城은 낙주洛州 양적현陽翟縣 동북쪽 25리에 있다. 옛 노인들이 이르기를 황제黃帝의 신하인 옹보雍父가 절굿공이와 절구를 만들어서 봉해진 곳이다."라고 되어 있다. 상고해보니 그 땅은 당시에 한韓나라에 속해 있었다.

【正義】 雍音於恭反 括地志云 故雍城在洛州陽翟縣東北二十五里 故老云 黃帝臣雍父作杵臼所封也 按 其地時屬韓也

② 高都고도

집해 서광은 "지금의 하남河南 신성현新城縣 고도성高都城이다."라고 했다.

【集解】 徐廣曰 今河南新城縣高都城也

| 색은 | 고유는 "고도高都는 한韓나라 읍邑으로서 지금 상당上黨에 속해 있다."라고 했다.

【索隱】 高誘云 高都 韓邑 今屬上黨也

| 정의 | 《괄지지》에는 "고도高都는 고성故城인데 일명 고도성郜都城라고 하고 낙주洛州 이궐현伊闕縣 북쪽 35리에 있다."고 했다.

【正義】 括地志云 高都故城一名郜都城 在洛州伊闕縣北三十五里

③ 韓相國한상국

| 집해 | 《한서》〈백관표百官表〉에는 "상국相國은 진秦나라의 관직이다."라고 했다. 나 배인이 이르기를 "한韓나라에도 상국相國이 있었다. 그렇다면 여러 나라에서 함께 진나라를 모방한 것이다."라고 했다.

【集解】 漢書百官表曰 相國 秦官 駰謂韓亦有相國 然則諸國共放秦也

| 색은 | 상국相國은 공중치公仲侈이다.

【索隱】 相國 公仲侈也

④ 楚病초병

| 정의 | 초나라 군사가 피곤하고 허약하다고 이른 것이다.

【正義】 謂楚兵弊弱也

한나라의 상국相國이 "좋은 말씀이오."라고 말하고 사신이 출빌하는 것을 중지시켰다.[①] 소대가 말했다.

"왜 주周에 고도高都를 주지 않으십니까?"

한나라 상국이 크게 노해서 말했다.

"내가 갑옷과 군량미를 주나라에서 징발하지 않는 것만으로도 행운인데[②] 무슨 까닭으로 주나라에 고도 땅을 주어야 한다는 것이오?"

소대가 말했다.

"주나라에 고도 땅을 주면 이로써 주나라는 굽히고 한나라로 들어올 것입니다. 진秦나라에서 이 소식을 듣게 되면 반드시 주나라에 대해 크게 노하고 분개해서 곧 주나라와 사신 왕래를 하지 않게 될 것이니 이는 무너진 고도를 주어 주나라를 완전하게 얻는 것입니다. 어찌 주지 않으려 하십니까?"

한나라의 상국이 말했다.

"좋소."

과연 주나라에 고도 땅을 주었다.[③]

韓相國曰 善 使者已行矣[①] 代曰 何不與周高都 韓相國大怒曰 吾毋徵甲與粟於周亦已多矣[②] 何故與周高都也 代曰 與周高都 是周折而入於韓也 秦聞之必大怒忿周 卽不通周使 是以獘高都得完周也 曷爲不與 相國曰 善 果與周高都[③]

① 已行이행

정의 이已는 '지止(멈추다)'라는 뜻이다.
【索隱】 已 止也


② 已多이다

정의 큰 행운이라고 말한 것이다.
【正義】 言幸甚也


③ 果與周高都과여주고도

정의 이상에서 '초위옹씨楚圍雍氏'에 이르는 이야기는 소대蘇代가 동주東周를 위해 한나라를 설득해 갑옷이나 병기를 징발당하지 않고 고도高都를 얻었다는 것이다.
【正義】 以上至楚圍雍氏 是蘇代爲東周說韓 令不徵甲而得高都

34년, 소려蘇厲가 주군에게 일러 말했다.

"진秦나라가 한韓나라와 위魏나라를 격파하고 사무師武를 공격하고[1] 북쪽으로 조나라의 인藺과 이석離石을[2] 빼앗은 것은 모두 백기白起가 한 것입니다. 이 사람은 군사를 잘 사용하고 또 하늘의 명도 받았습니다. 지금 군사를 새塞로 출동시켜 양梁을 공격하고 있는데[3] 양을 쳐부수게 되면 주나라는 위태해집니다. 군주께서는 왜 사람을 시켜 백기를 설득하지 않으십니까?"

三十四年 蘇厲謂周君曰 秦破韓 魏 扑師武[1] 北取趙藺 離石者[2] 皆白起也 是善用兵 又有天命 今又將兵出塞攻梁[3] 梁破則周危矣 君何不令人說白起乎

① 扑師武부사무

집해    서광은 "부扑(치다)는 한 곳에는 복仆(뒤집다)으로 되어 있다."라고 했다. 《전국책》에는 "진秦나라가 위魏나라 장수 서무犀武를 이궐伊闕에서 무너뜨렸다."라고 말했다.

【集解】 徐廣曰 扑 一作仆 戰國策曰秦敗魏將犀武於伊闕

② 趙藺離石조인이석

집해    〈지리지〉에 "서하군西河郡에는 인藺과 이석離石 2개의 현이 있다.”라고 했다.

【集解】 地理志曰西河郡有藺 離石二縣

정의 藺은 ‘린[力刃反]’으로 발음한다. 《괄지지》에는 “이석현離石縣은 지금의 석주石州에서 다스리는 현이다.”라고 했다. 인藺은 이석離石에서 가까운데 모두 조趙나라의 두 읍邑이다.

【正義】 藺音力刃反 括地志云 離石縣 今石州所理縣也 藺近離石 皆趙二邑

③ 出塞攻梁출새공량

정의 이궐새伊闕塞를 이르는 말이다. 낙주洛州 남쪽 19리에 있다. 이궐산伊闕山은 지금의 종산鍾山이다. 역원酈元(역도원)의 《주수경注水經(수경주)》에는 “두 산이 서로 마주하고 있는데 바라보면 궐闕과 같다. 이수伊水가 그 사이를 지나가므로 이궐伊闕이라 일렀다.”고 했다. 상고해보니 지금은 용문龍門이라고 이르는데 우禹임금이 물길을 뚫어서 물이 통하게 했다.

【正義】 謂伊闕塞也 在洛州南十九里 伊闕山今名鍾山 酈元注水經云 兩山相對 望之若闕 伊水歷其閒 故謂之伊闕 按 今謂之龍門 禹鑿以通水也

소려가 주군에게 또 말했다.

"초나라에 양유기養由基라는 사람이 있는데 활을 잘 쏩니다. 버들잎이 일백 보 밖에 있어도 백발백중이므로 좌우에서 지켜보던 수천 명의 사람들이 모두 잘 쏜다고 했습니다. 이때 한 사내가 양유기의 곁에 서서 말했습니다. '잘 쏘지만 활 쏘는 것을 더 가르쳐야겠소!' 양유기가 노해서 활을 버리고 칼을 손에 쥐면서 말했습니다. '그대가 어찌 내게 활쏘기를 가르친다는 것인가?' 객客이 말했습니다. '나는 그대에게 왼손으로 버티고 오른손으로 구부려 쏘는 것을 가르친다는 것이 아닙니다.① 무릇 버들잎을 일백 보 밖의 거리에서 쏘아서 백발백중하더라도 가장 잘 쏠 때 멈추지 않는다면② 조금 지나서 기력은 쇠약해지고 힘은 약해지며 활은 휘어지고 화살은 굽어져 한 발이라도 적중하지 못하게 되면 백발백중의 실력이 다 쓸데없어지는 것입니다.'③라고 했다고 합니다. 지금 공은 한나라와 위나라를 쳐부수고 사무師武를 공격하고 북쪽으로는 조나라의 인藺과 이석離石을 빼앗았으니 공公의 공로는 아주 많습니다. 그런데도 지금 또 군사를 이끌고 새塞로 출동해 두 주周나라를 지나서 한韓나라를 등지고 양梁나라를 공격하고 있는데 일거에 얻지 못하면 앞의 공로는 모두 버려지는 것입니다. 공은 병을 칭하고 출동하지 않는 것이 좋을 것입니다."④

日 楚有養由基者 善射者也 去柳葉百步而射之 百發而百中之 左右
觀者數千人 皆曰善射 有一夫立其旁 曰善 可教射矣 養由基怒 釋弓
搤劍 曰客安能教我射乎 客曰 非吾能教子支左詘右也① 夫去柳葉百
步而射之 百發而百中之 不以善息② 少焉氣衰力倦 弓撥矢鉤 一發
不中者 百發盡息③ 今破韓 魏 扑師武 北取趙藺 離石者 公之功多矣
今又將兵出塞 過兩周 倍韓 攻梁 一舉不得 前功盡弃 公不如稱病而
無出④

① 支左詘右也지좌굴우야

［색은］ 《열녀전列女傳》에는 "왼손으로 버티듯이 하고 오른손으로 붙잡
고 지탱하는듯하다가 오른손으로 발사하면 왼손은 알지 못하는데 이
것이 활을 쏘는 도이다."라고 했다. 또《월절서越絶書》에는 "왼손은 태산
을 붙잡듯이 하고 오른손은 어린아이를 보듬듯이 한다."라고 했다.
【索隱】 按 列女傳云 左手如拒 右手如附枝 右手發之 左手不知 此射之道
也 又越絕書曰 左手如附泰山 右手如抱嬰兒

② 不以善息불이선식

［색은］ 그 좋을 때에 또 멈추지 않는 것을 말한 것이다. 식息은 지止의
뜻이다.

【索隱】 言不以其善而且停息 息 止也

③ 百發盡息백발진식

[색은] 식息은 기棄(버리다)와 같다. 이전에 잘한 것을 모두 버리는 것을 말한다.
【索隱】 息猶弃 言并棄前善

④ 稱病而武出칭병이무출

[정의] 이상에서 '삼십사년三十四年'의 문장까지는 소려蘇厲가 주나라를 위해 백기白起에게 양梁나라를 정벌하지 말 것을 설득한 것이다.
【正義】 以上至三十四年 是蘇厲爲周說白起無伐梁也

# 동주, 서주가
# 진秦나라에 들어가다

42년, 진秦나라에서 화양華陽의 약속을① 깨뜨렸다. 마범馬犯이 주군周君에게 일러 말했다.

"양나라에게 주周에 성을 쌓으라고 청하십시오."②

이에 양왕梁王에게 일러 말했다.

"주왕周王께서 병고病苦로 죽게 된다면 이 마범도③ 반드시 죽게 될 것입니다. 이 마범이 구정九鼎을 스스로 왕에게 드리려고 하니 왕께서는 구정을 받으시고 마범을 살리도록 도모하시기④ 청합니다."

四十二年 秦破華陽約① 馬犯謂周君曰 請令梁城周② 乃謂梁王曰 周王病若死 則犯③必死矣 犯請以九鼎自入於王 王受九鼎而圖④犯

① 華陽約화양약

집해 서광은 "다른 본에는 약約이 '액厄'으로 되어 있다."고 했다.

【集解】 徐廣曰 一作厄

정의 사마표司馬彪가 이르기를 "화양華陽은 정亭 이름으로 밀현密縣에 있다. 진소왕秦昭王 33년(서기전 274년)에 진秦나라는 위魏나라와 맹약을 어기고 객경客卿 호상胡傷을 시켜 위魏나라 장수 망묘芒卯를 공격해 화양華陽에서 격파했다."라고 했다. 〈육국연표六國年表〉에는 "백기白起가 위魏나라 화양華陽을 습격해 망묘芒卯가 패주했다."고 말했다. 《괄지지》에는 "옛 화양성華陽城은 정주鄭州 관성현管城縣 남쪽 40리 이곳이다."라고 했다. 상고해보니 마범馬犯이 진나라가 위나라와 화양에서의 맹약을 깨뜨리는 것을 보고 주나라가 위태롭다고 두려워했다. 그래서 "양나라에 청해서 주나라에 성을 쌓은 것이다."라고 했다.

【正義】 司馬彪云 華陽 亭名 在密縣 秦昭王三十三年 秦背魏約 使客卿胡傷擊魏將芒卯華陽 破之 六國年表云 白起擊魏華陽 芒卯走 括地志云 故華陽城在鄭州管城縣南四十里是 按 馬犯見秦破魏華陽約 懼周危 故謂請梁城周也

신주 사마표司馬彪(?~306년)는 서진西晉의 왕족이자 역사가이다. 진晉 고양왕高陽王 사마목司馬睦의 장자이자 사마의司馬懿의 여섯째 동생 사마진司馬進의 손자이다. 《구주춘추九州春秋》와 《독한서讀漢書》 등을 저술했다.

② 請令梁城周청령양성주

**색은** 화양華陽은 땅 이름이다. 사마표司馬彪는 "화양은 정 이름으로 밀현密縣에 있다. 진소왕秦昭王 33년에 진나라가 위나라와 약속을 깨고 객경 호상胡傷을 시켜 위나라 장수 망묘를 화양에서 공격해서 격파했다."라고 말했다. 마범馬犯은 진나라가 위나라와 맹약을 깨는 것을 보고 주나라가 위태롭다고 두려워했다. 그러므로 주군周君에게 일러 양梁나라에게 주나라에 성을 쌓아달라고 청하는 위계詭計를 쓰라고 한 것이다.

【索隱】 華陽 地名 司馬彪曰 華陽 亭名 在密縣 秦昭王三十三年 秦背魏約 使客卿胡傷擊魏將芒卯華陽 破之 是馬犯見秦破魏約 懼周危 故謂周君請梁城周 而設詭計也

③ 犯범

**정의** 마범馬犯은 주나라의 신하이다. 이에 양왕을 설득하기를, "진秦나라가 위나라 화양 군대를 격파했으니 주나라와 거리가 매우 가깝게 되었습니다. 주왕께서 국가가 무너지는 것을 근심하고 두려워 하는 것이 마치 몸에 중병重病이 든 것과 같습니다. 만약 돌아가시게 된다면 이 마범도 반드시 죽게 될 것입니다."라고 말했다.

【正義】 馬犯 周臣也 乃說梁王曰 秦破魏華陽之軍 去周甚近 周王憂懼國破 猶身之重病 若死 則犯必死也

④ 圖도

[색은] 도圖는 '모謀'이다. 마범이 양왕에게 일러 "우리나라에서 정鼎을 왕에게 바치면 왕께서는 마땅히 구원하기를 꾀해야 할 것입니다."라고 일렀다.

【索隱】 圖謀也 犯謂梁王 我方入鼎於王 王當謀救援己也

양왕이 말했다.

"좋소."

드디어 군사를 주어서 주나라를 지키게 했다.[1] 그러자 마범은
진왕秦王에게 일러 말했다.

"양나라는 주나라를 지키는 것이 아니라 장차 주나라를 정벌할
것입니다. 왕께서는 시험 삼아 군대를 국경으로 보내서 살펴보십
시오."[2]

진나라에서 과연 군대를 출동시켰다. 또 양왕에게 일러 말했다.

"주왕周王의 병이 매우 심합니다. 이 마범이 구정을 청해서 허락
을 받은 후에 다시 오겠습니다.[4] 지금 왕께서 군사를 주나라에
보내신 것에 대해 제후들이 모두 의심하는 마음이 생겼으니 이
후의 거사는 또 믿지 못할 것입니다. 군사들에게 주나라의 성을
쌓게 해서 일의 실마리를 숨기는 것이 낫습니다."[5]

양왕이 말했다.

"좋소."

마침내 주나라에 성을 쌓게 했다.[6]

梁王曰 善 逐與之卒 言戍[1]周 因謂秦王曰 梁非戍周也 將伐周也 王
試出兵境以觀之[2] 秦果出兵 又謂梁王[3]曰 周王病甚矣 犯請後可而
復之[4] 今王使卒之周 諸侯皆生心 後擧事且不信 不若令卒爲周城
以匿事端[5] 梁王曰 善 逐使城周[6]

① 戌수

정의  수戌는 지키다. 주나라가 비록 구정九鼎을 양나라에 들이지 않았지만 양나라에서는 마범의 거짓말을 믿고 드디어 군사들과 함께 주나라를 지키도록 한 것이다.

【正義】 戌 守也 周雖未入九鼎於梁 而梁信馬犯矯言 遂與之卒 令守周

② 梁非戌周也將伐周也王試出兵境以觀之양비수주야장벌주야왕시출병요이관지

정의  양나라에서 주나라를 지키는 것이 아니라 장차 점점 주나라를 정벌해서 구정九鼎의 보기寶器를 빼앗을 것인데 만약 왕께서 믿지 않는다면 시험 삼아 군사를 국경으로 출동시켜서 양왕梁王이 변하는 것을 관찰하라는 것이다.

【正義】 梁兵非戌周也 將漸伐周而取九鼎寶器 王若不信 試出師於境 以觀梁王之變也

③ 秦果出兵又謂梁王진과출병우위양왕

정의  마범이 진나라를 설득해서 진나라 군사가 국경까지 출병하게 하고는 또 다시 돌아가서 양왕을 설득했다.

【正義】 馬犯說秦 得秦出兵於境 又重歸說梁王也

④ 病甚矣犯請後可以復之병심의범청후가이복지

상고해보니 《전국책》에는 '심甚'은 '유瘳(병이 낫다)'로 되어 있다. '범청후가이복지犯請後可以復之'란 왕의 병이 나았기 때문에 도모하던 것을 이루지 못했으니 구정九鼎을 다시 청해서 허락 받은 후에 다시 양나라에 들이겠다고 말한 것이다.

【索隱】 按 戰國策甚作瘳 犯請後可而復之者 言王病愈 所圖不逐 請得在後有可之時以鼎入梁也

復는 '부[扶富反]'으로 발음한다. 부復는 '다시重'란 뜻이다. 진나라가 이미 화양華陽의 군사를 깨부수고 지금 또 국경 위에 출병한 것은 주나라가 오랫동안 진나라에 괴로움을 당한 것이다. 마범이 미리 양나라의 군사를 청해서 주나라를 지키게 하자 제후들이 모두 마음속으로 양나라가 주나라를 빼앗지 않을까 의심하고 있는데 뒤에 다시 군사를 더 보내서 주나라를 지켜달라고 청할 수 있겠는가?

【正義】 復音扶富反 復 重也 秦既破華陽軍 今又出兵境上 是周國病秦久矣 犯前請卒戌周 諸侯皆心疑梁取周 後可更重請盆卒守周乎

⑤ 諸侯皆生心後舉事且不信不若令卒爲周城以匿事端제후개생심후거사차불신불약령졸위주성이익사단

양나라에서 실제로 주나라의 구정九鼎을 도모하면서 또 밖으로는 군사를 보내 주나라를 지킴으로써 화합하려 했다. 진나라에서는

군사를 일으켜 주나라를 침범하려고 하는데, 양나라에서 주나라를 구하지 않는다면 이는 원래 주나라에게 잘해 주려던 마음이 없고 주나라가 위태로워지면 구정을 빼앗겠다는 마음만 가지고 있었던 것에 그친다. 그래서 제후들이 모두 마음으로 양나라를 믿지 않은 것이다. 그러니 일의 실마리를 숨기는 것만 같지 못해서 군사들에게 주나라의 성을 만들게 한 것이다.

【索隱】 梁實圖周九鼎 且外遣卒成周和合 秦擧兵欲侵周 梁不救周 是本無善周之事 止是欲周危而取九鼎 故諸侯皆心不信梁矣 故不如匿事端 使卒爲周城


【정의】 이미 제후들이 의심하는 마음이 생겼으니 군사들에게 다시 성을 쌓으라는 명을 내려서 주나라를 정벌하려 했다는 일의 단서를 감추는 것이 낫다. 양왕이 드디어 주나라의 성을 쌓게 해서 제후들의 의심을 푼 것이다.

【正義】 既諸侯生心 不如令卒便爲築城 以隱匿疑伐周之事端 絕諸侯不信之心 梁王遂使城周 解諸侯之疑也


⑥ 遂使城周수사성주


【정의】 이상에서 '사십이년四十二年'까지는 마범이 양왕을 설득해서 주나라에 성을 쌓게 만든 것이다.

【正義】 以上至四十二年 是馬犯說梁王爲周築城也

45년, 주나라 군주에게 와 있는 진秦나라 객客이 주취主冣에게[①] 일러 말했다.

"공公께서 진나라 왕의 효성을 칭송하고 이로 인해서 응應 땅을 태후를 봉양하는 땅으로 삼게 하는 것만 같지 못할 것이오.[②] 이렇게 하면 진왕은 반드시 기뻐할 것이고 이로써 공과 진나라는 교류하게 될 것이오. 사이가 좋아지면 주군은 반드시 공公의 공로로 여길 것이오. 사이가 나빠지면 주군에게 진나라에 들어가라고 권한 자는 반드시 유죄가 될 것이오."[③]

四十五年 周君之秦客謂周(最)[冣][①]曰 公不若譽秦王之孝 因以應爲太后養地[②] 秦王必喜 是公有秦交 交善 周君必以爲公功 交惡 勸周君入秦者必有罪矣[③]

① 周冣주취

**색은** 冣는 발음이 '슈[詞喩反]'다. 주周나라의 공자公子이다.
【索隱】 (最)[冣]音詞喩反 周之公子也

② 應爲太后養地응위태후양지

**집해** 서광은 〈지리지〉에 "응應은 지금의 영천潁川 부성현父城縣 응향應鄕이 이곳이다."라고 했다.
【集解】 徐廣曰 地理志云應 今潁川父城縣應鄕是也

《전국책》에는 응應이 '원原'으로 되어 있다. 원原은 주나라 땅
이다. 태후太后는 진소왕秦昭王의 어머니 선태후宣太后 미씨羋氏이다.
【索隱】 戰國策作原 原 周地 太后 秦昭王母宣太后羋氏也


《괄지지》에는 "옛 응성應城으로서 은나라 때 응국應國이었는
데 부성父城에 있었다."고 했다. 상고해보니 응성은 이때에 주周나라에
속해 있었다. 태후太后는 진소왕秦昭王의 어머니인 선태후宣太后 미씨羋
氏이다.
【正義】 括地志云 故應城 殷時應國 在(城)父[城] 按 應城此時屬周 太后 秦
昭王母宣太后羋氏


③ 交善周君必以爲公功交惡勸周君入秦者必有罪矣교선주군필이위공공교
악권주군입진자필유죄의


객이 주취周㝡에게 일러 말하기를 "주군周君이 진나라와 관계
가 좋아지면 이는 주취의 공로이다. 진나라와 관계가 나빠지면 주군에
게 진나라로 들어가라고 권한 자는 주취이니 지금 반드시 주군에게 권
하는 것은 죄를 얻는 것이다." 이상에서 '사십오년四十五年'까지 문장은
주周나라의 객이 주취를 설득해 주군에게 응땅을 진나라에 바치도록
하여 좋은 관계를 맺고 돌아오라고 한 것이다.
【正義】 客謂周㝡曰 周君與秦交善 是㝡之功也 與秦交惡 勸周君入秦者周
㝡 今必得勸周君之罪也 以上至四十五年 是周客說周㝡 令周君以應入秦
得交善而歸也

진秦나라에서 주나라를 공격하자 주취가 진왕秦王에게 일러 말했다.

"왕을 위한 계책은 주나라를 공격하지 않는 것입니다. 주나라를 공격한다면 실제 이득은 없으면서 천하를 두렵게 한다는 소리만 들릴 것입니다. 천하가 진나라를 두려워한다는 소리가 들리면 반드시 동쪽으로 제나라와 연합할 것이고, 군사들은 주나라에서 무너지게 될 것입니다. 천하가 제나라와 연합한다면 진나라는 왕王(천자)이 되지 못할 것입니다. 천하에서 진나라를 무너뜨리려고 왕께 주나라를 공격하라고 권한 것입니다. 진나라가 천하와 함께 무너지면 명령은 시행되지 못할 것입니다."[1]

秦攻周 而周取謂秦王曰 爲王計者不攻周 攻周 實不足以利 聲畏天下 天下以聲畏秦 必東合於齊 兵獘於周 合天下於齊 則秦不王矣 天下欲獘秦 勸王攻周 秦與天下獘 則令不行矣[1]

① 秦與天下獘則令不行矣 진여천하폐즉령불행의

[정의]　진秦나라에서 주나라를 공격하려고 하자 주취周取가 진나라를 설득해서 "주나라는 천자의 국가로서 비록 중기重器와 명보名寶를 가졌지만 토지가 협소하니 (취해도) 진국에는 이롭지 못할 것입니다. 왕께서 만약 공격한다면 이에 천자를 공격한다는 소리가 있게 될 것인데 천하에 천자를 공격한다는 소리가 있게 되면 진나라를 두렵게 여겨서 제후

들이 제나라로 돌아가게 될 것입니다. 진나라 군사가 쓸데없이 주나라에서 패한다면 진나라는 왕(천자)이 되지 못할 것입니다. 이는 천하에서 진나라를 무너뜨리려고 하는 것입니다. 그러니 왕께 주나라를 공격하라고 권하는 것은 진나라에게 천하의 무너진 것을 받게 하는 것이니 교명敎命이 제후에게 행해지지 않을 것입니다."라고 말했다. 이상에서 '진공주秦攻周'란 문장까지는 주취가 진나라를 설득한 것이다.

【正義】 令音力政反 秦欲攻周 周㝡說秦曰 周 天子之國 雖有重器名寶 土地狹少 不足利秦國 王若攻之 乃有攻天子之聲 而令天下以攻天于之聲畏秦 使諸侯歸於齊 秦兵空獘於周 則秦不王矣 是天下欲獘秦 故勸王攻周 令秦受天下獘 而令敎命不行於諸侯矣 以上至秦攻周 是周㝡說秦也

58년에 한·위·조의 삼진三晉이 진나라에 대항했다. 주나라에서는 상국相國을 진나라로 보냈는데 진나라에서 가볍게 대하자 도중에 돌아왔다.[①] 객이 상국에게 일러 말했다.

"진나라에서 가볍게 여겼는지 무겁게 여겼는지는 알 수 없지만[②] 진나라는 한·위·조 3개국의 동정을 알고 싶어 합니다. 공께서 급하게 진왕秦王을 찾아뵙고 '왕을 위해 동방의 변화를 알려 드리기를 청합니다.'라고 하십시오. 그러면 진왕은 반드시 공公을 중히 여길 것입니다. 공을 중히 여긴다면 이는 진나라가 주나라를 중히 여기는 것이니 주나라는 진나라를 의지할 수 있게 됩니다. 제나라가 주나라를 중히 여긴 것은 실로 주취周聚가[③] 있어서 제나라에게 신임을 얻었기 때문입니다. 이렇게 되면 주나라가 항상 중요한 국가들과 좋은 관계를 잃지 않을 것입니다."

진나라가 주周나라를 믿고 군사를 발동시켜 한·위·조의 3개국을 공격했다.[⑤]

五十八年 三晉距秦 周令其相國之秦 以秦之輕也 還其行[①] 客謂相國曰 秦之輕重未可知也[②] 秦欲知三國之情 公不如急見秦王曰 請爲王聽東方之變 秦王必重公 重公 是秦重周 周以取秦也 齊重 則固有周聚[③]以收齊 是周常不失重國之交也[④] 秦信周 發兵攻三晉[⑤]

① 以秦之輕也還其行이진지경야환기행

[정의] 진나라에서 주나라의 재상을 가볍게 여겼으므로 상국이 이에 주나라로 돌아갔다.

【正義】 以秦輕易周相 故相國於是反歸周也

② 秦之輕重未可知也진지경중미가지야

[정의] 진나라에서 상국을 가볍게 여긴 것인지 무겁게 여긴 것인지 또한 알 수 없다고 말한 것이다.

【正義】 言秦之輕相國重相國 亦未可知

③ 周聚주취

[집해] 서광은 "다른 판본에는 聚가 '冣' 자로 되어 있다. 취冣는 또한 옛날에는 '취聚' 자였다."고 했다.

【集解】 徐廣曰 一作冣 冣亦古之聚字

④ 周常不失重國之交也주상불실중국지교야

[정의] 상고해보니 주취周聚가 제나라를 섬겨 제齊와 주周를 화합하게 해서 제나라로부터 중요하게 대우받았다. 지금 상국相國이 또 진나라에서 중히 여김을 얻게 되면 상국은 진에서 신임을 얻고 주취는 제나라에서 신임을 얻었으니 주나라는 항상 대국과의 우호관계를 잃지 않을 것이다.

【正義】 按 周聚事齊而和於齊周 故得齊重 今相國又得秦重 是相國收秦
周聚收齊 周常不失大國之交也

⑤ 攻三晉공삼진

정의 삼진三晉은 한韓·위衛·조趙이다. 위에서 '오십 팔년五十八年'
까지의 문장은 객客이 주나라 상국相國을 설득해서 삼국三國의 정세를
보고해서 진秦나라에 중요함을 얻으라고 시킨 것이다.

【正義】 三晉 韓 魏 趙也 以上至五十八年 是客說周相國 令報三國之情 得
秦重也

---

59년, 진秦나라가 한韓나라의 양성陽城과 부서負黍를[1] 빼앗았
다. 서주가 두려워서 진나라를 배신하고 제후들과 함께 합종合
從하기로 약속했다.[2] 그리고 천하의 정예 군사를 거느리고 이궐
伊闕로 출동해서 진나라를 공격해[3] 진나라 군사들로 하여금 양
성陽城을 통과할 수 없도록 했다.

五十九年 秦取韓陽城負黍[1] 西周恐 倍秦 與諸侯約從[2] 將天下銳師
出伊闕攻秦[3] 令秦無得通陽城

---

① 陽城負黍양성부서

서광은 "양성陽城에 부서취負黍聚가 있다"고 했다.

**【集解】** 徐廣曰 陽城有負黍聚

《괄지지》에는 "양성陽城은 낙주현洛州縣이다. 부서정負黍亭은 양성현 서남쪽 35리에 있는데 옛날 주읍周邑이다."라고 했다. 《좌전》에는 "정鄭나라에서 주周의 부서負黍를 정벌했다고 한 것이 이것이다."라고 했다. 지금은 한국韓國에 속해 있다.

**【正義】** 括地志云 陽城 洛州縣也 負黍亭在陽城縣西南三十五里 故周邑 左傳云鄭伐周負黍 是也 今屬韓國也


② 與諸侯約從여제후약종


문영은 "관동關東이 종從(세로)이 되고 관서關西가 횡橫(가로)이 된다."라고 했다. 맹강은 "남북이 종從이 되고 동서가 횡橫이 된다."고 했다. 신찬은 "이로운 것으로 합한 것이 종從이 되고 위세威勢로 서로 위협하는 것이 횡橫이다."라고 했다.

**【集解】** 文穎曰 關東爲從 關西爲橫 孟康曰 南北爲從 東西爲橫 瓚曰 以利合曰從 以威勢相脅曰橫


상고해보니 여러 설명이 충분하지 않다. 관동關東은 땅이 남북으로 긴데 긴 것이 종從으로서 6개국이 함께 거처했다. 관서關西는 땅이 동서로 넓은데 넓은 것이 횡橫으로서 진나라가 홀로 거처했다.

**【正義】** 按 諸說未允 關東地南北長 長爲從 六國共居之 關西地東西廣 廣

爲橫 秦獨居之

③ 將天下銳師出伊闕攻秦장천하예사출이궐공진

**정의** 　서주西周는 진秦나라가 한韓나라의 양성陽城과 부서負黍를 빼앗자 두려워서 진나라와 약속을 배신하고 제후들과 함께 연결해서 합종으로 천하의 정예 군사들을 거느리고 낙주洛州를 따라 남쪽 이궐伊闕로 나가서 진나라의 군대를 공격해 진나라가 양성으로 통하지 못하게 했다.

【正義】　西周以秦取韓陽城 負黍 恐懼 倍秦之約 共諸侯連從 領天下銳師從洛州南出伊闕攻秦軍 令不得通陽城

> 진소왕秦昭王이 노하여 장군 규摎를[①] 시켜 서주를 공격하게 했다. 서주의 군주가 진秦나라로 달려가[②] 머리를 조아리고 죄를 받겠다면서 서주의 36개 읍과 3만여 명을 다 바쳤다.[③] 진나라에서는 그 바친 것을 받아들이고 그 군주를 주나라로 돌려보냈다.
> 秦昭王怒 使將軍摎[①]攻西周 西周君犇秦[②] 頓首受罪 盡獻其邑三十六 口三萬[③] 秦受其獻 歸其君於周

① 摎규

**집해** 　《한서》〈백관표百官表〉에는 "전前 후後 좌左 우장군右將軍은 모두 주나라의 말단末端 관직이다.”라고 했다.

【集解】 漢書百官表曰 前 後 左 右將軍 皆周末官也


정의 摎는 ‘규[紀虬反]’라고 발음한다.

【正義】 摎音紀虬反


② 西周君犇秦서주군분진


정의 서주무공西周武公을 이른다.

【正義】 謂西周武公


③ 獻其邑三十六口三萬헌기읍삼십육구삼만


색은 진소왕秦昭王의 52년이다.

【索隱】 秦昭王之五十二年


신주 진소왕 52년은 서기전 255년이다. 이 사건은 진소왕 51년(서
기전 256) 발생했다. 이로써 동주(서기전 770~서기전 256)가 멸망했다.

주나라 군주 난왕<sub>赧王</sub>이① 죽자 주나라의 백성들이 마침내 동쪽
으로 도망쳤다. 진秦나라에서 구정九鼎과 보기寶器들을 취하고
서주공西周公을 탄호憚狐로② 옮기게 했다. 7년 뒤 진나라 장양
왕莊襄王이 동주를 멸망시켰다.③ 동주와 서주가 모두 진나라로
들어가서 주나라는 이미 제사가 끊겼다.④

周君 王赧①卒 周民遂東亡 秦取九鼎寶器 而遷西周公於 狐② 後七
歲 秦莊襄王滅東(西)周③ 東西周皆入于秦 周既不祀④

① 王赧왕난

집해　송충宋衷은 "시호는 서주무공西周武公이다."라고 했다.
【集解】　宋衷曰 諡曰西周武公

색은　틀린 것이다. 서광은 "서주 무공은 혜공惠公의 장자長子이고 이
이가 주군周君으로서 곧 서주 무공이다. 아마도 이때 무공이 왕난王赧
과 함께 죽었기에 이어서 말한 것이다."라고 했다.
【索隱】　非也 徐以西周武公是惠公之長子 此周君卽西周武公也 蓋此時武
公與王赧皆卒 故連言也

신주　서주 무공과 난왕은 다른 인물이란 뜻이다.

정의　유백장은 "난赧은 부끄러움이 심한 것이다. 난왕이 경솔하고

미약하고 위태롭고 허약해서 동쪽과 서쪽에 붙어 살았으니 족히 부끄러워 할 일이다. 그래서 '난赧'이라고 호칭한 것이다."라고 했다. 《제왕세기》에는 "이름은 탄誕이다. 비록 천자의 자리와 호칭이 있었지만 제후들의 핍박을 받아서 가인家人이나 다름이 없었고 백성들에게 이름만 빚지고 돌아갈 곳이 없어서 대臺에 올라 피해야 했다. 그래서 주나라 사람들이 그 대臺 이름을 '도책대逃責臺'라고 한다."고 했다.

【正義】 劉伯莊云 赧是慙恥之甚 輕微危弱 寄住東西 足爲慙赧 故號之曰赧 帝王世紀云 名誕 雖居天子之位號 爲諸侯之所役逼 與家人無異 名負責於民 無以得歸 乃上臺避之 故周人名其臺曰逃責臺

② 憚狐탄호

**집해** 서광은 "鄲은 '탄憚'으로 발음한다. 탄호취憚狐聚와 양인취陽人聚는 서로 가깝고 낙양 남쪽 150리인 양梁과 신성新城 사이에 있다."고 했다.

【集解】 徐廣曰 鄲音憚 鄲狐聚與陽人聚相近 在洛陽南百五十里梁 新城之閒

**색은** 서주는 대개 무공武公의 태자太子 문공文公이다. 무공武公이 죽고 나서 즉위했지만 진秦에게 좌천 되었다. 동주도 또한 그의 명호名號를 알지 못한다. 《전국책》에 비록 주周 문군文君이 있지만 또한 멸망할 때에 어떤 군주가 있었는지를 알지 못한다. 대개 주나라의 왕실이 쇠미해지면서 대략적인 기록도 없다. 그래서 태사공이 비록 여러 책을 고증해서 그 일을 마쳤으나 두 국가의 대계代系는 매우 분명하지 않았다.

【索隱】 西周 蓋武公之太子文公也 武公卒而立 爲秦所遷 而東周亦不知其
名號 戰國策雖有周文君 亦不知滅時定當何主 蓋周室衰微 略無紀錄 故太
史公雖考衆書以卒其事 然二國代系甚不分明


정의 《괄지지》에는 "여주汝州 바깥의 옛날 양성梁城이 곧 탄호취다.
양인陽人의 옛 성이 곧 양인취陽人聚다. 여주 양현梁縣 서남쪽 15리에
있다. 신성新城은 지금의 낙주洛州 이궐현伊闕縣이다."라고 했다. 상고해
보니 탄호는 양인의 옆 3개의 성 사이에 있다.

【正義】 括地志云 汝州外古梁城卽罳狐聚也 陽人故城卽陽人聚也 在汝州
梁縣西四十里 秦遷東周君地 梁亦古梁城也 在汝州梁縣西南十五里 新城
今洛州伊闕縣也 按 罳狐 陽人傍在三城之閒


③ 滅東周멸동주


집해 서광은 "주나라가 따라서 망할 즈음에는 총 7개현으로서 하남河
南, 낙양洛陽, 곡성穀城, 평음平陰, 언사偃師, 공鞏 구씨緱氏였다."라고 했다.

【集解】 徐廣曰 周比亡之時 凡七縣 河南 洛陽 穀城 平陰 偃師 鞏 緱氏


정의 《괄지지》에는 "옛 곡성穀城은 낙주洛州 하남현河南縣 서북쪽
18리 원苑 안에 있다. 하남현성河南縣城은 본래 한漢나라 평음현平陰縣
인데 낙주 낙양현 동북쪽 50리에 있다. 《십삼주지十三州志》에는 평진平
津 대하大河 남쪽에 있다고 했다. 위문제魏文帝(조비)가 고쳐서 하음河陰
이라고 했다."고 했다.

【正義】 括地志云 故穀城在洛州河南縣西北十八里苑中 河陰縣城本漢平陰
縣 在洛州洛陽縣東北五十里 十三州志云在平津大河之南也 魏文帝改曰河陰

신주 동주東周가 완전히 멸망한 것은 서기전 249년으로서 진秦 장양
왕秦莊襄王 1년이다. 이해 동주 문공文公이 제후들과 진을 공격하기로 모
의하자 양왕은 여불위를 보내 공격하고 주공을 양인취陽人聚로 옮겼다.

④ 周旣不祀주기불사

집해 황보밀은 "주나라는 무릇 37왕에 867년이다."라고 했다.
【集解】 皇甫謐曰 周凡三十七王 八百六十七年

색은 기旣는 '다하다'라는 뜻이다. 일식이 다한 것을 '기旣'라고 한
다. 주나라의 복조福祚가 다 사라져서 제사를 주재할 자가 없다고 말한
것이다.
【索隱】 旣 盡也 日食盡曰旣 言周祚盡滅 無主祭祀

정의 상고해보니 난왕赧王이 죽은 뒤 천하에는 35년 동안 군주가
없이 전국칠웅戰國七雄이 함께 천하를 두고 다투었다. 진시황秦始皇이
즉위하여 천하는 하나로 통일되었지만 15년이 지나자 온 천하가 모두
한漢나라로 돌아갔다.
【正義】 按 王赧卒後 天下無主三十五年 七雄並爭 至秦始皇立 天下一統
十五年 海內咸歸於漢矣

태사공은 말한다.

"학자들이 모두 주나라가 주紂를 정벌하고 낙읍邑洛에 도읍했다고 칭하지만 그 실상을 종합해 보면 그렇지가 않다. 무왕이 낙읍을 건설했는데 성왕이 소공召公에게 살 만한 곳인지를 점치게 하고 구정九鼎을 옮겼으나 주나라는 다시 풍豊과 호鎬 땅으로 도읍을 정했다. 견융犬戎이 이르러 유왕을 무너뜨리자 주나라가 이에 동쪽 낙읍으로 수도를 옮겼다. 이른바 '주공을 필畢 땅에 장사지내다'라고 한 필땅은 호의 동남쪽인 두중杜仲에[1] 있다. 진나라가 주나라를 멸망시켰다. 한漢나라가 일어난 지 90여 년에 천자가 장차 태산에 봉제사를 지내려고 동쪽으로 순수巡狩하다가 하남河南에 이르러 주나라의 후예들을 찾아 그들의 후예인 가嘉를 30리 땅에 봉하고 '주자남군周子南君'이라고 호칭했다.[2] 열후列侯들에 비견되었으며 그 선조의 제사를 받들게 했다."[3]

太史公曰 學者皆稱周伐紂 居洛邑 綜其實不然 武王營之 成王使召公卜居 居九鼎焉 而周復都豊 鎬 至犬戎敗幽王 周乃東徙于洛邑 所謂周公葬(我)[於]畢 畢在鎬東南杜中[1] 秦滅周 漢興九十有餘載 天子將封泰山 東巡狩至河南 求周苗裔 封其後嘉三十里地 號曰周子南君[2] 比列侯 以奉其先祭祀[3]

① 杜中두중

서광은 "다른 판본에는 두杜가 '사社'로 되어 있다."고 했다.

**【集解】** 徐廣曰 一作社

② 周子南君주자남군

집해 신찬이 이르기를 "《급총고문》에는 위장군衛將軍 문자文子가 자남미모子南彌牟가 되었는데 그 후손에 자남경子南勁이 있어서 위魏나라에 조회했다. 뒤에 위나라 혜성왕惠成王이 위衛로 가서 자남子南을 명해후侯로 삼았다. 진秦나라가 6개국을 병탄할 때 위衛나라가 가장 마지막까지 있었는데, 혹시 가嘉가 이 위衛의 후손이 아니겠는가? 그래서 자남子南을 씨로 삼아 군君이라고 칭했다."고 했다.

**【集解】** 瓚曰 汲冢古文謂衛將軍文子爲子南彌牟 其後有子南勁 朝于魏 後惠成王如衛 命子南爲侯 秦幷六國 衛最爲後 疑嘉是衛後 故氏子南而稱君也

정의 《괄지지》에는 "주승휴성周承休城은 일명 양작오梁雀塢라고 하는데 여주汝州 양현梁縣 동북쪽 26리에 있다."고 했다. 《제왕세기》에는 "한무제漢武帝 원정元鼎 4년(서기전 112년)에 동쪽으로 하수河水와 낙수洛水를 순수하다가 주나라의 덕을 생각해 이에 희가姬嘉에게 3,000호에 봉해서 땅이 사방으로 30리가 되게 하고 주자남군周子南君으로 삼아서 주나라의 제사를 받들게 했다. 원제元帝 초원初元 5년(서기전 44년)에 가嘉의 손자 희연년姬延年의 작위를 올려서 승휴후承休侯로 삼았다."라고 했는데 이곳에 성이 있다. 평제平帝 원시元始 4년(서기 4)에 승진해서 정공鄭公이 되었다. 광무제光武帝 건무建武 13년(서기 38년)에 관關에 봉

해져서 위공衛公이 되었다. 안사고는, "자남子南은 그를 읍邑에 봉한 호
칭으로서 주나라의 후사가 되었기에 총괄해서 '주자남군周子南君'이라
고 했다."라고 말했다. 상고해보니 가嘉부터 그 이하는 모두 성이 희씨
姬氏였는데,《사기》의 전傳에 드러나 있다. 신찬은 "자남子南을 씨로 삼
은 것은 아마도 잘못된 것이다."라고 했다.

【正義】 括地志云 周承休城一名梁雀塢 在汝州梁縣東北二十六里 帝王世
紀云 漢武帝元鼎四年 東巡河洛 思周德 乃封姬嘉三千戸 地方三十里 爲周
子南君 以奉周祀 元帝初元五年 嘉孫延年進爵爲承休侯 在此城也 平帝元
始四年 進爲鄭公 光武建武十三年 封於觀 爲衛公 顏師古云 子南 其封邑之
號 爲周後 故總言周子南君 按 自嘉以下皆姓姬氏 著在史傳 瓚言子南爲氏
恐非


③ 以奉其先祭祀이봉기선제사


집해  서광은 "주나라가 망한 을사년乙巳年부터 한나라 무제 원정元
鼎 4년 무진戊辰에 이르기까지 144년이고 한漢나라의 94년이었다. 한무
제 원정 4년에 주나라의 후예를 봉했다."고 했다.

【集解】 徐廣曰 自周亡乙巳至元鼎四年戊辰 一百四十四年 漢之九十四年
也 漢武元鼎四年封周後也


색은술찬  사마정이 펼쳐서 밝히다.
후직后稷은 빈邠에 거처하고, 태왕太王은 주나라를 만들었다. 단서丹書
가 열리고 주작朱雀이 기록하며, (하늘에서) 불덩이가 떨어지고 붉은 까

마귀가 퍼졌다. 천하의 셋 중에 둘을 가지니, 팔백 제후는 꾀하지 않아도 모였다. 창시蒼兕로 무리에게 맹서하니, 흰 물고기가 배안으로 뛰어들었다. 태사太師는 악기를 부둥켜안고 떠났고, 기자箕子는 구금되었다. 성왕과 강왕의 시대에, 정치는 간소해서 잘 다스려졌다. (소왕은) 남쪽으로 순행하여 돌아오지 못하고, 서쪽의 황복荒服 지역에서는 빌붙지 않았다. 공화 뒤에, 왕실은 사고가 많았다. 산뽕나무 활이 동요로 불러지고, 용의 침이 재해를 만들었다. 퇴頹와 숙대叔帶가 점점 화근을 만들어, 실로 주나라의 복을 기울게 했구나.

【索隱述贊】后稷居邰 太王作周 丹開雀錄 火降烏流 三分旣有 八百不謀 蒼兕誓衆 白魚入舟 太師抱樂 箕子拘囚 成康之日 政簡刑措 南巡不還 西服莫附 共和之後 王室多故 壓弧興謠 龍漦作蠱 穨帶荐禍 實傾周祚